高职高专"十二五"规划教材

医药企业仓储与配送管理

赵 贤 主编

化学工业出版社

·北京·

本书系统介绍了 2013 版 GSP 对医药经营企业开展质量管理的基本要求，药品仓储管理、配送管理的基本概念、药品的接收与入库、药品储存与养护、药品出库、药品配送拣货以及药品配送运输管理等方面的内容。书中每一项目下，均设置了相应的引导案例、实训内容。书中附录部分收载了 2013 版 GSP 的原文。

　　本书对职业院校学生具有较强的针对性。适合于全国药学类相关专业高等职业技术学院、成教学院、高等专科学校使用，也可供相关层次的培训及自学使用，亦可作为药学技术人员的参考书。

图书在版编目（CIP）数据

医药企业仓储与配送管理/赵贤主编. —北京：化学工业
出版社，2014.8（2023.3 重印）
高职高专"十二五"规划教材
ISBN 978-7-122-21057-9

Ⅰ.①医… Ⅱ.①赵… Ⅲ.①制药工业-工业企业管理-
仓库管理-高等职业教育-教材②制药工业-工业企业管理-物
资配送-物资管理-高等职业教育-教材 Ⅳ.①F407.7

中国版本图书馆 CIP 数据核字（2014）第 138635 号

责任编辑：于 卉 王 可　　　　　　　　　装帧设计：关 飞
责任校对：宋 玮

出版发行：化学工业出版社（北京市东城区青年湖南街 13 号　邮政编码 100011）
印　　装：北京科印技术咨询服务有限公司数码印刷分部
787mm×1092mm 1/16　印张 12¼　字数 305 千字　2023 年 3 月北京第 1 版第 6 次印刷

购书咨询：010-64518888　　　　　　　　　售后服务：010-64518899
网　址：http://www.cip.com.cn
凡购买本书，如有缺损质量问题，本社销售中心负责调换。

定　　价：39.00 元　　　　　　　　　　　版权所有　违者必究

前　言

　　医药企业仓储与配送管理是药品经营与管理类专业的一门专业核心课程。本教材是该课程的配套教材。在编写过程中，以仓储与配送工作过程为导向，以培养技术应用能力为主线，以提高就业为目标，注重突出实用性、先进性与本课程的特色。本教材通过校企合作，对合作企业（广州一致药店连锁有限公司）实地调研，对医药企业仓储与配送岗位任务与能力分析，以仓储与配送作业的实际流程为导向，结合高职学生的认知特点，力求深入浅出，采用实训与作业流程相结合的结构脉络来展示学习内容。

　　按照工作过程化设计思路，本书共分为三个模块、十个项目。

模块 1　GSP 概述　　　　　　　　　　项目 1　认识 GSP
　　　　　　　　　　　　　　　　　　项目 2　GSP 对医药企业的各方面要求
　　　　　　　　　　　　　　　　　　项目 3　医药企业 GSP 认证管理
模块 2　医药企业药品仓储与养护管理　项目 1　认识医药企业药品仓储管理
　　　　　　　　　　　　　　　　　　项目 2　医药企业药品验收与入库管理
　　　　　　　　　　　　　　　　　　项目 3　医药企业药品储存和养护管理
　　　　　　　　　　　　　　　　　　项目 4　医药企业药品出库验发管理
模块 3　医药企业药品配送管理　　　　项目 1　认识医药企业药品配送管理
　　　　　　　　　　　　　　　　　　项目 2　医药企业药品配送拣货管理
　　　　　　　　　　　　　　　　　　项目 3　医药企业药品配送运输管理

　　本书系统介绍了医药企业药品仓储管理、配送管理的基本概念、药品的验收与入库、药品储存与养护、药品出库、药品配送拣货以及药品配送运输管理等方面的内容，为更好地便于工学结合进行，每一项目均设置了相应的引导案例、实训内容，对培养具有良好职业道德、一定理论知识、较强操作和管理实践能力，并具有可持续发展能力的、为企业所欢迎的高技能应用性仓储管理经营和操作人才有较强的针对性。

　　本教材由赵贤主编，并负责编写模块 2 项目 2、模块 2 项目 4，段文海（模块 1 项目 1，模块 2 项目 1）、丁静（模块 1 项目 3）、董健（模块 2 项目 2、项目 3，模块 3 项目 2、项目 3）、罗赛男（模块 1 项目 2，模块 3 项目 1）、邓晨珂（模块 2 项目 3，模块 3 项目 1）参编，并由赵贤负责全书编写的最终定稿。

　　尽管编者付出了很大的努力，但仍有很多纰漏和不妥之处，还望同行、专家及读者不吝指正，我们将不胜感激。

编者

2014 年 5 月

目 录

模块 1 GSP 概述 /1

项目 1 认识 GSP /1

项目 2 GSP 对医药企业的各方面要求 /9

项目 3　医药企业 GSP 认证管理　/ 31

模块 2　医药企业药品仓储与养护管理　/ 38

项目 1　认识医药企业药品仓储管理　/ 38

项目2　医药企业药品验收与入库管理　/ 53

项目3 医药企业药品储存和养护管理 / 87

项目3 医药企业药品配送运输管理 / 152

模块 1　GSP 概述

项目 1　认识 GSP

▷【知识目标】掌握我国 GSP 的发展历史和 2013 版 GSP 的主要内容；掌握《药品管理法》及其实施条例对于药品经营质量管理的相关规定；熟悉《药品流通管理办法》等其他相关法律法规。

▷【能力目标】学会应用 GSP 及其他的相关法律法规，学会对药品经营进行规范化管理。

▷【素质目标】培养学生树立依法经营的法律意识，清楚我国药品经营相关的法律法规，为按照相关法律法规要求开展工作打下坚实基础。

【引导案例】　某医药公司无证经营

2007 年 1 月，某市药监局执法人员对该市某医药公司进行日常监督检查时，该公司提供了两份《药品经营质量管理认证证书》（以下简称 GSP 证书）。其中一份为旧证书，于 2006 年 10 月 6 日失效，另一份为新证书，是该公司经过重新认证于 2006 年 12 月 20 日取得的，新旧两份证书之间存在一个时间差，在此期间内该医药公司仍继续经营药品。

后经查明，该医药公司在原认证证书有效期届满前向当地药品监管部门提出了 GSP 重新认证申请，有当地省药监局的《申请 GSP 重新认证受理通知书》为证，受理时间为 2006 年 9 月 21 日。

同学们，请想一想，该次检查的依据是哪些法律法规？案例中，该医药公司是不是属于无证经营？该行为如何定性？是否应当进行处罚？

▌单元 1　我国 GSP 的形成与实施

一、GSP 的定义与内涵

《药品经营质量管理规范》，简称 GSP，是 Good Supplying Practice 的缩写，意为良好的药品的供应规范，我国中文法定称为"药品经营质量管理规范"。

GSP 的内涵，是指在药品流通全过程中，用以保证药品符合质量标准而制定的针对药品计划采购、购进验收、储存、销售及售后服务等环节的管理制度，其核心是通过严格的管理制度来约束企业的行为，对药品经营全过程进行质量控制，保证向用户提供优质的药品的准则。GSP 的实施，增强了员工的质量意识，促进了药品进、存、销全过程的质量管理，有利于保证用药安全有效。

二、我国 GSP 制定过程与修订

（一）我国 GSP 的形成过程

GSP 从实质意义上讲，是通过控制药品在流通环节中所有可能发生质量事故的因素，从而防止质量事故发生的一整套管理程序。

从国外来看，由于各国药品管理体制和管理模式的差异，流通领域中的 GSP 在国际上尚未形成如 GMP 那样较为系统和通行的方法，在世界范围内还没有得以广泛推广，但鉴于 GSP 在药品经营活动中的特殊意义，有关国际组织对此一直保持积极的看法。1980 年国际药品联合会在西班牙马德里召开的全体大会上，通过决议呼吁各成员国实施《药品供应管理规范》（GSP），这对全世界推行 GSP 起到积极作用。日本是推广 GSP 最积极，也是实施 GSP 最早的国家之一。

小链接：日本的 GSP 起源

日本是实施 GSP 较早的国家。早在 1945 年，随着日本经济的不断发展及国民健康保险制度的普及，药品的批发及零售企业在激烈的医药市场竞争中，为了各自的生存与发展，期待产生一个能共同遵守的"标准"来约束各自的行为。于是在 20 世纪 70 年代，由日本医药品批发业联合会总务委员会制订了《医药品的供应与质量管理的实践规范》（JGSP），经过多年的实践，目前已经形成了一套比较成熟的做法。

我国 GSP 的产生，是在充分分析研究日本 GSP 的基础上，于 1982 年起，由中国医药公司对新中国成立 30 多年来医药商业质量管理工作经验进行归纳总结，其中许多行业性规章、企业制度、工作程序与日本 GSP 原则大同小异，将我国医药商业质量工作的精华与日本先进的 GSP 观念体系融合提炼，逐步形成具有中国特色的 GSP 管理系统。形成过程见表 1-1-1。

我国 GSP 的形成，是一个不断探索、不断完善的过程。GSP 由最初的仅仅适用于中国医药公司的管理制度，发展到中国医药商业协会的行业性管理规范，最后演变成由国家药品监督局颁布实施的部门规章，其适用主体不断扩大，法律地位不断增强，适应了药品质量控制的国际潮流，促进了我国医药流通行业药品质量管理水平的大幅提高，推动了我国医药商业质量管理的现代化、国际化。

（二）GSP 的修订

随着近年来药品流通行业的快速发展，药品经营与流通模式呈现出多样化的发展与变化，出现了电子商务、第三方专业化物流、基本药物配送网络建设等形式。

为适应行业发展，针对 2000 年版的 GSP 修订工作自 2005 年启动，先后发布历经 2005 年、2008 年及 2011 年 3 次修改，在 2013 年 1 月份正式发布现行 GSP。

在 2012 年的修订过程，主要着重解决以下几个方面的问题。

第一，解决 2000 版 GSP 只重视硬件要求，忽视软件要求的问题。以往 GSP 软性要求

表 1-1-1　GSP 的形成过程

序号	发布机构	发布时间	内容
1	国家医药管理总局	1981 年 1 月	将医药商业部门原来的《药品、器械质量管理办法试行草案》修订为《中国医药公司系统医药商品质量管理办法(试行)》
2	中国医药公司	1982 年 6 月	制定了《医药商品质量管理规范》,要求药品经营企业内部各岗位建立确保商品质量的工作标准,明确职责,初步形成药品经营企业的药品质量保证体系
3	国家医药管理局	1986 年 6 月	制定了《医药行业质量管理若干规定》,要求各省、自治区、直辖市医药管理局(总公司)及所属各专业公司和医药行业的生产、企业经营必须坚持"质量第一"的方针,切实加强对质量工作的领导,推行全面质量管理
4	国家医药管理局	1992 年 3 月	《医药商品质量管理规范》
5	中国医药商业协会	1993 年 6 月	编写了《医药商品质量管理规范实施指南》,拉开医药行业实施 GSP 的序幕
6	国家药品监督管理局	2000 年 7 月	《药品经营质量管理规范》(GSP 2000 版)正式发布并实施,对药品批发企业和零售企业进行了区分对待,编排更加合理,内容更加具体、科学、丰富、实用。这是我国实施 GSP 的里程碑
7	国家药品监督管理局	2000 年 11 月	《药品经营质量管理规范实施细则》发布并实施,进一步对 GSP 细化,提升可操作性
8	卫生部	2013 年 1 月	发布《药品经营质量管理规范》(GSP 2013 版),对药品经营企业做出更新的要求

较多、硬性标准不足;定性较多,定量较少。企业需根据药品相关法律法规制定质量管理体系,确定质量方针,开展质量策划、质量控制、质量保证等,要求企业进行质量内审,并进行内审分析,根据分析结论制定质量体系改进措施。企业应进行质量风险评估,要求全员参与质量管理。同时,在质量管理人员从业资质、软硬件实施设备等方面提出具体的要求,设定硬性标准。

第二,强化冷链管理的具体要求。冷链运输是药品经营质量管理的重点内容之一。对需冷藏的药品,尤其是对疫苗产品,在验收、储存、运输等环节提出确保质量要求的具体标准和重点管理办法,并提出了走专业化道路的设想。运输冷藏药品的设施与设备应当符合药品温度控制的特性要求,能保证在运输过程中符合规定的温度;具有存储和读取温度监测数据的设备,以及外部显示、观测温度的设备。同时,温湿度监测数据应当至少保存 5 年。并明确社会物流企业可以承接冷藏药品的运输任务,强调了从生产经过流通到终端整个运输过程中的湿温监控,防止冷链的断链和失链现象,药品冷链将会更加规范。

第三,提出信息化建设的具体要求。为进一步促进药品经营企业的信息化建设,要求企业与计算机软件开发公司研发适合公司实际情况的配套软件,从而实现采购、验收、入库、养护、销售、出库等全程信息化,保证数据信息准确无误,客观真实,强调计算机信息管理系统对药品经营环节质量控制的全过程管理,强调信息的可追溯性,提升企业对质量管理方式的改进,并有利于政府监管工作的实施。

第四,加强了药品电子监督管理。药品电子监管码管理系统是针对药品在生产及流程过程中的状态监管,实现监管部门及生产企业产品追溯和管理,维护药品生产商及消费者的合法权益。生产企业通过电子监管码,将产品的生产、质量等源头信息传输到监管网数据库中,流通企业通过电子监管码进行进货检查验收并将进货信息传输到监管网数据库中,在销售时将销售信息传输到监管网数据库中,这些数据信息可供消费者进行真假与质量查询,供政府进行执法打假、质量追溯和产品召回管理,供企业了解市场供求情况、渠道销售情况和涉假信息。

（三）2013 版 GSP 的发布与实施

2013 年 1 月，卫生部发布《药品经营质量管理规范》（2013 版），并于 2013 年 6 月 1 日起正式实施。2013 版 GSP 的实施必将对提高药品经营质量、保障人民用药安全、促进药品经营行业的规范化与集中化发挥更大作用。

三、我国 GSP 的主要内容简介

2013 版《药品经营质量管理规范》共四章，187 条，其主要内容是药品经营的各个环节确保药品质量所必备的硬件设施，人员资格及职责，质量管理程序和制度及文件管理系统。主要内容见表 1-1-2。

表 1-1-2　2013 版 GSP 的主要内容

章节	主要内容
第一章　总则	共 4 条，实施依据、对药品经营企业的基本要求以及适用范围等
第二章　药品批发质量管理	分 14 节，共 122 条，包括对药品批发企业的质量管理体系、质量管理组织机构、人员、设施，以及业务经营的全过程进行详细的规定 §1 质量管理体系　　　　§2 组织机构与质量管理职责 §3 人员与培训　　　　　§4 质量管理体系文件 §5 设施与设备　　　　　§6 校准与验证 §7 计算机系统　　　　　§8 采购销售与售后服务 §9 收货与验收　　　　　§10 储存与养护 §11 销售　　　　　　　§12 出库 §13 运输与配送
第三章　药品零售质量管理	分 8 节，共 57 条，包括对药品零售企业的管理体系、人员、设施，以及经营全过程进行详细的规定 §1 质量管理与职责　　　§2 人员管理 §3 文件　　　　　　　　§4 设施与设备 §5 采购与验收　　　　　§6 陈列与储存 §7 销售管理　　　　　　§8 售后管理
第四章　附则	供 6 条，主要术语的含义、解释权、实施时间等

单元 2　与 GSP 相关的其他法律法规

药品经营联系着药品的生产和应用，肩负着将安全、有效的药品传递到消费者手中的重任。药品经营有着浓厚的商业气息、可观的利润空间和复杂的经营形式，监督管理较为繁琐、困难。

我国十分重视对药品经营的管理，先后出台了一系列相关的法律法规，对维护药品经营秩序起到了重要的作用。《药品经营质量管理规范》相关内容将在后面章节详细讲述，本单元不再赘述。

一、《中华人民共和国药品管理法》及《中华人民共和国药品管理法实施条例》

《中华人民共和国药品管理法》（以下简称《药品管理法》）由中华人民共和国第九届全

国人民代表大会常务委员会第二十次会议于 2001 年 2 月 28 日修订通过，自 2001 年 12 月 1 日起施行。《中华人民共和国药品管理法实施条例》（以下简称《实施条例》）是于 2002 年 8 月 4 日颁布，对《药品管理法》的规定进行了具体的细化、解释和补充，进一步发展和完善了我国的药品管理法律体系。

《药品管理法》是我国目前管理药品的基本法律，对从事药品的研制、生产、经营、使用和监督管理的单位和个人应遵守的内容作了原则性的规定，并规定了我国药品管理各领域应实行的政策方针及管理制度，为制定法律法规提供了依据。

（一）开办药品经营企业管理

开办药品批发企业，须经企业所在地省、自治区、直辖市人民政府药品监督管理部门批准并发给《药品经营许可证》；开办药品零售企业，须经企业所在地县级以上地方药品监督管理部门批准并发给《药品经营许可证》，凭《药品经营许可证》到工商行政管理部门办理登记注册。无《药品经营许可证》的，不得经营药品。《药品经营许可证》应当标明有效期和经营范围，到期重新审查发证。

药品监督管理部门批准开办药品经营企业，除依据本法第十五条规定的条件外，还应当遵循合理布局和方便群众购药的原则。

开办药品经营企业必须具备以下条件：（1）具有依法经过资格认定的药学技术人员；（2）具有与所经营药品相适应的营业场所、设备、仓储设施、卫生环境；（3）具有与所经营药品相适应的质量管理机构或者人员；（4）具有保证所经营药品质量的规章制度。

（二）药品经营企业经营管理

药品经营企业必须按照国务院药品监督管理部门依据本法制定的《药品经营质量管理规范》经营药品。药品监督管理部门按照规定对药品经营企业是否符合《药品经营质量管理规范》的要求进行认证；对认证合格的，发给认证证书。

药品经营企业购进药品，必须建立并执行进货检查验收制度，验明药品合格证明和其他标识；不符合规定要求的，不得购进。

药品经营企业购销药品，必须有真实完整的购销记录。购销记录必须注明药品的通用名称、剂型、规格、批号、有效期、生产厂商、购（销）货单位、购（销）货数量、购销价格、购（销）货日期及国务院药品监督管理部门规定的其他内容。

药品经营企业销售药品必须准确无误，并正确说明用法、用量和注意事项；调配处方必须经过核对，对处方所列药品不得擅自更改或者代用。对有配伍禁忌或者超剂量的处方，应当拒绝调配；必要时，经处方医师更正或者重新签字，方可调配。药品经营企业销售中药材，必须标明产地。

药品经营企业必须制定和执行药品保管制度，采取必要的冷藏、防冻、防潮、防虫、防鼠等措施，保证药品质量。药品入库和出库必须执行检查制度。

城乡集市贸易市场不得出售中药材以外的药品，但持有《药品经营许可证》的药品零售企业在规定的范围内可以在城乡集市贸易市场设点出售中药材以外的药品。具体办法由国务院规定。

二、《药品流通监督管理办法》

《药品流通监督管理办法》是为加强药品监督管理，规范药品流通秩序，保证药品质量，根据《药品管理法》、《实施条例》和有关法律、法规的规定而制定的，2007 年 5 月 1 日起施行。

（一）药品购销人员的监督管理

1. 法律责任的承担

药品生产、经营企业对其药品购销行为负责，对其销售人员或设立的办事机构以本企业名义从事的药品购销行为承担法律责任。

2. 购销人员的培训和行为管理

（1）药品生产、经营企业应当对其购销人员进行与药品相关的法律、法规和专业知识培训，建立培训档案，培训档案中应当记录培训时间、地点、内容及接受培训的人员。

（2）药品生产、经营企业应当加强对药品销售人员的管理，并对其销售行为作出具体规定。

3. 药品销售人员销售药品时必须出具的证件

（1）加盖本企业原印章的《药品生产许可证》或《药品经营许可证》和营业执照的复印件。

（2）加盖本企业原印章的所销售药品的批准证明文件复印件。

（3）销售进口药品的，按照国家有关规定提供相关证明文件。

（4）加盖本企业原印章的授权书复印件。授权书原件应当载明授权销售的品种、地域、期限，注明销售人员的身份证号码，并加盖本企业原印章和企业法定代表人印章（或者签名）。

（5）销售人员应当出示授权书原件及本人身份证原件，供药品采购方核实。

（二）药品生产、经营企业销售行为的监督管理

1. 药品生产、经营企业不得从事的活动

（1）药品生产、经营企业不得在药品监督管理部门核准的地址以外现货销售药品。

（2）不得销售本企业受委托生产的或者他人生产的药品。

（3）不得为他人以本企业的名义经营药品提供场所，或者资质证明文件，或者票据等便利条件。

（4）不得以搭售、买药品赠药品、买商品赠药品等方式向公众赠送处方药或者甲类非处方药。

（5）药品经营企业不得超范围经营药品。

（6）药品生产、经营企业不得以展示会、博览会、交易会、订货会、产品宣传会等方式现货销售药品。

（7）药品经营企业不得销售医疗机构配制的制剂。

（8）不得采用邮售、互联网交易等方式直接向公众销售处方药。

（9）禁止非法收购药品。

2. 销售凭证的规定

药品生产企业、药品经营企业在销售药品时，应开具销售凭证。销售凭证，应当保存至超过药品有效期1年，但不得少于3年。

3. 其他规定

药品生产企业只能销售本企业生产的药品，不得销售本企业受委托生产的或者他人生产的药品。

药品说明书要求低温、冷藏储存的药品，药品生产、经营企业应当按照有关规定，使用低温、冷藏设施设备运输和储存。

药品零售企业应凭处方销售处方药。

三、《处方药与非处方药流通管理暂行规定》

为了推进处方药与非处方药流通分类管理工作的进程，加强对处方药、非处方药的流通管理，保证人民用药安全、有效、方便、及时，国家药品监督管理局依据《中共中央、国务院关于卫生改革与发展的决定》和《处方药与非处方药分类管理办法》（试行），制定了《处方药与非处方药流通管理暂行规定》，并于1999年12月17日经国家药品监督管理局局务会讨论通过。

（一）药品批发企业销售管理

处方药、非处方药的生产销售、批发销售业务必须由具有《药品生产企业许可证》、《药品经营企业许可证》的药品生产企业、药品批发企业经营。

药品生产、批发企业必须按照分类管理、分类销售的原则和规定向相应的具有合法经营资格的药品零售企业和医疗机构销售处方药和非处方药，并按有关药品监督管理规定保存销售记录备查。

进入药品流通领域的处方药和非处方药，其相应的警示语或忠告语应由生产企业醒目地印制在药品包装或药品使用说明书上。相应的警示语或忠告语如下：（1）处方药：凭医师处方销售、购买和使用！（2）甲类非处方药、乙类非处方药：请仔细阅读药品使用说明书并按说明使用或在药师指导下购买和使用！药品生产、批发企业不得以任何方式直接向病患者推荐、销售处方药。

（二）药店零售管理

零售药店必须从具有《药品经营许可证》、《药品生产许可证》的药品批发企业、药品生产企业采购处方药和非处方药，并按有关药品监督管理规定保存采购记录备查；销售处方药、甲类非处方药的零售药店必须具有《药品经营许可证》，并必须配备驻店执业药师或药师以上药学技术人员；《药品经营许可证》和执业药师证书应悬挂在醒目、易见的地方。执业药师应佩戴标明其姓名、技术职称等内容的胸卡。

处方药必须凭执业医师或执业助理医师处方销售、购买和使用。执业药师或药师必须对医师处方进行审核、签字后依据处方正确调配、销售药品。对处方不得擅自更改或代用。零售处方保存2年以上备查；处方药不得采用开架自选销售方式。

甲类非处方药、乙类非处方药可不凭医师处方销售、购买和使用，但病患者可以要求在执业药师或药师的指导下进行购买和使用；执业药师或药师应对病患者选购非处方药提供用药指导或提出寻求医师治疗的建议。

处方药、非处方药不得采用有奖销售、附赠药品或礼品销售等销售方式。

学习小结

认识GSP	我国GSP的形成与实施	(1) GSP的主要内容简介 (2) 我国GSP形成与发展历程 (3) 现行GSP修订
	药品经营质量管理的相关法律法规	(1)《药品管理法》及《实施条例》 (2)《药品流通监督管理办法》 (3)《处方药与非处方药流通管理暂行规定》

一、单项选择题

1. 我国管理药品的基本法律是：（　　）。

    A. 《药品经营质量管理规范》   B. 《药品管理法》

    C. 《麻醉药品管理办法》   D. 《药品经营许可证管理办法》

2. 现行 2013 版《中华人民共和国药品管理法》开始施行的日期是：（　　）。

    A. 2013 年 1 月 1 日   B. 2013 年 1 月 22 日

    C. 2013 年 2 月 1 日   D. 2013 年 6 月 1 日

3. 从事生产、销售假药的企业，其直接负责的主管人员和其他直接负责人多长时间内不得从事药品生产、经营活动：（　　）。

    A. 10 年内   B. 8 年内   C. 5 年内   D. 3 年内

4. 开办药品经营企业，必备的条件之一是具有：（　　）。

    A. 依法经过资格认证的药学技术人员

    B. 依法经过资格认定的药师

    C. 依法经过资格认定的执业药师

    D. 依法经过资格认定的主管药师

5. 药品广告必须经：（　　）。

    A. 省级药监部门批准，并发给药品广告批准文号

    B. 有关部门审批，并发给广告执照

    C. 企业所在地省级药监部门批准，并发给药品广告批准文号

    D. 国家药监部门批准，可在全国任何地方做广告

二、多项选择题

1. 药品经营与管理的相关法律法规包括（　　）。

    A. 广告法   B. 刑法   C. 价格法   D. 商标法

2. 对生产、销售假药的（　　）。

    A. 没收违法生产、销售的药品和违法所得

    B. 并处二倍以上五倍以下罚款

    C. 并处五倍以上十倍以下罚款

    D. 责令停产、停业整顿

3. 开办药品经营企业必须具备的条件是（　　）。

    A. 具有依法经过资格认定的药学技术人员

    B. 具有保证所经营药品质量的规章制度

    C. 具有与所经营药品相适应的营业场所、设备、仓储设施、卫生环境

    D. 具有与所经营药品相适应的质量管理机构或者人员

4. 不可用做药品广告宣传的名义和形象包括（　　）。

    A. 国家机关   B. 学术机构   C. 医师   D. 歌星

5. 药品经营企业购销药品，购销记录必须注明的内容有（　　）。

    A. 药品的通用名称   B. 生产厂商

    C. 有效期   D. 剂型

项目2 GSP 对医药企业的各方面要求

▷【知识目标】掌握医药企业质量管理体系的设置，设施设备、人员、计算机系统等各方面的要求与具体规定；掌握 GSP 对医药企业认证需具备的基本条件的要求；熟悉医药企业 GSP 认证检查评定标准的具体规定。

▷【能力目标】能够根据 GSP 要求，对医药企业进行初步的、基本的规范管理。

▷【素质目标】树立医药企业执行 GSP 的标准化、规范化意识，为将来进入企业做好思想上的准备。

【引导案例】 医药企业自行分装中药饮片是否应处罚

某医药企业购进一批包装为 2.5kg/包的中药饮片，然后根据客户需要量的不同将该包装拆开，从原包装中称 0.5kg 卖给客户甲，称 1kg 卖给客户乙，同时将原包装中的合格证复印两张分别给甲乙。对该批发企业的这种行为，执法人员在处理时产生了争议。有人认为：该企业未经批准擅自更改包装的行为是一种生产行为，应按未取得《药品生产许可证》生产药品查处，但在处罚时可依据情节从轻处罚；有人认为：这种行为虽然情有可原，但毕竟违反了法律，应责令改正，要求企业在采购时就应采购不同包装的中药饮片来满足客户需要，不能擅自更改包装；还有人认为：该批发企业为了方便客户采取这种办法是可行的，符合市场规律。

同学们，请结合 2013 版 GSP 的规定想一想，医药企业自行分装中药饮片究竟是否违法？能否处罚？到底应如何处理才是正确的？

医药经营企业在药品供应链中承担着承上启下的重要作用，确保药品在流通过程中能保持良好的质量。这就要求医药经营企业从各个方面严格遵守 GSP 的各项规定与要求。下面，我们将根据 2013 版 GSP，详细介绍医药企业如何设置质量管理体系，规范从业人员管理，配备保证药品质量的设施设备以及其他各方面的规定。

单元 1　GSP 对质量管理体系的要求

药品经营企业应建立质量管理体系，确定质量方针，制定质量管理体系文件，开展质量策划、质量控制、质量保证、质量改进和质量风险管理等活动。

一、认识医药企业质量管理体系

医药企业质量管理体系是医药企业自身组织内部建立的、实现质量目标所必需的、系统的质量管理模式，由若干体系要素加以组合。质量管理体系应当与其经营范围和规模相适应，一般涵盖了质量管理组织体系、质量管理文件体系、质量内审、质量风险管理与质量评价等多项内容。

(一) 质量管理组织体系

医药企业应根据企业规模和经营业务需要设置质量管理机构，机构下设与经营规模相适应的药品检验部门和验收、养护等组织；药品零售企业应设置质量管理机构或专职质量管理人员。质量管理组织行使质量管理职能，在企业内部对药品质量具有裁决权。同时 GSP 对其管理职能做出了明确的规定。

（二）质量管理文件

质量管理文件应当明确企业总的质量目标和要求，并贯彻到药品经营活动的全过程。

（三）质量内审

药品经营企业应当定期以及在质量管理体系关键要素发生重大变化时，组织开展内审。企业应当对内审的情况进行分析，依据分析结论制定相应的质量管理体系改进措施，不断提高质量控制水平，保证质量管理体系持续有效运行。

（四）质量风险管理

药品经营企业应当采用前瞻或者回顾的方式，对药品流通过程中的质量风险进行评估、控制、沟通和审核。

> **小链接：**
>
> 风险管理最早起源于美国，在 20 世纪 30 年代，由于受到 1929—1933 年的世界性经济危机的影响，美国约有 40% 左右的银行和企业破产，经济倒退了约 20 年。为应对经营上的危机，许多大中型企业都在内部设立了风险管理部门，控制企业的各种项目。药品质量风险管理包括风险识别、风险评估及风险控制。请想一想，药品经营企业如何实施风险管理控制药品质量？

（五）质量评价

药品经营企业应当对药品供货单位、购货单位的质量管理体系进行评价，确认其质量保证能力和质量信誉，必要时进行实地考察。

（六）全员质量责任

企业应当全员参与质量管理，部门和岗位人员应当正确理解并履行职责，并承担相应质量责任。

二、医药企业质量管理组织机构

药品经营企业应按照依法批准的经营方式和经营范围，从事药品经营活动。其中药品零售企业应在营业店堂的显著位置悬挂药品经营企业许可证、营业执照以及与执业人员要求相符的执业证明。

医药企业应当设立与药品经营和质量管理相适应的组织机构或岗位，明确规定其职责、权限及相互关系。组织机构设置可参见图 1-2-1。

（一）质量领导组织机构

医药企业应建立以主要负责人为首，包括进货、销售、储运等业务部门负责人和企业质量管理机构负责人在内的质量领导组织。质量领导组织机构设置可参见图 1-2-2。

企业主要负责人应保证企业执行国家有关药品管理的法律、法规及本规范，结合企业实际组织制定质量管理制度，对企业药品经营质量负领导责任。

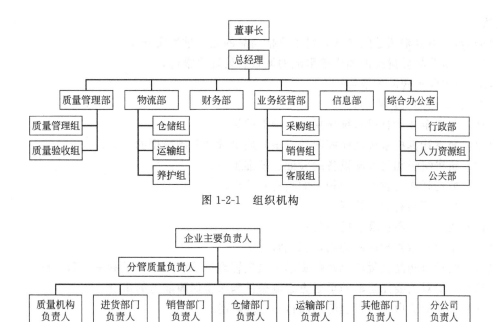

图 1-2-1 组织机构

图 1-2-2 质量领导组织机构

(二) 质量管理部门

1. 质量管理机构设置

医药企业应设置质量管理机构,机构下设质量管理组、质量验收组和药品检验室。

医药企业应按经营规模设立养护组织。大中型企业应设立药品养护组,小型企业设立药品养护组或药品养护员。养护组或养护员在业务上接受质量管理机构的监督指导。质量管理组织机构设置可参照图 1-2-3。

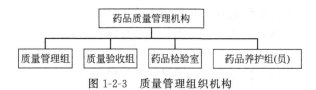

图 1-2-3 质量管理组织机构

2. 质量管理部门职能

医药企业应当设置质量管理部门,履行质量管理职能。

(1) 督促部门和岗位人员执行药品管理的法律、法规及本规范;

(2) 组织制订质量管理体系文件,并指导、监督文件的执行;

(3) 负责对供货单位和购货单位的合法性、购进药品的合法性以及供货单位销售人员、购货单位采购人员的合法资格进行审核,并保证审核结果持续有效;

(4) 负责质量信息的收集和管理,并建立药品质量档案;

(5) 负责药品的验收,指导并监督药品购进、储存、养护、销售、退回、运输等环节的质量管理工作；

（6）负责不合格药品的确认，对不合格药品的处理过程实施监督；

（7）负责药品质量投诉和质量事故的调查、处理及报告；

（8）负责假劣药品的报告；

（9）负责药品质量查询；

（10）负责企业计算机系统质量控制功能的设定；

（11）负责计算机系统操作权限的审核和质量管理基础数据的维护；

（12）负责组织相关设施设备的验证、校准工作；

（13）协助开展与质量管理相关的教育和培训；

（14）负责药品召回的管理；

（15）负责药品不良反应的报告；

（16）组织质量管理体系的内审和风险评估；

（17）组织对药品供货单位及购货单位质量管理体系和服务质量的考察和评价；

（18）组织对被委托运输的承运方运输条件和质量保障能力的审查；

（19）其他应当由质量管理部门履行的管理职能。

3. 质量管理部门权限

企业质量管理部门应当具有履行其职责所需的必要权限和资源，保障质量管理工作有效开展，其职能不得委托其他部门及人员。

三、质量管理文件体系

医药企业应当制定质量管理体系文件，确定质量方针和目标，开展质量策划、质量控制、质量保证、质量改进和质量风险管理等活动，确保质量管理体系的有效运行。

（一）基本要求

企业应当根据有关法律、法规及本规范，建立符合企业实际的质量管理体系文件并遵照执行。文件应当包括质量管理制度、部门及岗位职责、操作规程、记录及凭证、档案及报告等。

文件管理上，文件的起草、修订、审核、批准以及修改、替换、撤销、保管、销毁、分发等应当按照文件管理操作规程进行，并保存相关记录。

文件内容方面，应当准确、清晰、易懂，便于查阅和追溯。

文件时效和执行上，企业应当定期审核、修订文件，使用的文件应当为批准的现行文本，已撤销和过时的文件除留档备查外，不得在工作现场出现。

企业应当保证各项文件的正确执行，各岗位可有效获得与工作内容相对应的必要文件，并严格按照规定开展工作。

（二）质量方针和体系要素

企业制订的质量方针文件应当阐明企业总的质量目标和要求，并贯彻到药品经营活动的全过程。企业应当具备与其经营范围和规模相适应的条件，包括组织机构、人员、设施设备、质量管理体系文件及相应的计算机系统。

（三）质量管理制度

质量管理制度应当包括以下内容。

（1）质量管理体系内审的规定；

（2）质量否决权的规定；

（3）质量管理文件的管理；

（4）质量信息的管理；

（5）供货单位、购货单位、供货单位销售人员及购货单位采购人员等资格的审核；

（6）药品购进、收货、验收、储存、养护、销售、出库、运输的管理；

（7）特殊管理的药品的管理；

（8）药品有效期的管理；

（9）不合格药品及药品销毁的管理；

（10）退回药品的管理；

（11）药品召回的管理；

（12）质量查询的管理；

（13）质量事故、质量投诉的管理；

（14）药品不良反应报告的规定；

（15）环境卫生及人员健康的管理；

（16）质量培训及考核的规定；

（17）设施设备的保管、维护管理；

（18）设施设备验证和校准的管理；

（19）记录和凭证的管理；

（20）计算机系统的管理；

（21）其他应当制定的内容。

（四）（职责）部门及岗位职责

（1）质量管理、购进、储存、销售、运输、财务和信息管理等部门职责；

（2）企业负责人、质量负责人及质量管理、购进、储存、销售、运输、财务和信息管理等部门负责人的岗位职责；

（3）质量管理、购进、收货、验收、储存、出库复核、养护、销售、运输、财务、信息管理等岗位职责；

（4）其他与药品经营相关的岗位职责。

（五）操作规程

企业应当制定药品购进、收货、验收、储存、养护、销售、出库复核、运输等环节及计算机系统的操作规程。

（六）文件记录

（1）记录建立　企业应当建立药品购进、验收、销售、出库、养护、退回、运输、储运温湿度监测、不合格药品处理等相关记录，做到真实、完整、准确、有效和可追溯。

（2）电子记录管理　通过计算机系统记录数据时，有关人员必须通过授权及密码登录后方可进行数据的录入或复核；数据的更改应当经质量管理部门审核并在其监督下进行，更改过程应当留有记录。

（3）书面记录及凭证　书面记录及凭证应当及时填写，并做到字迹清晰，不得随意涂改、撕毁。更改记录及凭证应当说明理由、签名并注明日期，保持原有信息清晰可辨。

（4）记录保存　记录及凭证应当保存 5 年。疫苗、特殊管理的药品的记录及凭证按相关规定保存。

单元 2　GSP 对人员与培训的要求

药品经营企业从事药品经营和质量管理工作的人员，应当符合有关法律法规的资格要求，不得有相关法律法规禁止从业的情形。

一、医药企业有关人员资质要求

（一）医药企业质量管理相关人员

1. 企业负责人

企业负责人应当对企业经营的药品质量承担首要责任，保证企业执行国家有关药品管理的法律、法规及本规范，确保质量管理人员有效行使职权。

2. 质量负责人

企业应当在高层管理人员中指定专人担任质量负责人，全面负责与药品质量管理相关的工作。质量负责人应当具有独立行使质量管理职权的必要权限，在企业内部对药品质量具有裁决权。

3. 主要负责人的具体职能

（1）组织并监督企业实施《中华人民共和国药品管理法》等药品管理的法律、法规和行政规章；

（2）组织并监督实施企业质量方针；

（3）负责企业质量管理部门的设置，确定各部门质量管理职能；

（4）审定企业质量管理制度；

（5）研究和确定企业质量管理工作的重大问题；

（6）确定企业质量奖惩措施。

（二）医药企业质量管理相关人员资质要求

GSP 对药品经营企业的有关人员的资质作出了明确的规定，详见表 1-2-1。

表 1-2-1　医药企业质量管理相关人员资质要求一览表

人员	主要负责人	质量管理工作负责人	批发企业质量管理机构负责人	有关人员		
				零售审方人员	质管检验员	验收、养护、计量和销售人员
学历要求	大学专科以上学历	大学本科以上学历	大学本科以上学历	药学中专或者医学、生物、化学等相关专业大学专科以上学历		
资质要求	专业技术职称	执业药师	执业药师或药师以上	药学初级以上专业技术职称		
能力要求	熟悉有关药品管理的法律法规和所经营药品的知识	在职在岗不得兼职	应能坚持原则、有实践经验，可独立解决经营过程中的质量问题	应经专业培训和省级药品监督管理部门考试合格，取得岗位合格证后方可上岗。不得为兼职人员		
人数	从事质量管理、检验、验收、养护及计量等工作的专职人员数量，不少于企业职工总数的 4%（最低不应少于 3 人），并保持相对稳定					

药品经营企业从事中药材、中药饮片验收工作的，应当具有中药学专业中专以上学历或

者具有中药学中级以上专业技术职称；从事中药材、中药饮片养护工作的，应当具有中药学专业中专以上学历或者具有中药学初级以上专业技术职称；直接收购地产中药材的，验收人员应当具有中药学中级以上专业技术职称。

经营疫苗的企业还应当配备 2 名以上专业技术人员专门负责疫苗质量管理和验收工作，专业技术人员应当具有预防医学、药学、微生物学或者医学等专业本科以上学历及中级以上专业技术职称，并有 3 年以上从事疫苗管理或者技术工作的经历。

二、培训教育

GSP 是对药品质量进行科学管理的一种规范，需要员工准确把握其基本要求，自觉执行质量管理文件，并在工作中结合实际进行改进和完善，保证对药品质量的有效控制。为实现这一目标，对企业员工进行有组织、有计划的培训与教育具有十分重要的意义。

(一) 培训内容及要求

1. 岗前培训

岗前培训是 GSP 培训中非常重要的一环，企业对新录用人员、岗位调整人员，应根据其自身素质并结合其拟任岗位的要求，进行有针对性的岗前任职培训，确保其能尽快适应新岗位，充分、有效地履行岗位职责。具体要求参见表 1-2-2。

表 1-2-2 GSP 对质量管理相关岗位人员岗前培训要求

岗位	药监部门培训	企业内部培训
质量管理	应经专业培训和省级药品监督管理部门考试合格，取得岗位合格证后方可上岗	以本企业质量管理制度、质量职责、工作程序为主要培训内容，结合岗位操作技能，考核合格方可上岗
验收、养护、销售	应经专业或岗位培训，并经地市级（含）以上药品监督管理部门考试合格，发给岗位合格证书后方可上岗	
保管、运输	—	

2. 继续教育

企业应按 GSP 的要求，建立对质量管理相关岗位工作人员继续培训教育制度，以此不断提高全员的质量意识和业务能力，及时传达贯彻国家关于药品监督管理的最新政策，有效实施企业质量管理工作决策和指令，最大限度地利用和开发企业的人才资源，使质量管理体系能够持续改进。GSP 对质量管理相关岗位人员继续教育要求参见表 1-2-3。

表 1-2-3 GSP 对质量管理相关岗位人员继续教育要求

岗位	GSP 要求	企业内部培训
质量管理	每年应接受省级药品监督管理部门组织的继续教育	企业定期组织以本企业质量管理制度、质量职责、工作程序为主要培训内容，并结合岗位操作技能开展的继续教育
验收、养护	定期接受企业组织的继续教育	
销售、保管、运输	—	

(二) 培训计划与实施

1. 培训计划

培训计划为企业在一定时期内，为实现质量方针目标而制定的培训教育工作的总体安排。培训计划一般由质量管理部门在征求人力资源部门意见的基础上，按年度制定，报企业主管部门负责人审批，经同意后实施。编制培训计划时，应根据企业的质量工作计划和员工自身素质的情况，着重解决实际问题，并对培训效果进行考核。

2. 计划实施

按照培训计划的要求，质量管理部门要协助人力资源部门实施相关的培训工作，质量管理部门主要负责落实和确定质量培训的内容、授课人员、培训对象和考核方法等工作，对培训过程实施有效监督并做好相关记录，同时建立培训考核与员工聘用、激励措施相结合的管理机制，以使计划能落到实处。

（三）培训教育档案

企业员工接受培训或继续教育应建立档案，具体可分为企业内部培训档案和员工个人培训档案。

1. 企业内部培训档案

包括培训教育管理制度；年度培训教育计划；培训教育考核结果；培训教育工作记录及总结等。相关表格参见表1-2-4。

表1-2-4　年度质量培训计划

序号	目的	内容	地点	指导教师	时间	培训对象	考核方式

2. 员工个人培训档案

包括员工个人培训教育登记表；学历、职称、历次培训教育证明（复印件）等。相关表格参见表1-2-5。

表1-2-5　员工个人培训教育登记表

姓名		性别		出生年月		任职时间	
部门		职位		学历		职称	
编号	培训内容	培训时间	课时	授课方式	考核方式	考核成绩	备注

三、健康检查

（一）定期检查

在药品的流通过程中，受自然环境、储运条件及人为因素等的影响，容易引起药品质量发生变化，特别是与药品直接接触的有关人员，其身体健康状况对药品质量有着直接或间接的影响。根据《药品管理法》及GSP要求，药品经营企业应每年定期组织在质量管理、药品验收、养护、保管等直接接触药品岗位工作的人员进行健康检查，并建立健康检查档案。

发现患有精神病、传染病或其他可能污染药品疾病的人员，应立即调离直接接触药品的岗位。

药品经营企业应在卫生行政管理部门认可的医疗机构接受体检，并按照规定对员工进行相关项目的检查，确保体检结果的有效性和准确性。

（二）建立健康档案

按 GSP 要求，药品经营企业应对员工的健康检查情况及资料及时记录或存入健康档案，健康档案分为企业档案和员工个人档案，每个员工从进入企业起，即要接受就业健康检查或上岗体检，并建立健康档案。

1. 企业档案

企业档案包括每年体检的工作安排、每年体检的总人员名单、体检汇总表等。相关表格参见表 1-2-6。

表 1-2-6　年度企业员工健康检查汇总表

编号：

检查时间：				检查机构：			检查项目：	
序号	档案编号	姓名	性别	年龄	现岗位	检查结果	采取措施	备注

2. 个人档案

个人体检档案包括上岗体检表及资料；每年体检表及资料；患病离岗、治疗、体检、再上岗资料（体检情况应原件保存）。相关表格参见表 1-2-7。

表 1-2-7　员工健康档案

编号：　　　　　　　　建档时间：

姓名：		性别：		出生年月：		任职时间：	
部门：		岗位：		员工号：			
检查日期		检查机构		检查项目		检查结果	采取措施

单元 3　GSP 对设施设备的要求

一、医药企业经营和办公场所的设施基本要求

医药企业应有与其药品经营范围、经营规模相适应的经营场所和库房。库房的选址、设计、布局、建造、改造和维护应当符合药品储存的要求，防止药品的污染、交叉污染、混淆和差错。营业场所应明亮、整洁。

（一）批发企业经营场所要求

批发企业整体的内部环境一般划分为储存作业区、辅助作业区、办公生活区三大类区

域。储存作业区通常包括药品库房、进出货场、仓库管理员工作室等；辅助作业区通常包括验收室、分装室、业务相关部门办公室等；办公生活区通常包括经营企业行政管理部门办公室、车库、食堂、宿舍及相关公共生活服务设施等。

这三大类区域的划分与布置应该能满足药品经营企业的经营需要与药品质量属性的需要，为人流与物流提供有序、有效的服务；能通过合适与安全的方式达到明确的区别，并为人流、物流提供导向。辅助作业区和办公生活区应该和储存作业区保持适当的距离或有效隔离，尤其是办公生活区和储存作业区之间。这些方式可以是不同方式的建筑体、不同方式的隔离带，并配以文字与颜色，这都应该根据企业的实际环境与经营需要灵活处理，并注意环境的美化及艺术性。

（二）药品零售企业经营场所要求

药品零售（零售连锁门店）企业营业场所应具有陈列药品的货柜、货架，应该符合牢固、安全的要求。配置分类、指引、区别、识别的装置与标示材料及用品，对所经营的药品按照不同类别、不同用途、不同管理要求、不同品种的药品进行正确与清楚、易于识别的分类、区别与标识。

药品零售企业营业场所应宽敞、清洁，柜台及货架整齐合理，各销售柜组标志醒目，环境清洁卫生，营业场所与办公、生活、仓库等场所分开或分隔。营业场所应该按照药品分类管理的要求和提供无差错服务的原则，通过合适而安全的方式对不同类别、不同用途、不同剂型、不同品名的药品加以区分和标识，如有必要可设立特定的区（柜）并提供有效的识别指引。这种方式在符合 GSP 要求的前提下，结合本企业的实际情况和经营特点灵活实施，也就是既可以通过不同的柜台（橱窗）去实施，也可以在同一柜台（橱窗）内去实施，而更多的是将两者结合起来。

经营中药材与饮片的零售企业应在营业场所内布置专门的零售区域，这个区域一定要和成品药区域严格分离，比如使用不同的房间。经营特殊药品或国家有专门规定要求的其他药品的零售企业，应当有符合 GSP 要求的专门的陈列与存放区（柜），和其他药品严格分离，但不一定要求有其他的房间。

二、医药企业仓库要求

（一）仓库的选址与建设要求

仓库的选址、设计、布局、建造、改造和维护必须符合药品储存的要求，防止出现药品的污染、交叉污染、混淆和差错。

药品仓库宜选在远离居民区的地点，环境良好，无大量粉尘、有害气体及污水等严重污染，库房应建在地势较高、地质坚固、宽阔平坦干燥的地方；地势较高，雨季能迅速排水，避免被淹危险，而且干燥、采光良好的地方，地质坚固，能承受较大压力。药品仓库应选择在交通方便，离车站、港口码头较近的地方，不宜设在城市中心区或离民房太近之处。危险品库应在离车站、码头较远的市郊地区。要能保证用水的充分供给，但不宜靠近江、河、湖，以免湿度过大。

库房建设上，规模及条件应当满足药品的合理、安全储存，便于开展储存作业。库区不得种植易长虫的花草、树木，可种植一些小灌木和没有花絮、花粉、绒毛的花草。在库区内多种植草皮，既能美化环境，又能吸收有害气体和尘埃。库区地面平坦、整洁，不易受酸碱或其他化学药品腐蚀。一般可用沥青混凝土地面，厚度约在 3cm 左右，负荷量大的可用厚度 2~4cm 的水泥地面，负荷小的或保暖库可用木制地板。为了防止库房地面返潮或积水，修建时应使库内地面高于库外地面。库外四周必须设置排水沟，并保持畅通。库内地面以水泥或其他硬质建筑材料铺设，铺设层下应施以防水材料，如沥青、油毡等。库房内墙、顶光洁，地面平整，门窗结构严密。库房应当有可靠的安全防护措施，能够对无关人员进入实行可控管理，防止货物被盗或者被混入假药。库区应当有防止室外装卸、搬运、接收、发运等作业受异常天气影响的措施。

（二）仓库的分类

药品对储存要求较高，在仓库设置时必须研究药品特殊性能要求。有必要了解各类型仓库的储存条件，加强基础设施建设，以适应药品经营的需要。

1. 按使用职能划分

按照仓库在药品流通中的使用职能来划分，药品仓库可分为大型储存型仓库、中转批发仓库和专用仓库三类。

大型储存型仓库主要是集中储存收购的整批药品，一般储存期较长，基本采用整批进、整批出或整箱出的收发货方式。

中转批发仓库主要是中小型仓库，大多是前店后仓，其职能是整箱进零星出，储存期较短，储存周转较快，便于客户购货提货。

专用仓库即特种仓库，如危险品仓库、特殊药品仓库等，主要是储存特殊药品，易燃、易爆、有腐蚀性等一些对人体或建筑物有一定危险性药品的仓库，这种仓库必须根据所储存药品不同的性能要求建造。

2. 按储存条件划分

按照药品理化性质对储存的温湿度条件的要求来划分，药品仓库可分为常温库、恒温库、保温库、低温库和去湿库五种类型。

常温仓库，是指有些药品 0℃ 以下易冻结而造成分子结构破坏失去药效，有些药品在 30℃ 以上时易发生融化而造成药品变质，温度需要控制在 0~30℃ 之间，温度控制在此范围内的仓库就叫常温库。

恒温仓库，是指某些药品需储存在阴凉干燥处，要求在 10~20℃ 之间，超过 20℃ 易变质。温度控制在此范围内的仓库就叫恒温库。一般来说，在条件许可的情况下可将常温仓库改建为恒温仓库。

保温仓库，是指某些商品不适宜在 0℃ 以下储存，而需保温储存，需装置暖气或中央空调。有保温设施的仓库就称保温仓库。

低温仓库，是指某些药品的温度要求不宜超过 10℃，也不宜低于 2℃，也就是在 2~10℃ 之间储存最为理想，温度控制在此范围内的仓库就叫低温库。

去湿仓库，是指在江南或沿海地区梅雨季节，高温高湿易发生药品霉变，为了保证药品质量，有条件的仓库可根据仓库面积或仓容量的大小配置除湿机，或采用通风手段除湿干燥，这类仓库就称为去湿仓库。

3. 按建筑结构和操作设施划分

按照仓库的建筑结构和操作设施来划分：药品仓库可分为平房简易仓库、多层常规仓库和高层立体仓库三种。

平房简易仓库，即单层建筑仓库，其结构较为简单，造价低廉，一般适用于性能稳定的商品储存。由于其结构简单，较难使用一些科学养护技术及现代化机械设备，所以对库存药品的质量养护会带来一些不利影响；并且平房仓库占地面积大，所以从长远来看，此种仓库应用会减少。

多层常规仓库，是指两层以上的仓库，其结构大多采用钢筋混凝土结构，承受压力大，占地面积小，又能提高仓库的容量，为药品的储存提供了较优越的条件，还可为仓库实现机械化、自动化、开展科学养护和现代化管理打下基础。当前我国大中城市的药品仓库以多层仓库居多，这种仓库的结构虽好，但出入库大都是以人工操作为主，劳动力投入较多，药品养护及储存管理仍以常规方式为主，已不适应要求越来越高的药品经营活动的需要，因此，急需对多层仓库进行扩建和改造。如多层仓库中可以设多层货架，以适当增加药品储存量，并可使仓库达到整齐划一的效果，货架应建立编号，以便于商品定置、定位，堆垛稳固，可解决零星件数的存放。

高层立体仓库，又称自动化、机械化仓库，这种仓库采用钢筋混凝土结构，库内无柱、无层楼板，库内高度可在 9m 以上，配备高层立体货架，充分利用库内面积和空间。储存药品时，将药品置于标准托盘里，通过起重机械垂直或水平移动，存放在高层货架中。货架高度、托盘大小可根据实际需要出发进行选择，但应统一格式，有利于装卸机械的应用。药品经营企业的不断发展，要求企业仓库储存能力进一步扩大，建造机械化、自动化的立体仓库，向空间发展，已成为了一种发展趋势。高层货架仓库的仓库内部结构和设备通常包括：高层货架、堆垛机（采用轨道式升降起重机或电瓶式升降叉车，配以统一规格的托盘）、叉车或输送机，控制系统可采用人工控制、半自动控制或中央微机控制。

> **小链接：药品批发企业规模大小分类标准**
> ①大型企业，年药品销售额 20000 万元以上；②中型企业，年药品销售额 5000 万元～20000 万元；③小型企业，年药品销售额 5000 万元以下。

三、医药企业设施与设备的配备要求

（一）库房内部设施设备要求

库房应当有以下设施设备。

（1）药品与地面之间有效隔离的地垫及货架等设备；

（2）避光、通风、防潮、防虫、防鼠等措施；

（3）有效调控温湿度及室内外空气交换的设备；

（4）自动监测、记录库房温湿度的设备；

（5）符合储存作业要求的照明设备；

（6）用于零货拣选、拼箱发货操作及复核的作业区域和设备；

（7）包装物料的存放场所；

（8）验收、发货的专用场所；

（9）不合格药品专用存放场所；

（10）经营特殊管理的药品及危险品的，有符合国家规定的储存设施。

此外，经营中药材、中药饮片的，应当有专用的库房和养护工作场所，直接收购地产中药材的应当设置中药样品室（柜）。

经营冷藏、冷冻药品的，应当配备以下设施设备：与其经营规模和品种相适应的冷库，经营疫苗的应当配备两个以上独立冷库；用于冷库温度自动监测、显示、记录、调控、报警的设备；冷库制冷设备的备用发电机组或者双回路供电系统；对有特殊低温要求的药品，应当配备符合其储存要求的设施设备；冷藏车及车载冷藏箱或者保温箱等设备。

（二）药品检验室设备

医药企业设置的药品检验室应有用于仪器分析、化学分析、滴定液标定的专门场所，并有用于易燃易爆、有毒等环境下操作的安全设施和温、湿度调控的设备。

（三）验收养护室设备

医药企业应在仓库设置验收养护室，验收养护室应有必要的防潮、防尘设备。如所在仓库未设置药品检验室或不能与检验室共用仪器设备的，应配置千分之一天平、澄明度检测仪、标准比色液等；企业经营中药材、中药饮片的还应配置水分测定仪、紫外荧光灯、解剖镜或显微镜。具体要求参见表1-2-8。

表1-2-8 医药企业仓库与设备要求一览表

企业规模		小型企业	中型企业	大型企业
仓库面积		≥500m²	≥1000m²	≥1500m²
仓库种类		冷库温度为2～10℃；阴凉库温度不高于20℃；常温库温度为0～30℃；各库房相对湿度应保持在45%～75%之间		
药品检验室	面积	≥50m²	≥100m²	≥150m²
	检验项目	化学测定、仪器分析	化学测定、仪器分析、卫生学检查、效价测定等	
	仪器设备	配置万分之一分析天平、酸度仪、电热恒温干燥箱、恒温水浴锅、片剂崩解仪、澄明度检测仪。经营中药材和中药饮片的，还应配置水分测定仪、紫外荧光灯和显微镜	在小型企业配置基础上，增加自动旋光仪、紫外分光光度计、生化培养箱、高压灭菌锅、高温炉、超净工作台、高倍显微镜。经营中药材、中药饮片的还应配置生物显微镜	在中小型企业配置基础上，增加片剂溶出度测定仪、真空干燥箱、恒温湿培养箱
	验收养护室	≥20m²	≥40m²	≥50m²

（四）冷链设施设备

经营冷藏及冷冻药品的，应当配备以下设施设备。

（1）与其经营规模和品种相适应的冷库，经营疫苗的应当配备两个以上独立冷库；

（2）用于冷库温度自动监测、显示、记录、调控、报警的设备；

（3）冷库制冷设备的备用发电机组或双回路供电系统；

（4）对有特殊温度要求的药品，应当配备符合其储存要求的设施设备；

（5）冷藏车及车载冷藏箱或保温箱等设备。

（五）运输设备

药品经营企业运输药品应当使用封闭式货物运输工具。

运输冷藏、冷冻药品的冷藏车及车载冷藏箱、保温箱应当符合药品运输过程中对温度控制的要求。冷藏车具有自动调控温度、显示温度、存储和读取温度监测数据的功能；冷藏箱及保温箱具有外部显示和采集箱体内温度数据的功能。储存、运输设施设备的定期检查、清洁和维护应当由专人负责，并建立记录和档案。

（六）药品零售的设备

药品零售企业应具有调配药品处方必要的用具，调配西药应有：药勺，乳钵，上皿天平，毒药天平，量杯，玻棒。调配中药应有：调配台与预分装台，冲筒，乳钵，铁研船，药筛，托盘天平等。营业用计算工具、调剂工具、衡器、开票用具和包装用品齐全、完好、卫生，计量器具必须按规定检测合格。

（七）设施设备检查

应由专人负责储存、运输设施设备的定期检查、校准、清洁和维护工作，并建立记录和档案。

单元 4　GSP 对校准与验证的要求

根据 2013 版 GSP 要求，药品经营企业应当对计量器具、温湿度监测设备以及冷藏运输设备等定期进行校准或者检定，确认相关设施、设备及监测系统能够符合规定的设计标准和要求，并能安全、有效地正常运行和使用，确保冷藏、冷冻药品在储存、运输过程中的质量安全。

一、校准与验证的概念

校准，是指在规定条件下，确定测量、记录、控制仪器或系统的示值（尤指称量）或实物量具所代表的量值与对应的参照标准量值之间关系的一系列活动。目的主要是确定测量器具的示值误差。

验证，是指证明任何程序、生产过程、设备、物料、活动或系统确实能达到预期结果的有文件证明的一系列活动。

二、校准与验证的目的与作用

（一）校准与验证的目的

校准与验证就是以真实数据证实库房设施、设备、操作规程（或方法）、监测系统达到标准和预定目标。确认相关设施设备及系统能符合规定的设计标准和要求，能安全、有效地正常运行和使用，确保冷藏、冷冻药品在储存、运输过程中的质量安全。

（二）校准与验证的作用

药品经营企业实施校准和验证，保证和提高了工作质量和产品质量，保证了库房设施、设备、产品、程序制度、存储或运输温湿度自动监测系统处于最佳状态，有利于消除隐患，降低质量风险。

三、验证范围

药品经营企业进行验证的范围包括冷库、冷藏运输车辆、冷藏箱、保温箱以及冷藏储运温湿度监测系统。

四、验证类型

药品经营企业开展验证，可以分为以下类型。

使用前验证，一般指在设施设备或监测系统新投入使用前或改造后开展，对相关库房、设施设备及监测系统在新投入使用前或改造后需进行的验证，包括设计确认、安装确认、运行确认、性能确认。

同步验证，指在系统等常规运行的同时进行的验证。也就是以从活动进行过程中获得的数据作为分析和评价的依据，证明系统或活动达到预计要求的活动。

回顾验证，系指利用现有的历史数据进行统计分析，收集证据，以证明程序、生产过程、设备、物料、活动或系统达到预期要求的行为。

再验证，指工艺、程序、系统、设备经过验证并在使用一个阶段以后，以及某些要素发生改变时所进行的验证。目的在于证实已验证状态没有发生飘移而进行的验证。

五、验证的实施程序

企业应当按照质量管理体系文件的规定，按年度制定验证计划，根据计划确定的范围、日程、项目，实施验证工作。

企业应当在验证实施过程中，建立并形成验证控制文件，文件内容包括验证方案、标准、报告、评价、偏差处理和预防措施等，验证控制文件应当归入药品质量管理档案，并按规定保存。

验证方案根据每一项验证工作的具体内容及要求分别制定，包括验证的实施人员、对象、目标、测试项目、验证设备及监测系统描述、测点布置、时间控制、数据采集要求，以及实施验证的相关基础条件，验证方案需经企业质量负责人审核并批准后，方可实施。企业需制定实施验证的标准和验证操作规程。

验证完成后，需出具验证报告，包括验证实施人员、验证过程中采集的数据汇总、各测试项目数据分析图表、验证现场实景照片、各测试项目结果分析、验证结果总体评价等，验证报告由质量负责人审核和批准。在验证过程中，根据验证数据分析，对设施设备运行或使用中可能存在的不符合要求的状况、监测系统参数设定的不合理情况等偏差，进行调整和纠正处理，使相关设施设备及监测系统能够符合规定的要求。

六、验证项目

药品经营企业应当根据验证的内容及目的，确定相应的验证项目。

(一) 冷库验证的项目

至少包括以下几项。

(1) 温度分布特性的测试与分析（确定适宜药品存放的安全位置及区域）；

(2) 温控设备运行参数及使用状况测试（确认设备合理有效）；

(3) 监测系统配置的测点终端参数及安装位置确认（监测设备安装在温度相对最差点）；

(4) 开门作业对库房温度分布及药品储存的影响（确定适宜药品存放的安全位置及区域）；

(5) 确定设备故障或外部供电中断的状况下，库房保温性能及变化趋势分析（各种状态下设备的最短保温时长）；

(6) 对本地区的高温或低温等极端外部环境条件，分别进行保温效果评估（确认设备合理有效）；

(7) 在新建库房初次使用前或改造后重新使用前，进行空载及满载验证（确认设备合理有效）；

(8) 年度定期验证时，进行满载验证（确认设备合理有效）。

(二) 冷藏车验证的项目

至少包括以下几项。

(1) 车厢内温度分布特性的测试与分析（确定适宜药品存放的安全位置及区域）；

(2) 温控设施运行参数及使用状况测试（确认设备合理有效）；

(3) 监测系统配置的测点终端参数及安装位置确认（监测设备安装在温度相对最差点）；

(4) 开门作业对车厢温度分布及变化的影响（确定适宜药品存放的安全位置及区域）；

(5) 确定设备故障或外部供电中断的状况下，车厢保温性能及变化趋势分析（各种状态下设备的最短保温时长）；

(6) 对本地区高温或低温等极端外部环境条件，分别进行保温效果评估（确认设备合理有效）；

(7) 在冷藏车初次使用前或改造后重新使用前，进行空载及满载验证（确认设备合理有效）；

(8) 年度定期验证时，进行满载验证（确认设备合理有效）。

(三) 冷藏箱或保温箱验证的项目

至少包括以下几项。

(1) 箱内温度分布特性的测试与分析，分析箱体内温度变化及趋势（确定适宜药品存放的安全位置及区域）；

(2) 蓄冷剂配备使用的条件测试（确认保温箱的冷媒配备方法）；

(3) 温度自动监测设备放置位置确认（监测设备安装在温度相对最差点）；

(4) 开箱作业对箱内温度分布及变化的影响（确定适宜药品存放的安全位置及区域）；

(5) 高温或低温等极端外部环境条件下的保温效果评估（各种状态下设备的最短保温时长）；

(6) 运输最长时限验证（确认设备合理有效）。

(四) 监测系统验证的项目

至少包括以下几项。

(1) 采集、传送、记录数据以及报警功能的确认（确定安全及应急性能）；

(2) 监测设备的测量范围和准确度确认（确认设备合理有效）；

（3）测点终端安装数量及位置确认（监测设备安装在温度相对最差点）；

（4）监测系统与温度调控设施无联动状态的独立安全运行性能确认（确认设备合理有效）；

（5）系统在断电、计算机关机状态下的应急性能确认（确认设备合理有效）；

（6）防止用户修改、删除、反向导入数据等功能确认（确认安全有效）。

七、验证测点布置

药品经营企业应当根据验证对象及项目，合理设置验证测点。

（1）在被验证设施设备内一次性同步布点，确保各测点采集数据的同步、有效。

（2）在被验证设施设备内，进行均匀性布点、特殊项目及特殊位置专门布点。

（3）每个库房中均匀性布点数量不得少于 9 个，仓间各角及中心位置均需布置测点，每两个测点的水平间距不得大于 5m，垂直间距不得超过 2m。

（4）库房每个作业出入口及风机出风口至少布置 5 个测点，库房中每组货架或建筑结构的风向死角位置至少布置 3 个测点。

（5）每个冷藏车箱体内测点数量不得少于 9 个，每增加 20m³ 增加 9 个测点，不足 20m³ 的按 20m³ 计算。每个冷藏箱或保温箱的测点数量不得少于 5 个。

八、验证时间

药品经营企业应当确定适宜的持续验证时间，以保证验证数据的充分、有效及连续。冷库：数据有效持续采集时间不得少于 48h；冷藏车：数据有效持续采集时间不得少于 5h；冷藏箱或保温箱：按照最长的配送时间连续采集数据；验证数据采集的间隔时间：不得大于 5min。

单元 5　GSP 对计算机系统的要求

计算机系统是企业从事药品经营活动和质量管理活动的物质载体，是企业质量管理体系的重要组成部分。

企业的计算机系统必须满足药品经营管理活动的全过程控制，能对药品的购储销等质量控制环节进行全面规范管理，能对采购产品合法性、购货单位资质审核、首营企业审核、首营品种审核、销售人员资格审核、收货验收、储存、养护、效期、出库、销售、运输、退回、召回、追溯等过程或行为进行有效管理。实现药品质量可追溯，并满足药品电子监管的实施条件。计算机系统的核心思想就是设立权限控制，进行业务流程管控，从而使数据真实可追溯；同时支持电子监管，企业的计算机系统可升级对接药品监督管理部门的监管平台。

一、计算机信息系统对于药品经营企业开展质量管理的重要性

在系统中设置各经营流程的质量控制功能，与采购、销售以及收货、验收、储存、养护、出库复核、运输等系统功能形成内嵌式结构，对各项经营活动进行判断，对不符合药品监督管理法律法规以及《药品经营质量管理规范》的行为进行识别及控制，确保各项质量控制功能的实时和有效。

二、计算机系统的设置基本要求

企业计算机系统应当符合以下要求：有支持系统正常运行的服务器和终端机；有安全、

稳定的网络环境，有固定接入互联网的方式和安全可靠的信息平台；有实现部门之间、岗位之间信息传输和数据共享的局域网；有药品经营业务票据生成、打印和管理功能；有符合本规范要求及企业管理实际需要的应用软件和相关数据库。

三、计算机信息管理的职责

医药企业设立独立的负责信息管理的部门，承担全面的计算机管理工作。

具体履行以下职责：负责系统硬件和软件的安装、测试及网络维护；负责系统数据库管理和数据备份；负责培训、指导相关岗位人员使用系统；负责系统程序的运行及维护管理；负责系统网络以及数据的安全管理；保证系统日志的完整性；负责建立系统硬件和软件管理档案。

四、质量管理部门的职责

质管部能够控制整个质量体系，全面进行医药各类数据的管理，支持信息管理部门的工作。

具体履行以下职能：负责指导设定系统质量控制功能；负责系统操作权限的审核，并定期跟踪检查；监督各岗位人员严格按规定流程及要求操作系统；负责质量管理基础数据的审核、确认生效及锁定；负责经营业务数据修改申请的审核，符合规定要求的方可按程序修改；负责处理系统中涉及药品质量的有关问题。

五、计算机系统涵盖的环节

（一）采购

药品采购订单中的质量管理基础数据应当依据数据库生成。系统对各供货单位的合法资质能够自动识别、审核，防止超出经营方式或经营范围的采购行为发生。采购订单确认后，系统自动生成采购记录。

（二）收货与验货

药品到货时，系统应当支持收货人员查询采购记录，对照随货同行单（票）及实物确认相关信息后，方可收货。验收人员按规定进行药品质量验收，对照药品实物在系统采购记录的基础上录入药品的批号、生产日期、有效期、到货数量、验收合格数量、验收结果等内容，确认后系统自动生成验收记录。

（三）仓储（温湿度监测与养护）

药品批发企业系统应当按照药品的管理类别及储存特性，自动提示相应的储存库区。

药品批发企业系统应当依据质量管理基础数据和养护制度，对库存药品按期自动生成养护工作计划，提示养护人员对库存药品进行有序、合理的养护。

药品批发企业系统应当对库存药品的有效期进行自动跟踪和控制，具备近效期预警提示、超有效期自动锁定及停销等功能。

（四）销售

药品批发企业销售药品时，系统应当依据质量管理基础数据及库存记录生成销售订单，系统拒绝无质量管理基础数据或无有效库存数据支持的任何销售订单的生成。系统对各购货单位的法定资质能够自动识别并审核，防止超出经营方式或经营范围的销售行为的发生。销售订单确认后，系统自动生成销售记录。

（五）出库复核

药品批发企业系统应当将确认后的销售数据传输至仓储部门提示出库及复核。复核人员完成出库复核操作后，系统自动生成出库复核记录。

（六）运输

药品批发企业系统应当对药品运输的在途时间进行跟踪管理，对有运输时限要求的，应当提示或警示相关部门及岗位人员。系统应当按照《药品经营质量管理规范》要求，生成药品运输记录。

（七）销售退回

药品批发企业系统对销后退回药品应当具备以下功能。

（1）处理销后退回药品时，能够调出原对应的销售、出库复核记录；

（2）对应的销售、出库复核记录与销后退回药品实物信息一致的方可收货、验收，并依据原销售、出库复核记录数据以及验收情况，生成销后退回验收记录；

（3）退回药品实物与原记录信息不符，或退回药品数量超出原销售数量时，系统拒绝药品退回操作；

（4）系统不支持对原始销售数据的任何更改。

> **小链接：GSP 软件系统的开发方式**
>
> 药品经营企业可以自行开发 GSP 信息管理系统软件，也可以向专业的计算机软件设计公司购买已经开发成功的现有 GSP 管理软件。GSP 管理软件已经在我国药品经营企业全面应用。图 1-2-4 即是某专业信息技术有限公司开发的 GSP 软件示例图。

图 1-2-4　GSP 软件示例图

六、计算机数据管理的要求

（一）各岗位数据处理的要求

药品批发企业应当严格按照管理制度和操作规程进行系统数据的录入、修改和保存，以保证各类记录的原始、真实、准确、安全和可追溯。

（1）各操作岗位通过输入用户名、密码等身份确认方式登录系统，并在权限范围内录入或查询数据，未经批准不得修改数据信息。

（2）修改各类业务经营数据时，操作人员在职责范围内提出申请，经质量管理人员审核批准后方可修改，修改的原因和过程在系统中予以记录。

（3）系统对各岗位操作人员姓名的记录，根据专有用户名及密码自动生成，不得采用手工编辑或菜单选择等方式录入。

（4）系统操作、数据记录的日期和时间由系统自动生成，不得采用手工编辑、菜单选择等方式录入。

（二）数据保管及安全管理

药品批发企业应当根据计算机管理制度对系统各类记录和数据进行安全管理。

（1）采用安全、可靠的方式存储、备份。

（2）按日备份数据。

（3）备份记录和数据的介质存放于安全场所，防止与服务器同时遭遇灾害造成损坏或丢失。

（4）记录和数据的保存时限符合《药品经营质量管理规范》第四十二条的要求。

（三）基础数据管理

药品批发企业应当将审核合格的供货单位、购货单位及经营品种等信息录入系统，建立质量管理基础数据库并有效运用。

（1）质量管理基础数据包括供货单位、购货单位、经营品种、供货单位销售人员资质、购货单位采购人员资质及提货人员资质等相关内容。

（2）质量管理基础数据与对应的供货单位、购货单位以及购销药品的合法性、有效性相关联，与供货单位或购货单位的经营范围相对应，由系统进行自动跟踪、识别与控制。

（3）系统对接近失效的质量管理基础数据进行提示、预警，提醒相关部门及岗位人员及时索取、更新相关资料；任何质量管理基础数据失效时，系统都自动锁定与该数据相关的业务功能，直至数据更新和生效后，相关功能方可恢复。

（4）质量管理基础数据是企业合法经营的基本保障，须由专门的质量管理人员对相关资料审核合格后，据实确认和更新，更新时间由系统自动生成。

（5）其他岗位人员只能按规定的权限，查询、使用质量管理基础数据，不能修改数据的任何内容。

学习小结

GSP对医药企业的各方面要求	质量管理体系	(1) 医药企业机构的要求 (2) 质量管理文件体系 (3) 文件的要求
	人员与培训	(1) 人员资质要求 (2) 培训教育 (3) 健康检查
	设施设备	(1) 整体环境的要求 (2) 仓库的选址与建设要求 (3) 仓库的分类 (4) 设施与设备的要求
	校准与验证	(1) 校准与验证概念、作用 (2) 验证项目分类、实施 (3) 验证点
	计算机系统	(1) 计算机系统重要性、基本要求 (2) 计算机系统涵盖环节 (3) 数据管理

一、单项选择题

1. 批发企业从事质量管理、检验、验收、养护及计量等工作的专职人员数量，应不少于企业职工总数的：（　　）。

  A. 4%   B. 3%   C. 5%   D. 6%

2. 药品验收人员及营业员应具有（　　）以上学历。

  A. 高中   B. 小学   C. 初中   D. 本科

3. 企业应建立以主要负责人为首，包括进货、销售、储运等业务部门负责人和（　　）负责人在内的组织。

  A. 质量管理   B. 质量验收   C. 质量养护   D. 质量领导

4. （　　）的组织机构一般由总部、配送中心和若干门店组成。

  A. 批发企业   B. 零售连锁企业   C. 零售企业   D. 代理企业

5. 质量管理人员应经专业培训和（　　）级药品监督管理部门考试合格，取得岗位合格证后方可上岗。

  A. 区   B. 县   C. 市   D. 省

二、多项选择题

1. 质量管理机构负责人应是：（　　）。

  A. 能坚持原则   B. 有实践经验   C. 药学及相关专业人员

  D. 执业药师   E. 可独立解决经营过程中的质量问题

2. 处方审核人员应是：（　　）。

  A. 执业药师   B. 药师   C. 中药师

  D. 药士   E. 医生

3. 企业质量管理机构职责有：（　　）。

  A. 负责药品的验收   B. 负责药品的养护

  C. 负责药品的保管   D. 负责质量不合格药品的审核

  E. 负责收集和分析药品质量信息

4. 配送中心是企业的物流控制机构，其职能是：（　　）。

  A. 经营管理   B. 运输   C. 养护

  D. 验收   E. 进货

5. 发现患有（　　）等疾病，可能污染药品的人员，应立即调离直接接触药品的岗位。

  A. 精神病   B. 糖尿病   C. 乙肝

  D. 肺结核   E. 咽炎

三、简答题

1. GSP 对验收、养护人员有何要求？

2. 批发企业质量领导组织的主要职责是什么？

3. 为什么要进行岗前培训？

四、分析题

张英为某医药中专毕业，工作近十年，想自己办一家零售药店经营西药、中成药和中药饮片，按 GSP 要求，她最基本需要招聘哪些人员，分别具有什么资质？

五、实做题

王盈盈为某医药公司质量管理人员，年初，质量管理部长给她分配了一项任务，拟定一份公司本年度培训计划草稿。现在假设你就是王盈盈，请根据我们所学内容和 GSP 要求，拟定一份公司年度培训计划草稿。

实训 1　构建医药企业质量领导组织机构

一、实训目的

通过本实训加强同学们关于 GSP 对质量管理组织机构的要求的认识。

二、实训内容

请同学们从以下两个方面开展讨论。

（1）如何建立一个符合 GSP 要求的医药企业质量领导组织？质量领导组织与质量管理机构的区别是什么？

（2）如果想成为一个合格的药品质量管理人员，需要具备哪些条件？你现在已具备了哪些条件？还有哪些方面需要继续努力的？

三、实训提示

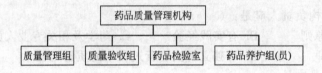

四、实训报告

报 告 项 目	报 告 内 容
实训目的	
实训内容	
实训思考	
实训体会	

实训 2　零售企业质量管理文件编制

一、实训目的

通过编制某一中型零售药店的某一质量管理制度、质量管理职责、质量管理程序、质量管理记录，对质量管理文件的内容及编制的程序有一定了解，为今后从事药品质量管理打下基础。

二、实训内容

质量管理制度、质量管理职责、质量管理程序、质量管理记录的编制。

三、实训步骤

第一步：把学生分为若干小组，平均 9～10 人为一组，按中型零售药店的组织构架给每个人安排岗位。

第二步：每组分别在质量管理制度、质量管理职责、质量管理程序、质量管理记录的内容中选择一到两个题目。

第三步：查阅相关资料。

第四步：按质量管理文件编制的一般程序和教材给出的文件格式编制并找相关人员签字。

第五步：交实训报告及编制文件。

四、实训提示

（一）质量管理文件的内容

1. 药品零售企业的管理制度
2. 各岗位质量职责
3. 质量管理工作程序
4. 质量记录

（二）质量管理文件编制的一般程序

1. 计划与编制
2. 起草
3. 评审与修改
4. 审定颁发

×××公司文件

文件名称：			编号：
起草部门：	起草人：	审阅人：	批准人：
起草日期：	批准日期：	执行日期：	
变更记录：		变更原因：	
内容：			

五、实训报告

报告项目	报告内容
实训目的	
实训内容	
实训思考	
实训体会	

项目3 医药企业 GSP 认证管理

▶【知识目标】掌握 GSP 认证工作的主管部门和 GSP 认证工作的开展程序；熟悉 GSP 认证对于医药批发企业、零售企业的检查评定标准；了解 GSP 认证的迎接检查工作。

▶【能力目标】能根据 GSP 认证检查评定标准，对企业进行自我检查与整改，并能做好 GSP 认证的检查准备工作。

▶【素质目标】培养学生积极认真的 GSP 认证自我检查意识，严格对照评定标准开展核对和整改，为按照 GSP 要求开展认证工作打下坚实基础。

【引导案例】 贵州省积极推进新版 GSP 认证

2014 年 5 月起，贵州省食品药品监督管理局将对全省各家药品经营企业（含批发、零售连锁、零售）开展新的 GSP 检查认证，现行的 GSP 认证证书将全部作废，不能通过新认证的企业将退出药品市场。

据统计，全省连续 13 年没有发生重大药害事件，与现行药品 GSP 认证相比，新修订药品 GSP 认证对企业经营质量管理要求明显提高，不仅要重点检查药品购销渠道，还要着重检查票据管理和冷链管理，特别是增强了检查流通环节药品质量风险控制能力，从多个方面保证市民"舌尖上的安全"。

该省全省有药品经营企业（含批发、零售连锁、零售）共计 12600 户，其中，药品批发企业 186 户，零售连锁企业 56 户 2725 个门店，零售企业 10128 户，全部都有现行的药品 GSP 认证证书。从该月开始，已有的药品经营企业将全部向所在的市州进行申报认证，经过专业培训的 150 名检测人员检测认证后，才能获得新的药品 GSP 认证证书。

该省要求"每家药店都会在醒目处放置 GSP 认证证书、营业执照以及工商证书，市民可以自行判断药店是否正规。"截至 2015 年 12 月 31 日，未申请或者未获得新 GSP 认证证书的药品经营企业，将全部退出药品经营市场。

同学们，GSP 认证对于企业的经营有何重要意义？如果你是药品经营企业的一名员工，如何参与到本企业的 GSP 认证检查工作中去？

单元 1　GSP 认证概述

GSP 认证是国家对药品经营企业药品经营质量管理进行监督检查的一种手段，是对药品经营企业实施 GSP 情况的检查认可和监督管理的过程。

一、GSP 认证的管理部门

国家药品监督管理局负责全国 GSP 认证工作的统一领导和监督管理；负责与国家认证认可监督管理部门在 GSP 认证方面的工作协调；负责国际间药品经营质量管理认证领域的互认工作。

省、自治区、直辖市药品监督管理部门负责组织实施本地区药品经营企业的 GSP 认证。

二、GSP 认证的主要程序

GSP 认证的主要程序包括申报企业向所在地设区的市级药品监督管理机构或者省级药品监督管理部门直接设置的县级药品监督管理机构申请进行初审；10 个工作日内完成初审，初审合格的将其认证申请书和资料移送省级药品监督管理部门审查；省级药品监督管理部门在收到认证申请书及资料之日起 25 个工作日内完成技术审查；若通过技术审查，由认证机构 15 个工作日内选派 GSP 审查员进行现场检查，检查完毕给出审核意见，最后由省级药品监督管理部门在 15 个工作日内作出批准的决定；对认证合格的企业，省级药品监督管理部门应向企业颁发《药品经营质量管理规范认证证书》；具体的 GSP 认证程序见图 1-3-1。

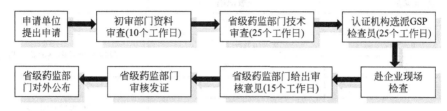

图 1-3-1 GSP 认证的主要程序

《药品经营质量管理规范认证证书》有效期 5 年，有效期满前 3 个月内，由企业提出重新认证的申请。新开办药品经营企业认证证书有效期为 1 年。

三、GSP 认证的监督管理

各级药品监督管理部门应对认证合格的药品经营企业进行监督检查，以确认认证合格企业是否仍然符合认证标准，监督检查包括跟踪检查、日常抽查和专项检查。省级药品监督管理部门应在企业认证合格后 24 个月内，组织对其认证的药品经营企业进行一次跟踪检查。

对监督检查中发现的不符合 GSP 要求的，按照《药品管理法》的规定限期予以纠正或者给予行政处罚。

单元 2 药品批发企业 GSP 认证检查与评定

为统一标准，规范药品 GSP 认证检查，确保认证工作质量，由各省级药品监督管理部门根据《药品经营质量管理规范》，制定药品批发企业 GSP 认证检查评定标准。

一、检查项目

药品批发企业 GSP 认证检查项目共 132 项，其中关键项目（条款前加"＊"）37 项，一般项目 95 项。

二、缺陷项目认定

现场检查时，应对所列项目及其涵盖内容进行全面检查，并逐项作出肯定或者否定的评定。凡属不完整、不齐全的项目，称为缺陷项目；关键项目不合格为严重缺陷；一般项目不合格为一般缺陷。药品批发企业分支机构抽查比例 30％；一个分支机构不合格，视为一个严重缺陷。

三、结果评定

对缺陷项目进行统计，评定药品批发企业是否通过 GSP 认证，见表 1-3-1。

四、检查与评定的主要内容

药品批发企业 GSP 认证检查项目共有六大方面，包括管理职责、人员与培训、设施与设备、进货验收与检验、储存与养护、销售和售后服务。

表 1-3-1　药品批发企业 GSP 认证检查结果评定表

项　目		结　果
严重缺陷	一般缺陷	
0	≤10%	通过 GSP 认证
0	10%～30%	限期 3 个月内整改后追踪检查
≤2	≤10%	
≤2	>10%	不通过 GSP 认证
>2	—	
0	≥30%	

单元 3　药品零售企业 GSP 认证检查与评定

一、药品零售企业 GSP 认证检查与评定

（一）检查项目

药品零售企业 GSP 认证检查项目共 109 项，其中关键项目（条款前加 "＊"）34 项，一般项目 75 项。

（二）缺陷项目

现场检查时，应对所列项目及其涵盖内容进行全面检查，并逐项作出肯定或者否定的评定。凡属不完整、不齐全的项目，称为缺陷项目；关键项目不合格为严重缺陷；一般项目不合格为一般缺陷。

（三）结果评定

对药品零售企业 GSP 认证检查缺陷项目进行统计，结果见表 1-3-2。

（四）主要内容

药品零售企业 GSP 认证检查项目共有六大方面，包括管理职责、人员与培训、设施与设备、进货与验收、陈列与储存、销售和服务。

表 1-3-2　药品零售企业 GSP 认证检查结果评价表

项　目		结　果
严重缺陷	一般缺陷	
0	≤10%	通过 GSP 认证
0	10%～30%	限期 3 个月内整改后追踪检查
≤2	≤10%	
≤2	>10%	不通过 GSP 认证
>2	—	
0	>30%	

二、药品零售连锁企业 GSP 认证检查与评定

（一）检查项目

药品零售连锁企业 GSP 认证检查项目共 186 项，其中关键项目（条款前加"＊"）54 项，一般项目 132 项。

（二）缺陷项目

现场检查时，应对所列项目及其涵盖内容进行全面检查，并逐项作出肯定或者否定的评定。凡属不完整、不齐全的项目，称为缺陷项目；关键项目不合格为严格缺陷；一般项目不合格为一般缺陷。

（三）连锁门店抽查比例

连锁门店≤100 个，抽查 30%（至少 10 个）；连锁门店＞100 个，抽查 20%（至少 30 个）；一个连锁门店不合格，视为一个严格缺陷。

（四）结果评定

对药品零售连锁企业 GSP 认证检查缺陷项目进行统计，结果见表 1-3-3。

表 1-3-3　药品零售连锁企业 GSP 认证检查结果评价表

项　　目		结　　果
严重缺陷	一般缺陷	
0	≤10%	通过 GSP 认证
0	10%～30%	限期 3 个月内整改后追踪检查
≤2	≤10%	
≤2	＞10%	不通过 GSP 认证
＞2	—	
0	＞30%	

（五）主要内容

药品零售连锁企业 GSP 认证检查项目共有六大方面，包括管理职责、人员与培训、设

施与设备、进货与验收、陈列与储存、销售和服务。

学习小结

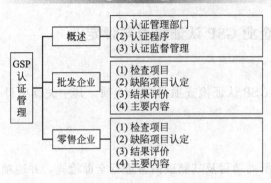

目标检测

一、单项选择题

1. 负责全国 GSP 认证工作的统一领导和监督管理的是 (　　)。

    A. 县级食品药品监督管理局　　　　B. 省级食品药品监督管理局

    C. 市级食品药品监督管理局　　　　D. 国家食品药品监督管理局

2. 负责实施国家食品药品监督管理局组织的有关 GSP 认证的监督检查的是 (　　)。

    A. 药典委员会　　　　　　　　　　B. 药品评价中心

    C. 药品认证管理中心　　　　　　　D. 药品审评中心

3. 新开办药品批发企业和药品零售企业，应当自取得《药品经营许可证》之日起 (　　) 日内，向发给其《药品经营许可证》的药品监督管理部门或者药品监督管理机构申请《药品经营质量管理规范》认证。

    A. 15　　　　B. 60　　　　C. 30　　　　D. 90

二、多项选择题

药品批发企业的 GSP 认证检查项目包括 (　　) 几大类。

    A. 管理职责与人员培训　　B. 设施与设备　　C. 进货与验收

    D. 储存与养护　　　　　　E. 销售和服务

实训　迎接与准备 GSP 现场检查

一、实训目的

通过本实训，模拟即将开展 GSP 现场检查，加深同学们对 GSP 认证的程序及准备材料的认识。

二、实训内容

第一步：把学生分为若干小组，平均 9～10 人为一组。

第二步：每组分别讨论和准备 GSP 认证的资料。

第三步：各组相互讨论和交流，找出本组需要改进的地方。

三、实训提示

(1) 公司制定的全套 GSP 文件；

(2) 申报资料副本（三份）；

(3) 企业主要岗位人员花名册（包括姓名、性别、出生日期、工作岗位、学历、职称、从事本岗位的工作实践）；

(4) 企业经营场所、仓库地理位置图及内部布局图；

(5) 企业 GSP 实施情况的汇报材料。

四、实训报告

报 告 项 目	报 告 内 容
实训目的	
实训内容	
实训思考	
实训体会	

模块 2 医药企业药品仓储与养护管理

项目 1 认识医药企业药品仓储管理

▷【知识目标】掌握仓储管理中的消防安全知识、仓储安全管理中的安全管理措施和不同环节对仓储管理的要求。熟悉仓储安全管理基本内容。了解仓储安全管理的重要意义和新技术。

▷【能力目标】熟练掌握医药企业仓储设施与设备配备，掌握消防防治措施，熟悉安全生产技术。

▷【素质目标】通过本章节的学习，培养学生树立仓储安全管理意识，清楚仓储管理的内容和技术要求。

> **【引导案例】 西安市建章路一药品仓储有限公司仓库突发火灾，损失惨重**
>
> 　　2011 年 7 月 14 日早上七点左右，位于西安市建章路红太阳仓储有限公司内的一个药品仓库突发火灾，西安市消防支队调集 9 个消防中队、42 辆消防车、260 多名官兵奋战近三个小时，将大火扑灭。虽然没有造成人员伤亡，但 10000 多平方米的仓库以及货物全部烧毁，企业损失惨重。据了解，着火时，场区内的消防栓却没有出水，成了摆设，从而失去了扑救的最佳时期。
>
> 　　着火仓库由五家企业共同使用，存放的全部是药品，由于火灾发生突然，货物都没有及时撤出，给企业造成重大损失。其中一家医药企业的负责人看着大火连声叹息："完了，我们双鹤的药品都比较贵重的，我们公司所有家当都在里边，光我这一个公司的估计下来就是 3000 多万。"
>
> 　　经过官兵们近 3 个小时的连续扑救，14 日中午 11 点多大火终被扑灭。
>
> 　　同学们，请想一想，医药企业做好仓储安全管理的重要性及安全管理的措施有哪些？

　　从这个案例可以看出，仓库的消防管理对企业意义重大，是仓库安全管理的重要组成部分。仓库的消防安全管理要树立"防患于未然"的意识，必须认真贯彻"预防为主、防消结合"的消防方针，以不存在火灾隐患为管理目标，才能真正做好消防安全工作，防止企业巨额的财产、人员损失。

单元 1　医药企业仓储管理概述

一、医药企业仓储管理的概念

"仓储"为利用仓库存放、储存未即时使用的物品的行为。简言之，仓储就是在特定的场所储存物品的行为。

医药企业仓储管理就是对医药企业仓库、仓库内的设备与药品所进行的管理，为了充分利用所具有的仓储资源提供高效的仓储服务所进行的计划、组织、控制和协调过程。

二、医药企业仓储管理的基本内容

医药企业仓储管理的对象是仓库及库存物资，具体包括如下几个方面。

（一）医药企业仓库设备的选择与配置

如何根据仓库作业特点和所储存物资的种类以及其理化特性，选择机械装备以及应配备的数量，如何对这些机械进行管理等。

（二）仓库的业务管理

如何组织药品的入库验收、如何进行在库药品保管与养护、如何做好药品出库与验发工作。

（三）仓库安全与消防管理

如何进行药品仓库的消防安全、作业安全管理。

此外，仓库业务的考核问题，新技术、新方法在仓库管理中的应用问题，都是仓储管理所涉及的内容。

三、医药企业仓储管理的任务

（一）药品存储

药品存储是仓储的最基本任务，是仓储产生的根本原因，因为有了产品剩余，需要将剩余产品收存，就形成了仓储，收存并确保仓储物的质量不受损害。

（二）药品流通调控

仓储能起到蓄水池的作用，存期存量控制自然就形成了对流通的控制，当供大于求时，收存；当供小于求时，投放市场。

（三）药品数量管理

出货时，交付仓储物数量与提货数量一致或分批出货；提供存货数量及数量变动的出库服务。

（四）药品质量管理

采取先进技术和合理措施保证药品质量；质量发生变化和危险时，要及时通知，并采取有效措施减少损失。

（五）交易中介

仓储经营人利用仓储物，利用与物资使用部门广泛的业务联系，开展物资交易，不仅给自己带来收益，而且还能充分利用社会资源，加快社会资金周转，减少资金沉淀。

四、医药企业药品仓储管理的原则

保证药品质量、注重仓储效率、确保药品安全、讲求经济是仓储管理的基本原则。

（一）保证质量

仓储管理中的一切活动，都必须以保证在库物品的质量为中心。没有质量的数量是无效的，甚至是有害的，因为这些物品依然占用资金、产生管理费用、占用仓库空间。因此，为了完成仓储管理的基本任务，仓储活动中的各项作业必须有质量标准，并严格按标准进行作业。

（二）注重效率

仓储成本是物流成本的重要组成部分，因而仓储效率的提高关系到整个物流系统的效率和成本。在仓储管理过程中要充分发挥仓储设施设备的作用，提高仓库设施和设备的利用率；要充分调动仓库生产人员的积极性，提高劳动生产率；要加速在库物品周转，缩短物品在库时间，提高库存周转率。

（三）确保安全

仓储活动中不安全因素有很多。有的来自库存物，如有些物品具有毒性、腐蚀性、辐射性、易燃易爆性等；有的来自装卸搬运作业过程，如每一种机械的使用都有其操作规程，违反规程就要出事故；还有的来自人为破坏。因此特别要加强安全教育、提高认识，制定安全制度、贯彻执行"安全第一，预防为主"的安全生产方针。

（四）讲求经济

仓储活动中所耗费的物化劳动和活劳动的补偿是由社会必要劳动时间决定的。为实现一定的经济效益目标，必须力争以最少的人财物消耗，及时准确地完成最多的储存任务。因此，对仓储生产过程进行计划、控制和评价是仓储管理的主要内容。

五、医药企业仓储特点

（一）与其他行业仓储企业的共性特点

（1）仓储管理活动所消耗的物化劳动和活劳动不改变药品的功能、性质和使用价值，而是保持和延续其使用价值。

（2）仓储管理活动的产品虽然没有实物形态却有实际内容，即仓储劳务，也就是以劳动的形式为他人提供的某种特殊使用价值。

（3）仓储活动虽然不改变在库药品的使用价值，但要增加在库药品的价值，也就是仓储生产中的一切劳动消耗都要追加到在库药品的价值中。

（4）仓储劳动的质量通过在库药品的数量和质量的完好程度、保证供应的及时程度来体现。

（二）医药仓储特性

医药企业仓储管理，主要是指以药品的出入库流程为主轴、在库药品的 GSP 管理与养护为核心的物流管理模式。

药品的仓储管理，一般包括药品的入库验收、在库存储、药品养护、分单打印、出库拣货、药品拼箱复核、批号调整等主要作业。由于药品的特殊性质及国家对药品的批号控制相当严格，医药流通行业的销售订单中小单据比较多等特点，因此药品的仓储管理不但要求作业精细，而且也需要有较高水平的信息化系统支持。对于疫苗、人血白蛋白等冷藏品、串味药品、危险药品、精神药品还要专人开票、专人保管与发货复核。

六、医药仓储管理的意义

药品作为特殊商品，关系到人民的生命安全，国家对其有相当严格的法律法规的规定，医药流通企业必须遵守的 GSP 管理标准，对药品的仓储管理都提出了相当高的要求。

随着我国农村药品市场逐步被开发，我国医药行业在今后相当长一个时期内将继续保持快速增长的趋势。有数据显示，2010 年中国的医药市场价值已达到 600 亿美元，并将在 2020 年达到 1200 亿美元，超过美国成为全球第一大医药消费国。但是另一方面，我国医药流通行业也面临着许多不利因素。如我国的水、电、煤、蒸汽等生产要素的价格仍然处于较高水平，医药工业的生产成本仍然在持续增长；由于我国药品行业在生产环节的整体科技水平不高，造成目前我国医药市场上药品的同质竞争相当激烈，这一现象在相当长的时间内将继续存在；我国药品行业面临着普遍降价的压力；我国药品以低附加值生产为主，利润空间持续降低等。

以上种种，都说明尽快提升我国医药流通行业的物流水平，做好药品的仓储管理对我国医药行业的发展有极其重要的意义。

单元 2　医药企业仓储设备管理

一、医药企业仓储设备管理概念

医药企业仓库除主体建筑之外，一切进行仓储业务所使用的设备、工具、用品和仓库管理系统，统称之为仓库设备。仓库设备是仓库业务不可缺少的物质条件。仓库合理配置各种软硬件设备，对提高劳动效率、减轻劳动强度、缩短药品进出库时间、改进药品堆码、维护药品质量、充分利用仓容和降低保管费用等，均有重要作用。

医药企业仓储设备管理是指对设备的选购配置、投入使用、维修保养、改造更新全过程的控制管理。

二、医药企业仓储设备管理特点

（一）经济性

仓储设备活动是大生产的重要组成部分，并且仓储设备活动也是生产性的，和其他物质生产活动一样可以创造商品的价值从而博取利润。

（二）技术性

仓储设备作业的机械化、仓储设备管理的信息化已是发展趋势，各种新技术的运用等充分提现了仓储设备管理技术的特点。

（三）综合性

在整个仓储设备管理过程中，要综合利用各学科理论进行商品管理和库存控制，保证商品的正常生产和流通降低成本。

三、医药企业仓储设备配备

（一）保管设备

保管设备是用于保管环节的基本物质设施，其完善程度是仓库维护药品质量可靠程度的标志之一。该设备可分为两类。第一类是苫垫用品，包括苫布、苫席、油毡、塑料布（薄）膜、枕木（楞木、垫木）、码架、地台板、水泥条（墩）、石条（块）等。货场上存放的药品，一般要上盖下垫；库房内的货垛需要垫垛，以通风隔潮。第二类是存货用具，包括货架（单面、双面及可拆卸、固定的、可移动的）、托盘（通用、专用的）等。货架用于拆件发零业务量大的药品。托盘适用于机械与较高的药品仓库储存与保管。下面主要介绍常用的货架和托盘。

> **小链接：药品的保管方式**
>
> 药品保管方式应考虑出入库的时间和效率，着眼于拣选和搬运的方便。常见的保管方式如下。
> （1）地面平放式——将保管物品直接堆放在地脚架上。
> （2）托盘平放式——将保管物品直接放在托盘上，再将托盘平放于地面。
> （3）直接堆放式——将货物在地面上直接码放堆积。
> （4）托盘堆码式——将货物直接堆码在托盘上，再将托盘放在地面上。
> （5）货架存放式——将货物直接码放在货架上。

1. 货架

（1）轻型货架

是相对托盘货架而言，一般采用人力（不用叉车等）直接将货物（不采用托盘单元）存取于货架内，因此货物的高度、深度较小，货架每层的载重量较轻。其特点是结构简洁、自重轻、装配方便、应用广泛，如药店、仓库等。

轻型货架分类有多种标准。例如，根据货架两侧、后侧有无挡板、挡板材质的不同可分为开放型（见图 2-1-1）；带侧、后挡板型（见图 2-1-2）和抽屉型。

根据其承载能力可分为轻型（S）120kg/层；中型（M）200～500kg/层；重型（L）1000kg/层。

（2）托盘货架

托盘型货架是相对轻型货架而言，一般采用叉车等装卸设备作业，是以托盘单元货物的方式来保管货物的货架，又称工业货架。是机械化、自动化货架仓库的主要组成。这种货架具有刚性好、自重轻，层高可自由调节，适合规模化生产、成本低、运输和安装便利，并易于实现模块化设计等优点，目前已是工业企业各类货架仓库的主流。见图 2-1-3。

（3）重力货架

在货架每层的通道上，都安装有有一定坡度的、带有轨道的导轨，入库的单元货物在重

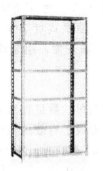

图 2-1-1　开放型轻型货架

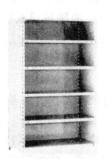

图 2-1-2　带侧、后挡板型轻型货架

力的作用下，由入库端流向出库端。这样的仓库，在排与排之间没有作业通道，大大提高了仓库面积利用率。但使用时，最好同一排、同一层上的货物为相同的货物或一次同时入库和出库的货物。此外，当通道较长时，在导轨上应设置制动滚道，以防止终端加速度太大。见图 2-1-4。

图 2-1-3　托盘货架

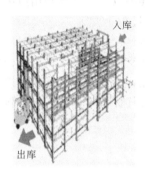

图 2-1-4　重力货架

（4）驰入式货架

可供叉车（或带货叉的无人搬运车）驰入、存取单元托盘货物的货架。因为叉车作业通道与货物保管场所合一，仓库面积利用率大大提高。但同一通道内的货物品种必须相同或同一通道内的货物必须一次完成出入库作业。见图 2-1-5。

（5）阁楼式货架

适用范围：底层货架不但是保管物料的场所，而且是上层建筑承重梁的支撑（柱），承重梁的跨距大大减小，建筑费用也大大降低。也适用于现有旧仓库的技术改造，提高仓库的空间利用率。也可以多层结构。见图 2-1-6。

（6）抽屉式货架

图 2-1-5　驰入式货架

图 2-1-6　阁楼式货架

图 2-1-7　抽屉式货架

主要用于存放各种模具等物品，顶部可配置手拉葫芦移动车，便于货物的存取。抽屉底部设有滚轮轨道，抽屉板承载后仍能自如地拉动。中量型抽屉式货架承载≤750kg/层，重量型抽屉式货架承载＞750kg 层。整体采用拼装结构，运输方便，组装简单、快捷。见图 2-1-7。

2. 托盘

托盘是指一种便于装卸、运输、保管、使用的由每次乘载单位数量物品的负荷和供叉车作业的插入口构成的装卸用垫板。托盘与叉车的共同使用，形成了有效的保管与装卸系统。

我国托盘的规格：800mm×1200mm、800mm×1000mm、1000mm×1200mm。

托盘的主要特点有：①搬运或出入库场都可用机械操作，减少货物堆码作业次数，从而有效提高运输效率，缩短货运时间。②以托盘为运输单位，货运件数变少，体积重量变大，而且每个托盘所装数量相等，既便于点数、理货交接，又可以减少货损货差事故。③自重量小，因而用于装卸、运输托盘本身所消耗的劳动较小，无效运输及装卸较集装箱小。④空返容易，空返时占用运力很少。由于托盘造价不高，又很容易互相代用，所以无需像集装箱那样必有固定归属者。

托盘的主要缺点是：回收利用组织工作难度较大，会浪费一部分运力，托盘本身也占用一定的仓容空间。

（1）平托盘

在承载面和支撑面间夹以纵梁，构成可集装物料，可使用叉车或搬运车等进行作业的货盘。分类：托盘，一般是指平托盘。按作业机械和用途的不同，其结构种类如图 2-1-8 至图 2-1-10 所示。按其材质的不同，有木制、塑制（见图 2-1-8）、钢制（见图 2-1-9）、竹制、塑木复合等。

图 2-1-8　塑制托盘

图 2-1-9　钢制托盘

图 2-1-10　箱式托盘

（2）箱式托盘（见图 2-1-10）

一般下部可叉装，上部可吊装，并可进行码垛。

（二）装卸搬运设备

装卸搬运设备是仓库用来提升、堆码、搬倒、运输药品的机构设备。它不仅可以代替人们的笨重劳动，而且也是实现仓储生产机械化的重要物质条件。装卸搬运设备亦称起重运输设备，一般还可以分为两类：一类是装卸堆垛设备，包括各种类型的起重机、叉车、拖车、运货卡车等，另一类是各式传送装置，如输送机等。

1. 叉车

叉车又称铲车、叉式举货车，是医药企业仓储物流领域最常用的具有装卸、搬运双重功能的机具。具有机械化程度高、机动灵活性好、能提高仓库容积的利用率、有利于开展托盘成组运输和集装箱运输、"一机多用"等多项特点。

（1）托盘搬运叉车

是用于平面两地间的短距离搬运工具。托盘搬运叉车分为手动托盘搬运车（见图2-1-11）和电动托盘搬运车（见图2-1-12）。电动托盘搬运车是一种轻型的室内提升堆垛设备，车身比较轻巧，通过车身前部的支撑臂加长配重的力臂，以平衡载荷。

图 2-1-11　手动托盘搬运车

图 2-1-12　电动托盘搬运车

（2）平衡重式叉车

平衡重式叉车车体前方具有货叉和门架，车体尾部有装卸作业车辆，依靠车体与车载平衡，故称平衡重式叉车，这是使用最广泛，用量最大的一个系列。

平衡重式叉车分为内燃机式（图2-1-13）和蓄电池式（图2-1-14）两种。

图 2-1-13　内燃机式叉车

图 2-1-14　蓄电池式叉车

2. 起重机

起重机是借助于各种吊索具从物品上部实施装卸的一类起重机械的总称，主要适用于装卸大件笨重货物。最常用的起重机有龙门起重机、桥式起重机、汽车起重机等。特点：是唯一以悬吊方式装卸搬运货物的设备，吊运能力大。适用于装卸大件笨重货物。适用于仓库、港口、车站、露天堆场等场所。

3. 输送机

输送机是以搬运为主要功能的载运设备，有些输送机兼装卸功能。特点：能实现连续搬运，作业效率高，可实现小范围的轮动，易于规划统筹，作业稳定。

（1）皮带输送机（见图2-1-15）

带式输送机是一种利用连续而具有挠性的输送带连续输送物料的输送机。

（2）辊道输送机（见图2-1-16）

辊道输送机是利用辊子的转动来输送成件物品的输送机。它可沿水平或曲线路径进行输送，其结构简单，安装、使用、维护方便，对不规则的物品可放在托盘或者托板上进行输送。

图 2-1-15 皮带输送机　　　图 2-1-16 辊道输送机　　　图 2-1-17 四轮手推车

4. 其他装卸搬运设备

（1）双轮手推车

双轮手推车又称手车，俗称老虎车，是最常用的人力搬运工具，适用于货物重量在50～100kg、体积不超过 0.4m³、运距一般在 30m 以内的情况。

（2）四轮手推车（见图 2-1-17）

四轮手推车又称平板推车，既是搬运工具，又是集装单元器具，能随电梯上下楼或随汽车运输，形式多样，灵活方便。

（三）计量设备

计量设备是仓库进行药品验收、发放、库内周转以及盘点等各项业务必须采用的度量衡工具。计量设备有两类：第一类是称量设备，包括汽车秤（地中衡）和各种磅秤、杆秤、台秤、天平秤以及自动称量装置等；第二类是库内量具，一般可分为普通量具和粳米量具。前者包括直尺、折尺、卷尺、卡钳和线规（线卡）等。后者包括游标卡和千分卡等。自动计数机就是一种高效能的计数装置，既快又准确，适用可靠，它将在现代化仓库中得到广泛应用。

（四）通风照明保暖设备

通风照明保暖设备是仓库进行药品养护和库内作业使用的通风、散潮、照明和取暖的设备。通风适用的有抽（排）风机、各式电扇、联动窗户启闭装置等；照明使用的有普通加罩电灯、小型探照灯、防暴式电灯、移动式灯具和手电筒等；保暖设备主要有暖气装置等。

（五）消防安全设备

消防安全设备是保障仓库安全必不可少的设备。各种仓库消防设备品种数量有多有少，但都要有必备的数量。消防安全设备包括各种报警器、消防车、电动泵、手动抽水唧筒、水轮、各种灭火机、灭火弹、水源设施（水井、蓄水池、各式消防栓）、砂土箱、消防水桶、铁锨钩、手斧、水缸、消防云梯等。

（六）劳动防护用品

劳动防护用品是保障仓库职工在各项作业中身体安全的用品。除固定的技术装置外，多为个人佩戴的用品。如工作服（各种布、橡胶、塑料等制品）、安全帽（竹藤、塑料）、坎肩、围裙（布、橡胶）、胶鞋（耐酸、绝缘等）、手套（纱、帆布、橡胶）、口罩、护目镜、防毒面具以及放射线装置等。

（七）GSP 所规定的药品仓库必备设施

应有药品与地面之间保持一定距离的设备；应有避光、通风设备；应有检测和调节温湿度的设备；应有防尘、防潮、防霉、防污染以及防虫、防鼠、防鸟等设备；应有符合安全用电要求的照明设备；应有适宜拆零及拼箱发货的工作场所和包装物料等储存场所和设备。

（八）其他用品及工具

其他用品及工具一般包括钉锤、斧、钳、开箱器、小型打包机、活络扳手、螺丝改锥、电工刀、剪刀、排刷、标号打印机等。

四、仓储设备管理任务

仓储设备管理的任务，就是要保证为仓储业务活动提供最优的技术设备，使商业仓储业务建立在最佳的物质技术基础上，选好、用好、修好各种设备，使设备能保持良好的技术状态，充分发挥设备的效能，保证商业仓储任务的全面完成。

（一）选好设备

就是根据仓储业务的需要，正确地选购配置设备，提供优良的技术装备。

（二）管好设备

对购入的设备要做好验收、保管、发放工作，建立领用、回收制度。由商品储存任务发生变化等原因造成设备停用时，也要保持设备的完整、齐全，保证设备经常处于最佳的技术状态。

（三）用好和修好设备

掌握设备的技术性能，按操作规程正确使用设备，保证设备正常运转；对重要的机械运输设备，平时要做好使用登记和技术资料的统计工作；按照维修计划做好设备的小修、中修和大修。

（四）做好现有设备的革新和改造工作

我国商业仓储物质技术装备水平较低，设备落后，同时数量少，大部分商品装卸搬运仍用手工操作，远远满足不了商品流通日益发展的需要。为此，在管好、用好和修好设备的同时，大力对现有设备进行革新改造，减轻仓储职工的劳动强度，提高仓储劳动效率，促进商业仓储设备的现代化。

单元 3　医药企业仓储安全管理

一、治安保卫管理

库场的治安保卫管理是库场为了防范、制止恶性侵权行为、意外事故对仓库及仓储财产的侵害和破坏，维护仓储环境的稳定，保证仓储生产经营的顺利开展所进行的管理工作。治安保卫管理是场库管理的重要组成部分，不仅涉及财产安全、人的生命安全，同时也是库场履行仓储合同义务的组成部分，是降低和防止经营风险的手段。治安保卫工作良好开展，才能确保企业的生产经营顺利进行，因而是库场实现经营效益的保证。

（一）原则

库场治安保卫管理的原则是：坚持预防为主、确保重点、严格管理、保证安全、谁主管谁负责。

（二）规章制度

治安保卫工作是仓储企业长期性的工作，需要采取制度性的管理措施。通过规章制度确定工作要求、工作行为规范、明确岗位责任。

库场需要依据国家法律法规，结合库场治安保卫的实际需要，以保证仓储生产高效进行、实行安全仓储、防止治安事故的发生为目的，根据以人为本的思想，科学地制定治安保卫规章制度。库场所制定的规章制度不得违反法律规定，不能侵害人身权或其他合法权益。

治安保卫的规章制度既有独立的规章制度，如安全防火责任制度、安全设施设备保管使用制度、门卫值班制度、车辆和人员进出仓管理制度、保卫人员值班巡查制度等，也有合并在其他制度之中的，如仓库管理员职责、办公室管理制度、车间作业制度、设备管理制度等规定的治安保卫事项。

（三）工作内容

库场的治安保卫工作主要有防火、防盗、防破坏、防抢、防骗、员工人身安全保护、保密等工作。治安保卫工作不仅有专职保安员承担的工作，如门卫管理、治安巡查、安全值班等，还有大量的工作由相应岗位的员工承担，如办公室防火防盗、财务防骗、商务保密、仓库员防火、锁门关窗等。

二、消防安全管理

（一）仓库火灾知识

1. 火灾的危害

仓库火灾是仓库的灾难性事故，不仅造成仓储货物的损害，还损毁仓库设施，而且产生的有毒气体直接危及生命安全。

2. 燃烧的基本原理

所谓燃烧，是指可燃物分解或挥发出的可燃气体，与空气中的氧剧烈化合，同时发出光热的反应过程。燃烧必须同时具备三要素：可燃物、助燃物和着火热源，并且它们相互作用时，燃烧才能发生。

可燃物是指在常温条件下能燃烧的物质，包括一般植物性物料、油脂、煤炭、蜡、硫磺、大多数的有机合成物等。

助燃物是指支持燃烧的物质，包括空气中的氧气、释放氧离子的氧化剂。

着火热源则是物质燃烧的热能源，实质上就是引起易燃物燃烧的热能。

3. 仓库火灾的着热火源

着热火源主要有：明火与明火星、电火、化学火和爆炸性火灾、自燃、雷电与静电、聚光、撞击和摩擦、人为破坏纵火。

4. 仓库火灾的种类

普通火，即普通可燃固体所发生的火灾，如木料、棉花、化纤、煤炭等。

油类火，各种油类、油脂发生燃烧所引起的火灾。

电气火，电器、供电系统漏电所引起的火灾，以及具有供电的仓库发生火灾。

爆炸性火灾,具有爆炸性的货物发生火灾,或者火场内有爆炸性物品,如易发生化学爆炸的危险品,会发生物理爆炸的密闭容器等。

(二) 灭火方法

1. 冷却法

将灭火剂直接喷到燃烧物上,使燃烧物质的温度降低到燃点之下,停止燃烧。

2. 隔离法

将火源处及其周围的可燃物质撤离或隔开,使燃烧因与可燃物隔离而停止。

3. 窒息法

阻止空气流入燃烧区或用不燃烧物质冲淡空气,使燃烧物质得不到足够的氧气而熄灭。

4. 中断化学反应法

使灭火剂参与到燃烧反应过程中去,使燃烧过程产生的游离基消失,而形成稳定分子或活性的游离基,从而使燃烧的化学反应中断。

(三) 消防措施

1. 消除不安全行为

认清哪些行为为不安全行为是"预防为主"的前提。一般来说,不安全行为包括:忽视安全警告、安全操作标记进行错误操作;随意拆除设备安全装置或对安全防护装置保养不当,造成安全装置失效;使用不安全设备或无安全设施的设备、工具等;用其他工具代替规定用工具进行操作;冒险进入危险场所;攀、坐不安全位置;在必须使用个人防护用品的作业场所不穿戴防护服或着装不符合安全要求。

2. 防火安全的基本措施

防火安全的基本措施可概括为以下几点。

(1) 必须进行经常性的防火安全教育,普及防火、灭火知识,提高员工的防火意识;

(2) 库场建筑应严格满足《建筑设计防火规范》的要求,不得违章随意改变建筑结构或使用性质,不得在防火安全间距内堆放易燃物品,保护消防安全设施和设备,保证消防通道的畅通;

(3) 电器设备安装应符合规范要求,不得在电器设备附近放置易燃物品,工作结束应及时关闭电源,不许超负荷使用电器,对避雷、防静电装置定期检查;

(4) 库区内严禁烟火,对危险品的储存应设置专门仓库,并与其他库区隔离;

(5) 对于库场内的火源应有相应的防火安全设施,这些措施须经消防安全部门检查批准;

(6) 按消防规程要求备有相当种类和数量的消防设备和器材,并放置在明显的、便于使用的位置;

(7) 定期进行消防设备、器材的维修和保养。

发生火灾和火警时,应及时向当地公安消防部门报警。并认真调查事故原因,查处责任人。

(四) 注意事项

消防设备在管理时应注意以下问题。

(1) 每个库房配备的灭火器不得少于2个,应悬挂在库外墙上,离地高度不超过1.5m,远离取暖设备,防止日光直射。对灭火器每隔15天就应检查一次,注意药料的完整和出口的畅通。灭火器的部件每半年要检查一次,每年要换药一次。

（2）消防水桶每栋独立的库房至少要配备 4 个。挂于明显位置,并不许挪作他用。

（3）每个仓库附近都要配备一定数量的消防桶。日常应保持存水满量,冬季防止结冰。

（4）储存液体燃料库附近必须配有干燥清洁的河沙,用木箱或桶装好,标明"消防用沙"。

（5）仓库必须备有准确可靠的报警信号,一旦发生火灾,能够迅速报警,以便及时组织扑救。

三、安全生产管理

（一）安全生产基本要求

1. 人力操作

人力作业仅限制在轻负荷的作业;尽可能采用人力机械作业;只在适合作业的安全环境进行作业;作业人员按要求穿戴相应的安全防护用具,使用合适的作业工具进行作业;合理安排工间休息;必须有专人在现场指挥和安全指导,严格按照安全规范进行作业指挥。

2. 机械安全作业

使用合适的机械、设备进行作业;所使用的设备具有良好的工况;设备作业要有专人进行指挥;汽车装卸时,注意保持安全间距;移动吊车必须在停放稳定后方可作业;载货移动设备上不得载人运行。

3. 安全技术

（1）装卸搬运机械的作业安全

要经常定期地对职工进行安全技术教育,从思想认识上提高其对安全技术的认识;组织职工不断学习普及仓储作业技术知识;各项安全操作规程是防止事故的有效方法。

（2）仓库储备物资保管保养作业的安全

作业前要做好准备工作,检查所用工具是否完好;作业人员应根据危险特性的不同,穿戴相应的防护服装;作业时要轻吊稳放,防止撞击、摩擦和震动,不得饮食和吸烟;工作完毕后要根据危险品的性质和工作情况,及时洗手、洗脸、漱口或淋浴。

（3）仓库电器设备的安全

电器设备在使用过程中应有可熔保险器和自动开关;电动工具必须有良好的绝缘装置,使用前必须使用保护性接地;高压线经过的地方,必须有安全措施和警告标志;电工操作时,必须严格遵守安全操作规程;高大建筑物和危险品库房,要有避雷装置。

（4）劳动保护制度

要防止事故难免论的错误思想,建立和健全劳动保护机构和规章制度,结合仓库业务和中心工作,开展劳保活动,还要经常组织仓库职工开展文体活动,丰富职工精神生活,增强体质,改善居住条件等。

（二）库区的安全管理

1. 仓储技术区的安全管理

技术区出入口设置日夜值班的门卫,对进出人员和车辆进行检查和登记,严禁易燃易爆物品和火源带入。

2. 库房的安全管理

经常检查库房结构情况,对于地面裂缝、地基沉降、结构损坏,以及周围山体滑坡、塌方，或防水防潮层和排水沟堵塞等情况应及时维修和排除。此外，库房钥匙应妥善保管，实行多方控制，严格遵守钥匙领取手续。

3. 货物装卸与搬运中的安全管理

仓库机械应实行专人专机，建立岗位责任制，防止丢失和损坏，操作手应做到"会操作、会保养、会检查、会排除一般故障"。根据货物尺寸、重量、形状来选用合理的装卸、搬运设备，严禁超高、超宽、超重、超速以及其他不规范操作。

学习小结

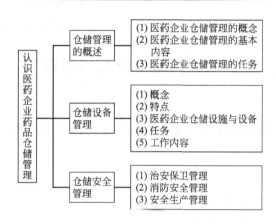

目标检测

一、单项选择题

1. 仓储最基本的任务是：（　　）。

　　A. 必要的流通环节　　B. 支持生产和销售活动　　C. 进行物资储存　　D. 投机活动

2. （　　）是仓储最基础的功能。

　　A. 储存和保管　　　　B. 储存　　　　　　C. 保管　　　　　D. 搬运装卸

3. （　　）是集体作业管理中必不可少的条件。

　　A. 作业组织形式　　　B. 人员配备　　　　C. 作业分工　　　D. 作业纪律

4. 仓储的生产管理的核心就是（　　）。

　　A. 经营收益　　　　　B. 企业利润　　　　C. 效率管理　　　D. 客户满意

5. 可燃物是指在常温条件下能燃烧的物质，不包括：（　　）。

　　A. 植物性物料　　　　　　　　　　　　　B. 油脂

　　C. 释放氧离子的氧化剂　　　　　　　　　D. 煤炭

二、多项选择题

1. 仓储管理的基本原则包括（　　）。

　　A. 效率原则　　　　　B. 增值原则　　　　C. 服务原则　　　D. 效益原则

2. 灭火方法有（　　）。

　　A. 冷却法　　　　　　B. 窒息法　　　　　C. 隔绝法　　　　D. 化学抑制法

3. 常见灭火器包括（　　）。

A. 沙土	B. 干粉灭火器
C. 泡沫灭火器	D. 二氧化碳灭火器

4. 商品仓储活动的生产性质与一般的物质生产活动的不同之处为（   ）。

    A. 商品经过储存管理使用价值不变而价值有所增加

    B. 商品储存只是保持和延续商品的使用价值

    C. 仓储劳务不能储存也不能积累

    D. 商品仓储活动的产品无实物形态

5. 安全生产的基本要求包括以下内容：（   ）。

A. 人力操作	B. 机械安全作业
C. 安全技术	D. 劳动保护制度

实训　医药企业仓储设备配置

一、实训目的

通过实训应掌握仓库常用设备的基本结构、特点和使用原理，并能进行基本操作和管理。

二、实训内容

（1）仓库各种货架的结构及使用；

（2）仓库各种承载器具的结构及使用方式；

（3）仓库各种装卸搬运用设备的结构及使用。

三、实训步骤

（1）将学生分成若干个小组，每组大约 10 余人，每组承担一个类别的设备的实训任务。

（2）根据指导教师的要求，熟悉各类仓储设备：①各种货架的认知及使用；②托盘的认知及使用；③叉车的认知及使用。

（3）各类仓储设备的使用流程。

（4）学生写出实训总结。

四、实训要求

（1）学生应遵守实训基地的各项规章制度，服从指导教师的安排。

（2）学生应带着问题学习，虚心请教企业的师傅，做到应知应会。

（3）做好实训记录，记录学习的收获及心得体会。

五、实训考核标准

占总成绩比例：	15%
考核标准：遵守各项制度	20分
虚心请教	20分
对设备认知正确	30分
实训记录认真	10分
实训报告完成认真按时提交	20分
合计	100分

项目2 医药企业药品验收与入库管理

▶【知识目标】掌握药品质量验收的依据、内容、原则和要求及特殊管理药品验收制度。掌握进口药品验收的方法、验收记录的保存时限及首营品种验收的方法。熟悉特殊管理药品、外用药品验收的特殊要求及药品包装、标签、说明书验收的内容。熟悉验收记录的内容及销后退回药品验收的方法。

▶【能力目标】熟练掌握药品的验收内容和验收管理；掌握验收方式与程序等技能；学会验收及入库的操作。

▶【素质目标】通过本章节的学习，培养学生树立验收与入库的质量管理意识，清楚药品验收时不仅要检查药品的数量，而且要验收检查外观质量和内在质量。

【引导案例】 瑞金市局查获假药"999皮炎平®"

瑞金市局稽查人员在日常监督检查中，发现有标示为0607181和0701182两种批号的"复方醋酸地塞米松乳膏"（999皮炎平），质量可疑。

经与生产厂家取得联系后查实，该公司未组织生产过上述批号的产品，则该"复方醋酸地塞米松乳膏"系假冒药品。该假冒药品外观可见小盒上椭圆形银灰色"999"标志的印刷边缘不整齐，不够清晰，铝管印刷字体不清晰、色泽较淡、盖帽松，无法拧紧，盖帽的模号"999"不规则、不均匀。

同学们，请想一想，药品外观的检查对于药品真伪以及药品质量的判断有怎样的作用？

从这个案例可以看出，药品外观鉴别是建立在真品与假品对照比较的基础上的。药品经营企业、药品监督管理部门的质量管理人员必须对药品进行认真仔细的观察，才能在日常药品验收、监督管理工作中对可疑的药品马上给予识别。

单元1 医药企业验收概述

一、验收的定义

（一）验收的内涵

验收，是指依据一定的标准，对药品进行外观查验，认可并收下。药品的外观鉴别方法所述的"外观"，具有两层含义，其一是指药品包装、包装相关物所涉及的外观，包括包装箱、包装盒、药瓶、标签、说明书等项，其二是指药品本身的外观性状。

针对药品包装所涉及的外观验收，包括包装箱、包装盒、铝箔包装、包装袋、安瓿瓶、输液瓶等，可根据其材质、几何形状、颜色等进行观察鉴别。由于各药品生产企业对各具体品种的包装在设计和材质选用上不可能完全相同，在一定时期内都有相对固定的特征。所以在外观鉴别时要找出这些特征，找出假药与真品间的区别。在药品包装上直接印制的图案、文字也是重要的鉴别依据，不可忽视。

针对药品包装相关物所涉及的外观验收，包括标签、说明书、合格证、封签、瓶盖等，可根据其材质、几何形状、颜色、印刷内容、印刷质量、防伪标识、特殊标记等进行鉴别。

针对药品本身的外观性质验收，包括形态、颜色、气味、味感、溶解度等都是药品外观鉴别的重要内容，它们有的能直接反映出药品的内在质量，对鉴别药品有着极为重要的意义。

（二）外观验收的过程

验收过程就是验收员运用感觉器官，根据药品质量标准或说明书中规定的性状，结合自己的业务知识和实践经验，通过眼睛、鼻子、手等感觉器官来检验药品的形状、颜色等外观质量。

利用视觉感官，通过眼睛直观或借助简易工具（如放大镜、尺等）对药品进行鉴别。如检查药品包装的几何形状、标签的印刷质量、片剂表面的颜色等。如图 2-2-1 所示。

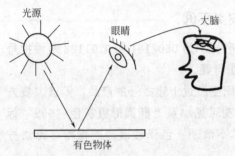

图 2-2-1　验收的视觉感官利用示意图

利用触觉感官，通过手对药品的触摸、捻、压等的感觉对药品进行鉴别。如检查包装箱的硬度、纸盒表面光洁度、说明书的纸质、片剂的硬度、胶囊内容物的细度、颗粒剂的粒度、糖浆剂的黏度等。

利用听觉感官，通过对药品及其包装等在外力作用下发出的声响仔细倾听来进行鉴别。如感觉药品与包装碰撞时的响声、说明书的折叠或摩擦声、药品燃烧时的声响等。

利用嗅觉感官，通过鼻子对药品的气味特征进行鉴别。在实际操作中，也可以采用一些简易的物理实验，如对燃烧、加热等产生的气味进行鉴别。

利用味觉感官，通过对药品的味道感觉来进行鉴别。由于药物的特性所独具的酸、甜、苦、辣、咸的特征及程度各不相同，所以它对药品的鉴别也有重要的参考价值。

二、验收的依据

验收的依据，包括国家药品标准、《中华人民共和国药典》、局颁药品标准、部颁药品标准、《进口药品管理办法》、《中华人民共和国药品管理法》及其实施条例、国家药品监督管理局颁发的最新法规和规定。如：《药品说明书和标签管理规定》（局令 24 号）等。以及药品进货合同、入库凭证上所要求的各项规定。

三、验收的人员、场所与仪器设备要求

药品的入库验收工作是药品经营企业质量验收组主要的工作任务。质量验收组在质量管理部门领导下进行工作。质量验收组如设在仓储部门，其业务工作也必须接受质量管理部门的指导。质量验收组的验收人员应由经过专业培训，具有药学等相关专业的学历，熟悉药品性质，具有一定独立工作能力、遵守纪律、工作认真、主动、负责，身体健康（无色盲，无传染病，无皮肤病，无精神病）的人员担任，对需要进行化学检验和物理检测的药品由化验室和物理检测室进行化验、检测。

验收人员的要求，验收员应具有药师以上技术职称或者具有中专以上药学或相关专业的

学历，应在职在岗，不得兼职。并应经过专业培训，熟悉药品性能，具有一定独立工作能力，视力在 0.9 或 0.9 以上，无色盲、色弱疾患。验收员应定期接受企业组织的员工继续教育，持证上岗。

验收的场所要求，包括符合 GSP 要求的待验区和验收养护室。验收的设施仪器要求，验收养护室应配备澄明度测定仪、千分之一分析天平、生物显微镜、三用紫外分析仪、水分快速测定仪、电热恒温干燥箱、标准比色液。

四、验收的时限要求

一般药品应于 1 个工作日内进行验收，3～5d 内验完，不得超过 15d。特殊情况，到货量大，可延长 7d。需阴凉储存药品要求到货 6h 内验收完毕。冷藏药品、特殊管理药品和贵细药品，随到随验。

单元 2　验收方式与程序

一、验收方式

药品的验收方式分为下厂验收和入库验收两种形式。

（一）下厂验收

下厂验收，是指由药品经营企业派出验收员到供货企业、药品生产企业，对购进药品进行验收。下列产品必须下厂验收：本地区的地产产品，直调产品，需要使用专检仪器或设备检验的产品。

> **小链接：药品直调的定义**
> 《药品经营质量管理规范》第四章附则指出，药品直调：将已购进但未入库的药品，从供货方直接发送到向本企业购买同一药品的需求方。

下厂验收时，对产品的内在质量，除可以当场检验的项目之外，其他项目可按规定标准查对工厂的药品检验报告书。验收后，药品检验报告书应随货同行，经仓库核对收货后，再转交质量检验机构保存，药品检验报告书的保存期与检验记录的保存期相同。

（二）入库验收

入库验收，是指药品经营企业验收员在本企业的仓库待验区，对购进药品进行验收。药品批量较少、质量稳定、要求简单或离工厂路程较远的产品，可以实行入库验收。入库验收时，除对产品进行质量验收外，还要查对工厂药品检验报告书验收。验收合格后，验收人员在进货票上签字，财会部门见到签字后方能付款。

二、验收程序

验收员根据原始凭证、发货票、入库通知单等所列各项要求进行检查，然后按规定进行抽样、化验，最后填写验收记录，验收人员按所验收的药品项目做好详细记录，并保存备查。

（一）抽样原则

按批号从原包装中抽取样品，样品应具有代表性和均匀性。

1. 抽取的件数

每批少于 2 件，逐件抽样；每批在 50 件以下（含 50 件）抽取 2 件；50 件以上每增加 20 件多抽 1 件，不足 20 件以 20 件计。整件按堆垛前上、中侧、后下随机抽取。

2. 最小包装数

在每件中从上、中、下不同部位抽三个以上小包装进行检查，如外观有异常现象需复验时，应加倍抽样复查。

3. 一般抽取的样品总数量至少要求

片剂、胶囊剂等抽样 100 片（粒）；注射剂 1～20mL 抽样 200 支，50mL 或以上抽样 20 支（瓶）；散剂 3 袋（瓶）、颗粒剂 5 袋（瓶）；酊剂、水剂和糖浆剂分别为 10 瓶；气雾剂、膏剂、栓剂分别为 20 瓶（支、粒）。

> **小链接：药品经营企业抽样原则**
>
> 逐批抽样，样品具代表性和均匀性；总件数 $X \leqslant 3$ 件，每件取样；总件数 $X \leqslant 300$ 件，按 $\sqrt{X}+1$ 取样；总件数 $X > 300$ 件，按 $\sqrt{X/2}+1$ 取样。

4. 抽样的步骤

(1) 按批号抽取总件数；

(2) 按计算数到最小包装单位；

(3) 做好抽样记录。

（二）验收注意事项

(1) 购进药品必须由验收员检验，符合规定标准并签章后方能入库、付款；

(2) 凡质量验收不合格，非药用规格或包装及其标志内容不符合规定要求，以及未经药品监督管理部门批准生产和颁发标准的药品和无批准文号、无注册商标、无生产批号的药品，不准验收入库；

(3) 验收员不得在同一地点同时进行两个或两个以上品种的验收，必须在验收完一个品种，完全清场后，再进行另一个品种的验收，严防药品污染及混药事故的发生；

(4) 验收时拆分检验后的药品，必须及时复原，尽量保持原貌，并尽可能先行销售，以免引起变质。对于毒性药品、麻醉药品、注射用原料、遇空气易变质的药品，一般可根据检验报告书或产品合格证，从塑料袋或瓶外察看，不能任意拆开内包装；

(5) 对于出厂检验报告书内容有疑问或发现质量不稳定、原料或工艺改变、包装或包装方式改变、长期停产后恢复生产、停产整顿后恢复生产、移厂生产初期和新产品收购初期等品种，应加强抽样并作实验室检验；

(6) 验收中应按规定的方法开箱抽样检查，发现可疑的批号，必要时应全部拆箱普验或按批号抽样作实验室检验；

(7) 对于直接从国外进口的药品，应经口岸药品检验所抽样检验合格，凭检验报告书方能验收入库，进口原料药调拨时应附检验报告书复印件；

(8) 在一般情况下，调入药品应于到货后 15d 内验收完毕，如遇大批到货，发现严重残损，需清点整理，核实数量，挽回损失，按期验收完毕确有困难时，可及时通知发货方延长验收期限，延长期不应超过 7d，并提出查询，列明详细情况和处理意见；

（9）验收人员对入库药品按所列验收项目进行检查，做好详细记录，并签名负责，记录应按规定时限保存。

单元 3　验收的内容

一、药品验收内容

（一）数量点收

数量点收，就是根据随货单据或入库通知单所列药品的名称、单位、规格、剂型、厂牌、数量进行核对清点。如有不相符或破损应及时做好记录，查明原因。

毒性药品、麻醉药品、精神药品、放射性药品等特殊药品，必须有两人以上同时在场，逐箱验点到最小包装，如发现原箱短少，由验收员及时写出详细验收报告，经有关负责人签名，加盖印章，附装箱单作为向供货单位索赔的依据。

（二）包装检查

药品包装又分为外包装和内包装两种。外包装，指木箱、纸箱、木桶、包装衬垫物等。内包装，指直接接触药品的包装，主要容器有玻璃瓶、塑料瓶、水泡眼、纸袋、塑料袋、瓶盖、防盗盖、瓶盖套、瓶塞、瓶内填充物等。药品包装标识，指包装、瓶签、说明书上应印有规定的文字、图案等内容。《药品管理法》第五十三条规定：药品包装必须适合药品质量的要求，方便储存、运输和医疗使用。发运中药材必须有包装。在每件包装上，必须注明品名、产地、日期、调出单位，并附有质量合格的标志。

由于各药品生产企业对各具体品种的包装在设计和材质选用上不可能完全相同，在一定时期内都有相对固定的特征。所以在包装检查时要找出这些特征。此外，在药品包装上直接印制的图案、文字也是重要的鉴别依据，不可忽视。

1. 外包装检查

（1）包装纸板、纸箱及附属物材质

注意重点检查规格是否规范，纤维细腻粗糙度是否符合标示厂家通常情况。瓦楞纸箱（单瓦楞、双瓦楞、三瓦楞纸）复合纸用材特点：箱面光泽、涂胶压模情况，材质硬度、厚度、色泽，白纸板、黄纸板、灰纸板、卡纸（国产、进口）印刷色泽，货签标示是否与供货地相符。标签内容是否完整齐全，批号特点情况。

（2）包装附属物材质

防潮物（油毡纸、蜡浸纸、复合纸、复合塑膜、防潮剂）、防冻物（保温材料质地特点）、防震物（普通瓦楞纸、铝塑瓦楞纸、泡沫塑料类、纤维类、橡胶类等充填及骨架特点）的厚度、色泽、硬度、数量、用材类别特点及质量情况。

（3）封条、封签

首先查看胶带硬度、厚度、透明度情况；胶粘强度，粘贴情况、有无重新粘贴痕迹，印刷工艺是否有粉化、糊板、毛边情况，色调是否暗旧、双色或彩色套印版心是否正常。

（4）包装物印刷内容

注意检查是否有与药品管理法规不相符合的文字，标记及有关规定的标记图标内容是否完整齐全，文字大小、比例是否与厂家正品特点相符。

（5）包装盒封面

注意检查封面工艺处理情况特点，压凹印痕边缘是否整齐，烫金面积、压纹浓度、边缘锐度情况。

2. 内包装检查

（1）玻璃，塑料包装物（玻璃瓶，塑袋、塑瓶）

注意检查重量、厚度、硬度是否适宜，透明度，沙眼、颜色、光泽、印刷强度、封口规格、胶粘情况，模具痕、色斑、疵点，厂家标记代号字母，包装制作厂家标记，热盒封口情况，热压纹络情况；切制规格是否规范。注意晃动声响，容量空间比重情况；封口、蜡封、塑盖封口形态、螺纹、纹路、尺码、盖内衬材料规格色彩；整体印字、喷码、胶贴、工艺质量特点及情况等。

（2）铝箔包装

注意塑铝压制热合是否均匀；弧度情况形态（平直板、单曲弧、宽曲弧）；纹络类型（网格纹、粗纹、细纹、平纹、圆点纹、棱点纹等）。铝箔面厚度、麻痕、沙眼、光泽（麻面、光面、色面、柔面）；泡罩疵点（透明度、泡罩空间、泡罩疵点情况）；批号压痕（锐压痕、纯压痕、冷压痕、电刻痕、喷墨痕）；折痕压线（反压、正压、虚线、实线）；泡罩形态（直角形、平顶状、梯形、圆弧状），印字是否纯正，是否有龟胶面捻搓掉色，裁切是否毛边卷角，色调是否纯正鲜明。

（3）注射剂容器包装

注意封口安瓿熔封形态。安瓿是否有涂擦文字的痕迹，粉针瓶注意铝盖压字工艺情况，是否有更换小标签及中合面标签的撕残痕迹，所印文字、痕面花纹批号情况是否与标示厂家特点相同。

（4）软管包装

重点在于质量与包装规格是否相吻合，管内空气容量；注意塑盖螺纹边缘厚度，开封尖形态（方尖、圆尖）；批号压痕状态（钝压、锐压），文字构型是否异常，材质是否适宜，规格长与宽度情况。

（三）标签、说明书检查

我国《药品管理法》第五十四条规定：药品包装必须按照规定印有或者贴有标签并附有说明书。标签或者说明书必须注明药品的通用名称、成分、规格、生产企业、批准文号、产品批号、生产日期、有效期、适应症或者功能主治、用法、用量、禁忌、不良反应和注意事项。麻醉药品、精神药品、医疗用毒性药品、放射性药品、外用药品和非处方药的标签必须印有规定的标志。根据规定检查标签和说明书应注意以下几点。

（1）标签或说明书的项目、内容是否齐全；

（2）药品的各级包装标签是否一致；

（3）标签所标示品名、规格与实物是否相符，标签与说明书内容是否一致；

（4）标签印字是否清晰，粘贴是否端正、牢固、整洁；

（5）属分装药品应检查其包装及标签上是否注明药品的品名、规格、原厂牌、批号、分装单位、分装批号、有效期、使用期和药品分装后是否标注有效期或使用期。

（四）注册商标检查

注册商标是药品生产企业将其产品质量、装潢包装以图案或文字形式向工商行政管理部门申请注册的标记，它拥有专用权，受到国家法律保护。除中药材、中药饮片外，药品必须使用注册商标。药品商标未经核准注册的，不得在市场销售。

注册商标必须在药品包装和标签上注明。商标使用人必须对其使用商标的药品质量负责，药厂在使用注册商标时必须标明"注册商标"或注册标记（即"注"或"®"字样），因此，无注册商标或注册商标未按规定标示的药品，不应作为商业性购进，即不予验收入库。

> **小链接：注册商标与未注册商标的含义**
>
> 注册商标是指经使用商标人按照法定手续向国家商标局申请注册，经过审核后准予核准注册的商标。而未注册商标，是未经过商标注册而在商品或服务上使用的商标。药品商标未经核准注册的，不得在市场销售。

（五）批准文号的查核

我国《药品管理法》第三十一条规定：生产新药或者已有国家标准的药品的，须经国务院药品监督管理部门批准，并发给批准文号；但是，生产没有实施批准文号管理的中药材和中药饮片除外。《药品管理法》还规定，未取得批准文号生产、销售的药品属假药。

药品生产批准文号格式有两类：一是国家药品监督管理局新药批准文号；二是国家药品监督管理局生物制品、血液制品批准文号。如国家药品监督管理局审核批准为试生产的新药，批准文号格式为"国药试字（　　）号"，试产品仅限供应特定的医疗单位使用，其他各类新药批准后一律为正式生产，批准文号为"国药准字（　　）号"。

因此，药品在入库验收时，应严格检查核对批准文号，一是要查有无批准文号，二是要核对所用批准文号是否为国家药品监督管理局统一规定的格式。

（六）生产批号的检查

生产批号是药厂同批投料生产药品的标志，在药品生产企业不同批号的药品就是不同的药品。

一般来说，药品生产批号按生产日期编排，以数字表示，前两位数为年份，中间两位数为月份，后面两位数为批数，有的厂家一天多班组包装，则在六位数字之后加一短横线，加上班号的数字，名为次批号。如：某药品生产批号为 071122 即为该药品是 2007 年 11 月 22 日生产的，这天生产了一批；若生产批号为 071122-3，则表明该药品为 2007 年 11 月 22 日生产的，第 3 批，这天可能生产了多批，3 为次批号。如果生产设备等发生改变，也可以用其他数字或字母标示出来。

药品在入库验收时，不仅要检查有无生产批号，而且要核对内外包装批号是否一致。因为批号的意义，不仅仅只在于其本身，更主要的是通过批号，可以判别药品的新旧、真伪、效期的长短。另外，我们对库存药品或新进药品验收时，往往以生产批号为单位抽样检查。因此，验收必须把好批号检查关。

（七）药品有效期的检查

效期药品在药品包装上标明有效期。有效期是保证药品质量期限的一种表示方法。有效期对于药品有两种意义：一是表示该药品稳定性随时间而递减，在符合规定的贮存条件下，必须在有效期内使用，超过有效期即为假劣药，禁止销售、使用；二是表示药厂对该产品质量负责的时间期限，即如果在符合药品要求的贮存保养条件下，药品在有效期内出现质量问题，药厂对此负有责任。

（八）药品出厂检验报告或产品合格证的检查

原料药每件内应附有出厂检验报告书，制剂每箱内应附有产品合格证。验收时，应认真核查出厂检验报告书或产品合格证，检查其质量标准依据、检验项目及检验结果是否符合规定，不得漏检、漏项。

（九）药品外观性状的检查

大多数药品的质量变异，可在外观性状上反映出来。因此，对药品进行外观性状检查是药品入库验收的重要内容。外观性状检查简便易行，其检查方法和判断标准见下一单元。

（十）药品内在质量的检查

有些药品变质失效后，外观上难以判断，要全面确定药品的质量情况，应进行其内在质量的检查。药品在入库验收时，对于出厂检验报告内容或产品合格证有疑问或发现其质量不稳定而又有原料或工艺改变，包装或包装方式改变，长期停产后恢复生产，停产整顿后恢复生产，移厂，生产初期，最近投产生产的新品种以及出厂日期超五年以上的非有效期药品，应加强抽样，做内在质量的检查。药品内在质量检查，需通过一定的仪器设备、试剂等，在实验室完成。其方法和结果判断应按照药品质量标准规定逐项进行。

二、销货退回药品验收内容

对销货退回药品，应开箱检查，核对品名、规格、数量、生产企业、生产批号或生产日期，对商品质量进行复检，做出明确的结论和处理意见。

经复检，属质量问题，应及时与生产企业或货源单位联系，做退货、换货和修理等处理。

经复检，属其他原因造成损坏或无法整修时，应通知有关部门处理。

经复检，产品确无质量问题，内外包装完好，应通知有关部门与退货方联系，妥善解决。

三、进口药品验收内容

进口药品必须从口岸药检所所在城市的口岸组织进口，进口药品到达口岸后，进口单位应填写《进口药品报验单》，持《进口药品注册证》等原件到所在的口岸药品检验所报验，由口岸药品检验所对进口药品实施质量检验，并出具《进口药品检验报告书》。

> **小链接：国家药品监督管理局授权的口岸药检所**
>
> 包括广东省药品检验所、广州市药品检验所、福建省药品检验所、上海市药品检验所、天津市药品检验所、大连市药品检验所、武汉市药品检验所、青岛市药品检验所、重庆市药品检验所、北京市药品检验所、中国药品生物制品检定所等。
>
> 中国药品生物制品检定所负责对口岸药品检验所进行技术指导和对有争议的检验结果进行仲裁。

进口药品的验收时，应做到如下要求。

（1）应依照合同和随货同行单据，检查药品数量是否相符，有无残损，有无品质证书并做记录。

（2）供货单位必须提供《进口药品注册证》和《进口药品检验报告书》的复印件并加盖供货单位的公章。

（3）核对进口药品的批准文与《进口药品注册证》上记录的批准文号是否相符。

（4）核对进口药品的生产批号与《进口药品检验报告书》上记录的批准文号是否相符。

（5）包装、标签应注明《进口药品注册证》证号，使用中文注明药品名称、注意成分和中文说明书，并核对与国家食品药品监督管理局批准的是否一致。

单元 4　常见剂型的外观验收细则

一、片剂的验收

片剂系指药物与适宜的辅料混匀压制而成的圆片状或异形片状的固体制剂。片剂以口服普通片为主，另有含片、舌下片、口腔贴片、咀嚼片、分散片、可溶片、泡腾片、阴道片、阴道泡腾片、缓释片、控释片与肠溶片等。

（一）压制片验收

1. 外观及包装检查

主要检查色泽、斑点、异物、麻面、吸潮、粘连、溶化、发霉、结晶析出、边缘不整、松片、装量及包装等。含生药、脏器及蛋白质类药物的制剂还应检查有无虫蛀、异嗅等。

> **小链接：片剂的几种外观异常。**
> ① 麻面：片面粗糙不光滑。
> ② 裂片：片剂受到震动或放置时从腰间裂开或顶部脱落一层的现象称为裂片。
> ③ 飞边：药片的边缘高过片面而突出，形成不整齐的薄边。
> ④ 毛边：片子边缘有缺口。
> ⑤ 花斑：片面呈现较明显的斑点。
> ⑥ 龟裂与爆裂：片面或边缘发生裂纹甚至部分包衣裂掉。
> ⑦ 暗斑：系指片面若隐若现的斑点。
> ⑧ 松片：将药片放在中指与食指间，用拇指轻轻压即行碎裂。

2. 检查方法及判断标准

取检品100片，平铺于白纸或白瓷盘上，距25cm自然光亮处检视半分钟，只看一面。

（1）片子外观应完整光洁，薄厚形状一致，带字片字迹应清晰，压印缩写字样应符合要求。

（2）色泽应均匀一致，无变色现象。

（3）黑点、色点、异物最大直径在200µm以下不计，直径在200µm以上的黑点不超过5%，色点不超过3%。500µm以上的不得有。

（4）不得有明显的暗斑（中草药片除外）。

（5）麻面不得超过5%，中草药片不得超过10%。

（6）边缘不整（飞边、毛边等）总数不超过5%。

（7）碎片不得超过 3%。松片不得超过 3%。

（8）不得有粘连、溶化、发霉现象。含生药、脏器及蛋白质类药物的制剂，不得有虫蛀及异嗅。

（9）片面不得有结晶析出或附着在瓶壁上。

（10）装量检查应符合标签所示的包装数量。

（11）包装检查。

瓶装：封口应严密，瓶内填充物应清洁，不得松动。

铝塑、热合及塑料袋包装：压封应严密，圆整，无破损。印字应端正、清晰。

以上各项检查结果超过规定时应加倍复验：复验结果不超过规定时，仍按合格判断。3～7 项中各项均在限度内，总数不得超过 3%。

（二）包衣片的验收

包衣片系指压制片外面包有衣膜的片剂。

包衣片分为糖衣片、肠溶衣片和薄膜衣片三种。糖衣片系指单压片的表面上包裹糖衣层的片剂。肠溶衣片系指用肠溶性包衣材料进行包衣的片剂。薄膜衣片系指包衣物料在片芯外面形成薄衣层的片剂。

1. 外观及包装检查

主要检查色泽、黑点、斑点、异物、花斑、瘪片、异形片、龟裂、爆裂、脱壳、掉皮、膨胀、溶化、粘连、霉变、片芯变色、变软及包装等。

2. 检查方法及判断标准

取检品 100 片，平铺于白纸或白瓷盘上，距 25cm 自然光亮处检视半分钟。

在规定的时间内将盘倾斜，使包衣片侧立，以检查边缘。

（1）色泽：同一批号包衣颜色应均匀。

（2）黑点、斑点、异物：最大直径在 200μm 以下不计，大于 200μm 总数不超过 5%，大于 500μm 不得有。

（3）花斑不得超过 5%。

（4）小珠头（直径为 2～3mm）总数不超过 2%。

（5）瘪片（包括凸凹不平）、异型片：总数不超过 2%。

（6）龟裂、爆裂各不得超过 3%；脱壳不得超过 2%；掉皮不得超过 2%（肠溶衣片不得掉皮）。以上四项总和不得超过 5%。

（7）不应有膨胀、吸潮、溶化、粘连现象。

（8）片芯检查：对主药性质不稳定及中药浸膏的包衣片必要时可切开，观察片芯断面，不应有变色及变软现象。

（9）包装检查：同片剂。

以上各项检查结果超过规定时应加倍复验判断。复验结果不超过规定时，仍按合格判断。

二、胶囊剂的验收

胶囊剂系指药物或加有辅料充填于空心胶囊或密封于软质囊材中的固体制剂。

胶囊剂分为硬胶囊、软胶囊（胶丸）、缓释胶囊、控释胶囊和肠溶胶囊，主要供口服。硬胶囊剂，系指采用适宜的制剂技术，将药物或加适宜辅料制成粉末、颗粒、小片、小丸、半固体或液体等，充填于空心胶囊中的胶囊剂。软胶囊剂，系指将一定量的液体药物直接包封，或将固体药物溶解或分散在适宜的赋形剂中制备成溶液、混悬液、乳状液或半固体，密封于球形或椭圆形的软质囊材中的胶囊剂。软质囊材是由胶囊用明胶、甘油或其他适宜的药用材料单独或混合制成。

外观及包装检查：主要检查色泽、漏药、破裂、变形、粘连、异嗅、霉变、生虫及包装等。软胶囊（胶丸）还应检查气泡及畸形丸。

检查方法及判断标准：取胶囊100粒，平铺于白纸或白瓷盘上，距25cm自然光亮处检视半分钟。

（一）硬胶囊剂

（1）外观整洁，大小相等，长短一致，无斑点。

（2）带色的胶囊颜色应均匀一致，不得有褪色、变色等现象。

（3）胶囊应无砂眼、虫眼、破裂、漏药等观象。

（4）胶囊应无粘连、发霉、变形、异嗅等现象。

（5）检查内容物应无结块、霉变等异常现象。

（二）软胶囊剂（胶丸）

（1）大小应均匀一致、整洁、光亮。

（2）不得有粘连、粘瓶（经振摇即散者不在此限）、异嗅、变形（漏油检查是将软胶囊放在白纸上，应无明显油迹）。

（3）胶丸气泡不得超过3％。

（4）胶丸畸形丸不超过3％。

（5）胶丸污物、偏心带尾等总和不超过3％。

（6）包装检查同片剂。

（3）、（4）、（5）项总和不得超过5％。

（3）、（4）、（5）、（6）项检查结果超过规定时应加倍复验，复验结果不超过规定的，仍按合格判断。

三、滴丸剂的验收

滴丸剂，系指固体或液体药物与适宜的基质加热熔融后溶解、乳化或混悬于基质中，再滴入不相混溶、互不作用的冷凝介质中，由于表面张力的作用使液滴收缩成球状而制成的制剂，主要供口服。

外观及包装检查：主要检查色泽、吸潮、粘连、异嗅、霉变、畸形丸及包装等。

检查方法及判断标准：检查方法同片剂。

（1）滴丸应大小均匀、整洁、色泽一致。

（2）滴丸不得有吸潮、粘连、异嗅、霉变等现象。

（3）畸形丸不得超过3％。

（4）装量检查同片剂。

（5）包装检查同片剂。

（3）、（4）、（5）项检查结果超过规定时应加倍复验，复验结果不超过规定时，仍按合格判断。

四、注射剂的验收

注射剂系指药物与适宜的溶剂或分散介质制成的供注入体内的溶液、乳状液或混悬液及供临用前配制或稀释成溶液或混悬液的粉末或浓溶液的无菌制剂。注射剂可分为注射液、注射用无菌粉末与注射用浓溶液。

注射液，包括溶液型、乳状液型或混悬型注射液，可用于肌内注射、静脉注射、静脉滴注等。其中，供静脉滴注用的大体积（除另有规定外，一般不小于100mL）注射液也称静脉输液。

注射用无菌粉末，指药物制成的供临用前用适宜的无菌溶液配制成澄清溶液或均匀混悬液的无菌粉末或无菌块状物。

注射用浓溶液，系指药物制成的临用前稀释后静脉滴注用的无菌浓溶液。

（一）水针剂的验收

1. 外观及包装检查

主要检查色泽、结晶析出、混浊沉淀、长霉、澄明度、装量、冷爆、裂瓶、封口漏气、瓶盖松动及安瓿印字等。

2. 检查方法及判断标准

检查方法：每批取检品100支或大输液瓶（塑料袋）20瓶（袋），置自然光亮处检视。

（1）溶液色泽：按质量标准规定进行比色检查，不得有变色现象。按中国药典2005年版二部附录"溶液颜色检查法"检查。

（2）不得有结晶析出（特殊品种除外）、混浊、沉淀及长霉等观象。

（3）安瓿应洁净、封头圆整，泡头、弯头、缩头现象总和不得超过5%。

（4）焦头和冷爆现象总和不得超过2%。

药品注射液溶液颜色色号规定见表2-2-1。

表2-2-1　药品注射液溶液颜色色号规定

溶液颜色		色号
无色	≤	黄色1/2号
几乎无色	≤	黄色2号
微黄色	≤	黄色4号
淡黄色	≤	黄色6号
黄色	≤	黄色8号

（5）安瓿印字应清晰：品名、规格、批号等不得缺项。

（6）不得有裂瓶（裂纹）、封口漏气及瓶盖松动。塑料瓶（袋）装注射液封口应严密，不得有漏液现象（瓶盖松动检查法：一手按瓶、一手大拇指、食指、中指卡住瓶盖边缘呈三角直立，向一方轻扭，瓶盖不得松动）。

3. 澄明度检查

（1）检查装置

光源：采用澄明度检测仪。无色溶液注射剂于照度1000~2000lx的位置；透明塑料容器或有色溶液注射剂于照度约2000~3000lx的位置。用目检视。

距离：检品至人眼距离为20~25cm。

（2）检查方法及时限

将检品如数抽取，擦净安瓿（瓶）外壁污痕（或保持外壁清洁），集中放置。检查时按

表 2-2-2 拿取支数连续操作，在澄明度检测仪前手持安瓿颈部使药液轻轻翻转，用目检视。50mL 或 50mL 以上按直立、倒立、平视三步法旋转检视。

表 2-2-2 不同规格注射剂的每次拿取支数和检查时限

规格/mL	检查总支数/支	每次拿取支数/支	每次检查时限/s
1~2	200	6	18
5	200	4	16
10	200	3	15
20	200	3	21
50 以上	20	1	15

（3）判断标准

按以上方法检查，除特殊规定品种外，未发现有异物或仅带微量白点者作合格论。新出厂的注射剂如发现混有异物者，其不合格率不得过 5%。贮存期的注射剂其不合格率不得过 7.5%（属麻醉药品管理范围的注射剂，不得过 10%）。如检查结果超过规定时，则加倍抽样复验，复验结果不超过规定时，仍按合格判断。

上述规定不合格率范围内的药品，在使用时仍应注意挑选，不合格品不准应用。

4. 关于白点、白块、异物等名词概念

（1）白点与白块的区分

白块：系指用规定的检查方法，能看到有明显的平面或棱角的白色物质。

白点：不能辨清干面或棱角的暗白点汁。但有的白色物虽不易看清平面、棱角（如球形），但与上述白块同等大小或更大者，应作白块论。在检查中见似有似无或若隐若现的微细物，不作白色点计数。

（2）微量白点：50mL 以下中小针剂，在规定的检查时间内仅见到 3 个或 3 个以下的白点者，作为微量白点，100mL 以上大型针剂，在规定检查时间内仅见到 5 个或 5 个以下的白点时，作为微量白点。

（3）少量白点：药液澄明，白点数量比微量白点多，在规定检查时间内较难准确计数者。

（4）异物：包括玻璃屑、纤维、色点、色块及其他外来异物。

（5）微量沉积物：指某些生化制剂或高分子化合物制剂，静置后有微小的质点沉积，轻轻倒转时有烟雾状细线浮起，轻摇即散失者。

5. 特殊品种

（1）葡萄糖酸钙注射液，除带有少量白点外，应符合规定。

（2）胰岛素注射液，除带有少量白点及短小纤维状物者外，应符合规定。

（3）右旋糖酐注射液，除带有轻微乳光及微量白点外，应符合规定。

（4）输血用枸橼酸钠注射液，除带少量白点外，应符合规定。

（5）肌苷注射液，除带少量白点外，应符合规定。

（6）细胞色素 C 注射液，除带少量白点外，应符合规定。

（7）硫酸鱼精蛋白注射液，除带少量白点外，应符合规定。

（8）肝素注射液，除带少量白点外，应符合规定。

（9）精氨酸注射液，除带少量白点与短小纤维（经摇动能分散外）外，应符合规定。

（10）乳酸钠注射液，除带少量白点外，应符合规定。

其他需作特殊规定的品种，由药厂提出理由和考核资料，报当地卫生主管部门审核，提出意见，报卫生部药政局并抄送卫生部药典委员会研究确定。

6. 注射液中不溶性微粒检查法

本法系在澄明度检查符合规定后，用以检查静脉滴注用注射液（装量为 100mL 以上者）中的不溶性微粒。除另有规定外，每 1mL 中含 10μm 以上的微粒不得超 20 粒，含 25μm 以上的微粒不得超过 2 粒。检查方法详见中国药典 2000 年版二部附录。

甘露醇注射液、右旋糖酐 40 氯化钠注射液（低分子右旋糖酐氯化钠注射液）、右旋糖酐 40 葡萄糖注射液（低分子右旋糖酐葡萄糖注射液）、右旋糖酐 70 葡萄糖注射液（中分子右旋糖酐葡萄糖注射液）、右旋糖酐 70 氯化钠注射液（中分子右旋糖酐氯化钠注射液）、葡萄糖注射液、葡萄糖氯化钠注射液、氯化钠注射液（灭菌生理盐水）。

（二）粉针剂的验收

1. 外观及包装检查

主要检查色泽、粘瓶、吸潮、结块、溶化、异物、黑点、溶解后澄明度、装量、焦头、冷爆、裂瓶、铝盖松动、封口漏气及玻璃瓶印字等。

冻干型粉针剂：主要检查色泽、粘瓶、萎缩、溶化等（冻干型粉针剂系冷冻干燥呈圆柱状、块状或海绵状结晶性粉末）。

2. 检查方法及判断标准

检查方法：取检品 40 瓶，在自然光亮处反复旋转检视。

（1）色泽应一致，不得有变色现象。粉针剂溶液颜色色号及比色方法同水针剂。

（2）不得有粘瓶（敲击即散不在此限）、结块、溶化等现象。

（3）不得有异物（纤维、玻璃屑等）。

（4）焦头及黑点总数不得超过 5％。

（5）冷爆不超过 2％。

（6）冻干型粉针应质地疏松、色泽均匀，不应有明显萎缩和溶化现象。

（7）不应有裂瓶、封口漏气、瓶盖松动（瓶盖松动检查法同水针剂）。

（8）瓶体应洁净、玻璃透明，无气泡、砂眼等。

（9）印字应清晰，品名、规格、批号、效期等不得缺项。

以上各项检查结果如超规定时，则加倍复验，复验结果不超过规定时，仍按合格判断。

3. 澄明度检查

（1）检查装置及检查人员条件同水针剂。

（2）检查方法

取检品，擦净容器外壁，用适当方法，按各品种的规定加入规定量溶剂使药粉全部溶解后，于澄明度检测仪前轻轻旋转使容器内药液形成旋流，随即用目检视。

（3）判断标准

注射用无菌粉末除特殊品种外，抽取样品 5 瓶，按上述方法检查。

抗生素粉针每瓶（支）中含短于 0.5cm 的毛、200～500μm 的白点、白块或色点，总数不得超过表 2-2-3 规定。

表 2-2-3　抗生素粉针毛点、色点规定

规格（按每瓶标示量计）/g	毛点总数/个	其中色点数/个
1 及 1 以下	10	3
1 以上至 2	12	3
2 以上	15	3

化学药粉针剂，每瓶（支）中短于 0.5cm 的毛、100～200cm 的白点、白块或色点总数不超过 5 个，可认为合格。如有大于或超过上述规定时，应另抽样 10 瓶（支）复验，复验结果均应符合规定。

初试 5 瓶中如发现有特大或特殊的异物，应判为不合格。

（4）关于判断标准的说明

① 特殊的异物，指金属、玻璃屑、玻璃砂、硬毛或粗纤维等异物。金属屑有一面闪光者即是，玻璃屑有闪烁性或有棱角的透明物即是。

② 安瓿粉针在未打开前须预先反复倒转观察，如发现玻璃屑者作异物论，未发现者再进一步检查。

③ 小瓶装粉针检查澄明度时由于针刺橡皮塞的掉屑，不计入色点数内。

④ 每瓶（支）粉针澄明度检查时，溶液在摇匀后如显轻微混浊，不得比规定的浊度对照管更深；于室温静置半小时后，轻轻旋转不得有可见的烟雾状旋涡产生。

⑤ 粉针剂异物点、块、毛的判定按《粉针剂澄明度异物对照标准》。

（三）油针剂的验收

油针剂系指药物制成的灭菌油溶剂，供注入体内的灭菌制剂。

1. 外观及包装检查

主要检查色泽、混浊、霉菌生长、异嗅、酸败、澄明度、装量、冷爆、裂瓶、封口、漏油及印字等。

2. 检查方法及判断标准

取检品 100 支，置自然光亮处检视。

（1）色泽不得深于黄色 6 号标准比色液，在 10℃ 时药液应保持澄明（比色方法同水针剂）。

（2）不得有混浊、霉菌生长、异嗅和酸败等现象。

（3）冷爆、焦头总和不超过 2%。

（4）不得有裂瓶及封口漏油等现象。

（5）印字检查同水针剂。

3. 澄明度检查及判断标准

同水针剂，检查时限规定如表 2-2-4 所示。

表 2-2-4　澄明度检查时限规定

规　格/mL	每次取支数/支	检查时限/s
1	6	36
2	6	36

油针如有结晶析出，可在 80℃ 以下水浴加热 30min，震摇，放至 20～30℃ 检查，结晶不溶者判为不合格。如结晶溶解，则按水针剂澄明度检查的方法检查。

（四）混悬针剂的验收

按水针剂装置、方法及时限和判断标准中的不合格率等规定，检查色块等异物。

五、滴眼剂的验收

滴眼剂系指药物与适宜辅料制成的供滴入眼内的无菌液体制剂。可分为水性或油性溶液、混悬液或乳状液。

（一）溶液型滴眼剂的验收

1. 外观及包装检查

主要检查色泽、结晶析出、混悬沉淀、霉菌生长、澄明度、裂瓶、封口漏液、瓶体印字等。

2. 检查方法及判断标准

取样品 30 支，置自然光亮处检视。

（1）药液色泽应一致，无明显的变色现象。

（2）药液应澄明，不得有混浊、沉淀、结晶析出和霉菌生长。

（3）不得有裂瓶、封口漏液。塑料瓶不得有瘪瓶。

（4）瓶体印字检查同水针剂。

3. 澄明度检查

（1）检查装置

以下装置供塑料容器装的或有色溶液的滴眼剂用。光源：采用澄明度检测仪，同注射剂澄明度检查。

玻璃容器装的滴眼剂同注射剂澄明度检查装置。

（2）检查数量

取样品 50 支。需要复检者，就另行加倍抽样，进行检验，如有困难，抽样数量可适当减少，但不得少于 30 支。

（3）检查方法

取样品，擦净容器外壁，检查时每次拿取 3 支连续操作，于澄明度检测仪前，手持容器颈部，使药液翻转，用目检视，每次检查时限为 20s。另任取样品 2 支，将药液移至洁净透明的玻璃容器内，在自然光下检视，除另有规定外，溶液应澄明。

（4）判断标准

按上述方法检验，除特殊规定品种外，每支含短于 0.5cm 的毛、500μm 以下的白块或白点总数不超过 5 个者认为合格。但不得有玻璃屑较大的纤维、色块和其他不溶性异物，其不合格的总支数不得超过检查总支数的 10%。如检查结果超过规定时，则加倍抽样复检，复检结果不超过规定时，仍按合格判断。

上述规定不合格率范围内的药品，在使用时仍应注意挑选，不合格品不准应用。

判断标准中的有关白色、白块、异物等名词概念以及判断标准的有关说明同注射剂澄明度检查。

（二）混悬型滴眼剂的验收

1. 外观及包装检查

主要检查色泽、异物、颗粒细度、砂眼、漏液、胶塞、瓶盖松动以及滴管长度等。

2. 检查方法及判断标准

检查方法：取检品 10 支（瓶）去掉标签，擦净外壁，轻轻上下转动，在自然光下检视。

（1）药液色泽应一致，不得有明显的变色现象。

（2）不得有结块、色块、玻璃屑等不溶性异物。

（3）胶塞应严密，铝盖不得松动（瓶盖松动检查法同水针剂）。

（4）瓶内玻璃滴管不得触底或过短。一般约占瓶长的 3/4 左右。

（5）玻璃滴管连接的胶塞应洁净、光滑，不得有砂眼、漏液现象。

3. 混悬液的颗粒细度检查

将检品强力振摇后，立即取一滴于显微镜（320～400 倍）下检视，不得有超过 $50\mu m$ 的颗粒；然后确定 4～5 个视野计数，含 $15\mu m$ 以下的颗粒不得少于 90%。

混悬型滴眼剂只做颗粒强度检查，不作澄明度检查。

六、眼膏剂的验收

眼膏剂，系指由药物与适宜的基质均匀混合，制成无菌溶液型或混悬型膏状的眼用半固体制剂。

（一）外观及包装检查

主要检查色泽、颗粒细度、金属性异物、溢漏、装量及包装等。

（二）检查方法及判断标准

取检品 20 支在自然光亮处翻转检视并取出检体适量涂布于玻璃板上观察。

（1）色泽应一致，不得有变色现象。

（2）膏体应均匀、细腻。

（3）管外应洁净，无砂眼、破裂等现象。

（4）封口应严密、压尾应平整，不得有漏药现象。

（三）溢漏检查

取检品 10 支，用干布擦净管的外部，将管子按水平位置放在滤纸上，在 60℃±3℃ 保温 8h 后检查，不得发生明显的溢漏。如有 1 支溢漏，应复验 20 支，均应符合规定。

（四）金属性异物检查

除另有规定外，取检品 10 支，分别将全部内容物置于直径为 6cm、底部平整、光滑、没有可见异物的平底培养皿中，加盖，在 80～85℃ 保温 2h，使眼膏摊布均匀，放冷至凝固后，反转培养皿，置于适合的显微镜台上，用聚光灯作 45° 角的入射光从皿底照明，检视大于 $50\mu m$、具有光泽的金属性异物数。10 支中每支内含金属性异物数超过 8 粒者不得多于 1 支，且其总数不得过 50 粒，如有超过，应加倍复验；初、复验结果合并计算，30 支中每支内含金属性异物数超过 8 粒者不得多于 3 支，且其总数不得过 150 粒。

（五）颗粒细度检查

取检品少量，涂布于显微镜载玻片上使成一薄层，覆以盖玻片，置显微镜下检视，不得有大于 $75\mu m$ 的颗粒。

七、散剂的验收

散剂系指药物或适宜的辅料经粉碎、均匀混合制成的干燥粉末状制剂，分为口服散剂和局部用散剂。

（一）外观及包装检查

主要检查色泽、异嗅、潮解、风化、霉变、虫蛀及包装破漏、纸袋湿润出现印迹等现象。

（二）检查方法及判断标准

1. 色泽及均匀度检查

取供试品适量置光滑纸上平铺约 5cm²，将其表面压平，距 30cm 自然光亮外检视半分钟。

（1）色泽应一致，无变色现象。

（2）应混合均匀、无花纹、色斑等。

2. 吸潮检查

袋装散剂用手摸，瓶装散剂上下翻转，应干燥、疏松、无吸潮结块、溶化等现象。

3. 异嗅检查

取袋装的散剂拆开封口，瓶装散剂启开瓶盖、瓶塞后，用手煽动空气不得有异嗅（麻、毒药品不检查此项）。

4. 不得有生霉、虫蛀等

5. 包装检查

（1）纸袋或塑料袋包装取样品 10 袋，将药袋放平，用两手指横敲三下，不得有药粉喷出。一袋有微量漏粉判为合格，超过一袋加倍复验，复验结果应符合规定。

（2）纸袋包装不得有印迹。

（3）瓶装应密封。

八、颗粒剂的验收

颗粒剂系指药物与适宜的辅料制成的具有一定粒度的干燥颗粒状制剂。

（一）外观及包装检查

主要检查色泽、嗅味、吸潮、软化、结块、颗粒是否均匀及包装封口是否严密，有无破裂等现象。

（二）检查方法及判断标准

取 5 瓶（块）样品，分别取适量置光滑纸上，距 30cm 自然光亮处检视半分钟。

1. 色泽及吸潮检查

颗粒剂：色泽应一致，无变色。颗粒应均匀、干燥、无结块、无潮解等现象。

块状冲剂：色泽应一致，无变色、块形应完整、大小相同、干燥、无潮解、软化等现象。

2. 无异物、异嗅、霉变、虫蛀等

3. 包装检查

包装封口应严密。袋装的冲剂应无破裂、漏药。

4. 粒度检查

取颗粒状剂 5 个小包装，称定重量，不能通过一号筛和能通过五号筛的颗粒和粉末总

和，不得超过供试量的 15%

5. 溶化性检查

取供试品颗粒剂 10g，块状颗粒剂一块，称定重量，加热水 200mL，搅拌 5min，可溶性颗粒剂，应全部溶化，允许有轻微混浊；混悬性颗粒剂，应能混悬均匀，并均不得有焦屑等异物；泡腾性颗粒剂放置在盛有 200mL 水的烧杯中，水温为 15～25℃，应迅速产生气体而成泡腾状，5min 内颗粒均应完全分散或溶解在水中。

6. 装量差异检查

取供试品 10 袋（瓶），除去包装，分别精密称定每袋（瓶）内容物的重量，求出每袋（瓶）内容物的装量与平均装量。每袋（瓶）装量相比较［凡无含量测定的颗粒剂，每袋（瓶）装量应与标准装量比较］，超出装量差异限度的颗粒剂不得多于 2 袋（瓶），并不得有 1 袋（瓶）超出装量差异限度 1 倍（见表 2-2-5）。

表 2-2-5 装量差异检查

平均装量或标示装量/g	装量差异限度/%
1.0 及 1.0 以下	±10
1.0 以上至 1.5	±8
1.5 以上至 6.0	±7
6.0 以上	±5

九、口服溶液剂、混悬剂、乳剂的验收

口服溶液剂系指药物溶解于适宜溶剂中制成供口服的澄清液体制剂。

口服混悬剂系指难溶性固体药物，分散在液体介质中，制成供口服的混悬液体制剂。也包括干混悬剂或浓混悬液。

口服乳剂系指两种互不相溶的液体，制成供口服的稳定的水包油型乳液制剂。

（一）外观及包装检查

主要检查色泽、混浊、沉淀、结晶析出、异味、异嗅、霉变、酸败、杂质异物、渗漏及包装等。

（二）检查方法及判断标准

取 10 瓶在自然光亮处，采用直立、横、倒立三步法检视，必要时启开瓶塞检查（检查后应立即封固，以免污染）。

1. 口服溶液剂

应色泽一致，药液澄清，无沉淀、异物、异味、异嗅、酸败、霉变、变色现象。

2. 混悬剂

色泽一致，颗粒应细微均匀下沉缓慢，沉淀经振摇能均匀分散，无结块现象，无酸败、异味、异嗅、变霉、变色现象。

3. 乳剂

色泽一致，不得有异物、异嗅、霉变、分层、变色现象。

十、酊剂的验收

酊剂系指将药物用规定浓度的乙醇浸出或溶解而制成的澄清液体制剂，也可用流浸膏稀

释制成。供口服或外用。

（一）外观及包装检查

主要检查色泽、澄清度、异物、渗漏及包装等。

（二）检查方法及判断标准

检查方法：取检品10瓶，在自然光亮处用直立、倒立、平视三步法旋转检视。

（1）色泽应一致，无明显变色现象。

（2）药液应澄清，无结晶析出（中草药提取制剂允许有少量轻微混浊或沉淀）。

（3）不应有较大的纤维、木塞屑、块等异物。

（4）包装封口应严密，瓶塞、瓶盖应配套，瓶外整洁，瓶签清楚，不得有污物粘瓶。

（5）渗漏检查

检查方法：取检品一箱（20mL以下取中包装）将原箱倒置15min后，启箱观察有渗漏的瓶数不得超过5%。

十一、糖浆剂的验收

糖浆剂系指含有药物的浓蔗糖水溶液。

糖浆剂含蔗糖量应不低于45g/mL。

（一）外观及包装检查

主要检查澄清度、混浊、沉淀、结晶析出、异物、异嗅、发酵、产气、酸败、霉变、渗漏及包装等。

（二）检查方法及判断标准

取检品10瓶，在自然光亮处按直立、倒立、平视三步法旋转检视。

（1）除另有规定外，糖浆剂应澄清、无混浊、沉淀或结晶析出，不得有异物。含有药材提取物的糖浆，允许有少量轻摇易散的沉淀。

（2）不得有异嗅、发酵、产气、酸败、霉变等现象。

（3）包装封口应严密，瓶塞、瓶盖应配套，瓶外无糖浆痕迹，瓶口无生霉现象。

（4）渗漏检查：取检品一箱，将原包装倒置25min后，启箱观察，渗漏瓶数不得超过3%。

十二、流浸膏剂的验收

流浸膏剂或浸膏剂系指药材用适宜的溶剂浸出有效成分，蒸去部分或全部溶剂，调整浓度至规定标准而制成的制剂。

（一）外观及包装检查

主要检查色泽、异物、异嗅、渗漏及装量等。

（二）检查方法及判断标准

取检品10瓶，在自然光亮处按直立、倒立、平视三步法旋转检视。

（1）色泽应一致，无变色现象。

（2）无结晶析出，允许少量沉淀及轻微混浊。

（3）不得有异物、异嗅。

（4）渗漏检查：将检品一箱倒置 20min，启箱观察，渗漏瓶数不得超过 5%。

十三、气雾剂的验收

气雾剂：系指含药溶液、乳状液或混悬液与适宜的抛射剂共同装封于具有特制阀门系统的耐压密闭容器中，使用时借助抛射剂的压力将内容物呈雾状物喷出，用于肺部吸入或直接喷至腔道黏膜、皮肤及空间消毒的制剂。

（一）外观及包装检查

主要检查色泽、澄清度、异物及漏气、渗漏等。

（二）检查方法及判断标准

（1）色泽应一致，不应有变色现象。
（2）药液应澄清，不得有异物。
（3）塑料护套与玻璃粘贴应紧密，不得有漏气、渗漏等现象。
（4）试喷观察不得有漏泄、喷不出、连续喷出、揿压费力及雾型不正常等现象。
以上各项结果超过规定时，应加倍复验，复验结果不超过规定时，仍按合格判断。

十四、膜剂的验收

膜剂系指药物与适宜的成膜材料加工制成的膜状制剂。

（一）检查内容

主要检查完整光洁、厚度、色泽、气泡、霉变、受潮及包装等。

（二）检查方法及判断标准

外观及包装检查。取检品 20 片置自然光亮处检视。
（1）膜剂外观应完整光洁，厚度一致，色泽均匀、无明显气泡。
（2）多剂量的膜剂，分格压痕应均匀清晰，并能按压痕撕开。
（3）无受潮、发霉、变质现象。
（4）包装清洁卫生，无污染、密封、防潮等。

十五、软膏剂的验收

软膏剂系指药物与油脂性或水溶性基质混合制成的均匀的半固体外用制剂。

（一）外观及包装检查

主要检查色泽、细腻度、黏稠度、异物、异嗅、酸败、霉变及包装等。

（二）检查方法及判断标准

（1）色泽应一致，不得有变色现象。
（2）软膏应均匀、细腻（取适量涂于玻璃板上观察，不应有肉眼能见到的单独颗粒），涂于皮肤上应无不良刺激性，并应具有适当的黏稠性，易于涂布于皮肤或黏膜上而不融化，但能软化。
（3）不得有较大的异物。
（4）不得有异嗅、酸败、霉变、变色、变硬等现象。

（5）封口应严密，不得有漏药现象。管装软膏，压尾应平正。

十六、栓剂的验收

栓剂系指药物与适宜基质制成供腔道给药的固体制剂。

（一）外观及包装检查

主要检查外形、色泽、融化、酸败、霉变及包装等。

（二）检查方法及判断标准

取检品 20 粒置自然光亮处检视。

（1）外形应光滑完整并有适宜的硬度，不得有软化、变形。

（2）色泽应均匀一致。

（3）应无明显融化、走油、出汗现象。

（4）不得有酸败、霉变、变质现象。

（5）每粒的小包装应严密。

十七、丸剂的验收

丸剂是指药物与适宜的辅料以适当方法制成的球状或类球状固体制剂。丸剂包括滴丸、糖丸、小丸等。滴丸，系指固体或液体药物与适宜的基质加热熔融后溶解、乳化或混悬于基质中，再滴入不相混溶、互不作用的冷凝介质中，由于表面张力的作用使液滴收缩成球状而制成的制剂，主要供口服用。糖丸，系指以适宜大小的糖粒或基丸为核心，用糖粉和其他辅料的混合物作为材料，选用适宜的黏合剂或润湿剂制丸，并将主药以适宜的方法分次包裹在糖丸中而制成的制剂。小丸，系指将药物与适宜的辅料均匀混合，选用适宜的黏合剂或润湿剂以适当方法制成的球状或类球状固体制剂。小丸粒径应为 0.5～3.5mm。

主要检查圆整均匀，色泽一致，大蜜丸、小蜜丸应细腻滋润，软硬适中，无皱皮、无异物。水丸、糊丸应大小均匀，光圆平整，无粗糙纹，包装密封严密。

（1）丸剂应大小均匀、色泽一致、无粘连现象。

（2）丸剂应密封储存，无受潮、发霉、变质、变色现象。

十八、橡胶膏剂的验收

橡胶膏剂系药物与橡胶基质等混匀后，涂于布上的外用制剂。

（一）外观及包装检查

主要检查外形、色泽、异物、透油（背）、黏着力、耐热性、耐寒性及包装等。

（二）检查方法及判断标准

取检品 10 片，置自然光亮下检视。

（1）胶布，并不得有缺胶、脱胶、膏布皱纹等缺陷。

（2）色泽应一致。药料涂布应均匀，无明显颗粒状物。

（3）黑点、异物直径在 $500\mu m$ 以下不计，大于 $500\mu m$ 的不超过 5 个。

（4）不得有透油（透背）、老化失黏等现象。

（5）贴膏片大小应符合规定，均不得少于标示量。

（6）包装应严密，无破裂、印字端正、清晰。

（三）黏着力

橡皮膏长 50mm，宽 25mm 的膏面与酚醛塑料板之间的黏着力，除另有规定外，在18～28℃时应不低 15kg（检查法按国际 GB 2771—81 规定）。

（四）耐热性

取检品，置 120℃恒温箱中经过 20min，取出放冷，背面应无泛黄渗油现象，用手指触试膏面，应仍有黏性。

十九、中药材、中药饮片验收

依据相关的标准，对企业所购中药饮片的包装、品种的真伪、质量的优劣进行全面的验收，对符合要求的给予接收入库，对不符合的予以拒收，并建立相应的记录，这个过程称为中药饮片的验收。

1. 数量和外包装的验收

根据入库通知单或者相关凭证与实物核对。中药饮片应有外包装并附有质量合格标志，外包装应符合药用或食用标准，包装上应贴有标签。

2. 外观性状检查

通过眼看、手摸、鼻闻、口尝等方法，根据饮片的性状特征和炮制要求来鉴别优劣和片型是否符合规定。

3. 纯度检查

根据《中国药典》附录所规定方法测定含水量、灰分含量（总灰分和不溶性灰分）和杂质含量等，若不符合规定，进行相应的加工后符合规定再入库。

4. 内在质量验收

根据《中国药典》规定的方法，对检品进行浸出物、物理常数、挥发油含量等方面的测定，已经运用高效液相、气相、薄层扫描等色谱分析法对其活性成分和特征成分进行含量测定，据此判断优劣真伪。

小链接：中药饮片炮制品的验收

中药饮片炮制品应色泽均匀，虽经切制或炮制，但应具有原有的气味，不应有气味或气味消失。

炒制品　清炒或辅料炒匀要求色泽均匀，略带焦斑。生片、糊片不得超过 2%。

烫制品　色泽均匀，质地酥脆。生片、糊片不得超过 2%。

煅制品　煅透、酥脆、易碎，研粉应颗粒均匀。未煅透者不得超过 3%。

蒸制品　蒸透、无生心。未蒸透者不得超过 3%。

煮制品　煮透、无生心。有毒饮片煮制后，应口尝无麻舌感。未煮透者不得超过 3%。

单元 5　验收管理

一、验收记录的管理

质量验收组对商品包装、外观质量验收后，应填写商品质量验收记录，并保存五年，下面以药品质量验收记录为例说明填写要求。

（一）药品质量验收记录填写要求

（1）可按药品剂型分别填入表内。

（2）品名、规格、单位、生产企业按实货填写，生产批号应逐批填写。

（3）批准文号按实际情况填写。注册商标、合格证填写"有"或"无"，进口药品及直接从本地药厂进货需索取检验报告书填备注栏内。

（4）有效期限和使用期限应填写：某某年某某月某某日。

（5）外观质量可按实际情况填写，除性状（色泽）外，均应以百分比表示。

（6）包装质量情况，内外包装符合要求填写"合格"，不符合要求填写实际情况。

（7）验收结论，根据验收综合情况做出合格与不合格结论。

（二）药品质量验收记录注意事项

（1）不得用铅笔填写记录，字迹清楚，内容真实完整。能反映当时检查实际情况。

（2）不得撕毁或任意涂改记录，确实需要更改时，应划去后在旁边重写，并使原记录清晰可见，在改动处签名或盖本人图章。

（3）签名要填全名，不得只写姓氏或代签。

（4）按表格内容填写齐全，不得空格漏项；如无内容填写一律用"—"表示。

（5）化验室和物理检测室对药品进行检验后，应填写检查原始记录，记录内容包括：鉴别试验、取样数据、测试数据、演算过程等，复核检验数据情况也应同样记录，原始记录应字迹清楚，内容真实，数据准确，不得随便涂改，需要涂改时，应加盖检验员章；化验、检测结果由化验员签字，复核人、专业技术负责人签字，原始记录也应保存五年。

二、验收有关问题的处理

1. 药品在验收入库过程中的质量问题

可归结于《药品管理法》的有关假药、劣药的法律界定。《药品管理法》明确规定，禁止生产、销售假药、劣药。

2. 药品出现质量问题的处理

出现质量问题，或发现质量可疑的药品，验收员应拒绝入库，向企业质量管理部门报告情况，由化验室和检测室进一步检验。确系质量问题，应于到货后15天内向供货方提出查询。最长不超过22天，查询函件按有关规定和合同的要求进行。函件内容应包括：发货单位、发票号码、开票日期、运输工具、到货日期、货号、品名、规格、厂牌、批号、数量、金额、质量情况，并提出处理意见。发货方在接到查询后20天内做出具体答复，如双方在查询过程中购销双方就药品质量发生意见分歧时，可以提请有关法定检测部门进行仲裁。

3. 药品质量检验机构

各级药品检验所是药品质量检验的法定检验机构。药品检定所分为四级，中国药品生物制品检定所，省、自治区、直辖市药品检定所，地市级药品检定所，县级药品检定所；中国药品生物制品检定所为药品检验的仲裁机构。

经上述部门检定或仲裁，确定为假药、劣药的，按照双方合同规定的条款进行处理，并上报当地药品监督管理部门。

单元 6　药 品 入 库

仓库要及时准确地完成入库业务，做到：数量准确、质量完好、搬运迅速、手续简便、把关稳妥、交接认真。

一、入库程序

入库作业，按照工作顺序，大致可分为两个阶段：一是入库前的准备工作；二是入库作业。入库前准备工作包括安排仓位，组织人力，准备机具和苫垫用品等。对于大批量入库，事前必须了解入库计划、做好充分准备。大多数药品仓库通常以小批量、多批次入库为主。因此入库准备工作必须经常化、制度化。入库作业包括接货、搬卸、分类、验包装、点数、验质、码垛、办理交接和登账手续等一系列作业过程。这一入库作业过程，要求在一定时间内迅速、准确地完成。除应做好入库前准备工作外，还需要按照下列程序组织入库作业。

（一）核对凭证

货运到后，收货人员首先要检查入库凭证。如系整车到货，必须检查车辆铅封有无异样，然后按照入库凭证中开列的收货单位、药品名称、规格、数量等具体内容与各项标志进行核对，经核对无误，即可进行下一道工序。

（二）大数点收

大数点收是按照大件包装（运输包装）进行数量清点。点收的方法有两种：一是逐件点数汇总；二是集中堆垛点数。无论采取哪种方法，都必须做到准确无误。

（三）检查包装

在大数点收的同时，对每件药品的包装标志要进行认真的查看。检查包装是否完整、牢固，有无破损、受潮、水浸、油污等异状。发现异状包装，必须单独存放留待处理。逐一查看包装标志，目的是避免差错，并根据标志指示操作，确保入库储存安全。

（四）办理交接手续

入库药品经过上述程序，就要在回单上盖章，表示收讫，并与运输部门办理交接手续。如果上述程序发现疑点，应会同运输部门共同检查。对检查中发现的破损、短缺或不符等情况，应根据现行运输规章制度提出处理意见，做出有关记录。记录内容与实际情况符合后，方可提货。如有押运人员，对出现的问题，必须在运货单上详细注明或由押运员出具差错、异状记录。办完交接手续后，即按发货凭证、箱号进行分类装车，将药品直接运到保管库房，以减少反复搬运、装卸的麻烦。

（五）库内验收

药品到库后，保管人员须在当日做好入库登记。登记内容包括品名、规格、数量、包装、件数（对开箱的药品清点至基本包装）、厂牌、批准文号、效期、批号、来货单位等。随即进行进一步的验收工作，并将质量检查情况记入"药品质量检查记录表"。前述四道工序，主要是为了与运输部门和送货人员分清责任。而库内验收是为了发现问题，保证入库药品数质量准确可靠。

（六）签收

办理入库手续后，由保管人员在入库凭证上盖章签收，并注明存放的库房、货位，以便记账。入库凭证除留下"库房存"联外，其余均速送回业务部门转各有关人员或单位，以便作为正式收货的凭证。

二、验收人员拒收的情形

药品验收人员对下列情况有权拒收或提出拒收意见。

（1）未经药品监督管理部门或有关主管部门批准生产的产品。

（2）假冒厂牌和商标的产品，以及无注册商标的药品。

（3）工厂未做检验或正在检验尚无确认合格结论的产品。

（4）无法定标准或产品质量不合标准规定。

（5）无检验报告或出厂合格证书。

（6）技术标准对某项指标没有规定，而产品的实际质量又严重影响其使用价值的。

（7）包装及其标志不符合规定要求，或缺乏必要的使用说明。

出现拒收情况，药品验收员应填写《药品拒收报告单》，迅速反映情况，按有关程序处理。

小链接：药品电子监管码

针对药品在生产及流通过程中的状态监管，实现监管部门及生产企业产品追溯和管理，维护药品生产商及消费者的合法权益。

药品经营企业在验收中需要做好血液制品、中药注射剂、麻醉药品和第二类精神药品按规定入网、扫码核注、核销、数据上传，明确专门人员落实电子监管信息的采集上传工作。药品经营企业在验收中发现电子监管品种有伪造、冒用、重复使用监管码，或者监管码破损、模糊的，需暂停入库、出库或核销，并及时上报药品监督管理局。

学习小结

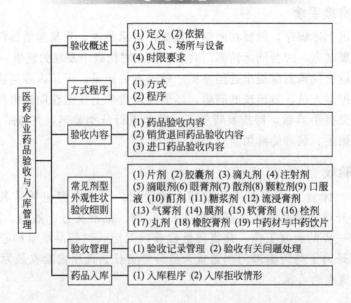

一、单项选择题

1. 对麻醉药品、一类精神药品、医疗毒性药品，应实行（　　）制度。

    A. 双人验收　　　　　B. 到货验收　　　　　C. 随时验收　　　　　D. 严格验收

2. 对退货的药品的正确处理办法是（　　）。

    A. 拒绝入库

    B. 直接放入合格品库

    C. 直接放入不合格品库

    D. 经重新检验合格后，放入退货商品专用库

    E. 经重新检验合格后，放入发货区

3. 验收时抽样检查，每批在50件以下（含50件）抽取（　　）件。

    A. 1　　　　　　　　B. 2　　　　　　　　C. 3　　　　　　　　D. 4

4. GSP对验收记录要求保存（　　）年。

    A. 1　　　　　　　　B. 2　　　　　　　　C. 3　　　　　　　　D. 4

    E. 5

5. 入库的程序是（　　）。

    A. 核对凭证，大数点收，检查包装，办理交接手续，库内验收，签收

    B. 大数点收，检查包装，办理交接手续，库内验收，签收

    C. 核对凭证，检查包装，办理交接手续，库内验收，签收

    D. 核对凭证，大数点收，检查包装，办理交接手续，签收

二、多项选择题

1. 药品经营企业的验收有权拒收或提出拒收的情况是（　　）。

    A. 假药劣药以及无注册商标的药品　　　　B. 未经有关部门批准生产的品种

    C. 无出厂合格证或化验报告的产品　　　　D. 生产厂商无确认合格结论的产品

    E. 缺乏必要的使用说明的产品

2. 验收药品的记录应保存至超过药有效期（　　）年，不得少于（　　）年。

    A. 1　　　　　　　　B. 2　　　　　　　　C. 3　　　　　　　　D. 4

    E. 5

3. 验收整件药品时，原料药每件内应附有（　　），制剂每箱内应附有（　　）。

    A. 出厂检验报告书　　B. 产品合格证　　　C. 使用说明书　　　　D. 发票

    E. 标签及说明书

4. 药品验收的内容：（　　）。

    A. 数量点收，包装检查

    B. 标签、说明书检查，注册商标检查

    C. 批准文号的查核，生产批号的检查

    D. 药品质量保证期限的检查，药品出厂检验报告或产品合格证的检查

    E. 药品外观性状和内在质量的检查

5. 法定的药品质量检验机构（　　）。

    A. 中国药品生物制品检定所　　　　　　　B. 省、自治区、直辖市药品检定所

C. 地市级药品检定所　　　　　　　　D. 县级药品检定所

E. 药品生产、经营企业的化验室

三、简答题

1. 当出现哪几种情况时可直接将所验收药品判定为不合格药品？

2. 不合格药品应该如何处理？

实训1　包装、标签、说明书的验收

一、实训目的

验收与入库是药品进入流通领域的第一关，掌握验收与入库的基本技术和操作方法是相当重要的。

二、实训内容

包装、标签、说明书及片剂的验收方法。

三、实训步骤

(1) 内包装、外包装的验收；

(2) 标签的验收；

(3) 说明书的验收；

(4) 片剂的验收方法。

四、实训提示

1. 本项目源自《GSP》

2. 包装检查

药品包装是药品质量的一个重要方面。我国《药品管理法》第三十六条规定：药品包装必须适合药品质量的要求，方便储存、运输和医疗使用。规定有效期的药品，必须在包装上注明有效期。根据这个规定，药品在入库验收时，对包装的检查，可分为外包装和内包装检查。

(1) 外包装检查

(2) 内包装检查

3. 标签和说明书的检查

4. 注册商标的检查

5. 药品生产批号的检查

6. 药品出厂检验报告或产品合格证的检查

7. 药品外观性状的检查

大多数药品的质量变异，可在外观性状上反映出来。因此，对药品进行外观性状检查是药品入库验收的重要内容。

五、实训思考

(1) 内、外包装验收的注意事项是什么？为什么？

(2) 标签、说明书验收的注意事项是什么？为什么？

(3) 片剂的验收操作。

六、实训体会

体会片剂验收的全过程，并详细记录。

七、实训报告

（1）学生根据参观的具体情况写出报告，并提出问题及解决问题的方法。

（2）填写实际验收记录。

附：药品入库验收的有关记录

（1）药品入库单（表2-2-6）；

（2）药品验收单（表2-2-7）；

（3）药品入库验收记录（表2-2-8）。

表2-2-6 药品入库单

单位：   编号：

类别：   仓库：   业务员：   开票员：   日期：

药品编号	药品名称	产地	规格	单位	数量	单价	金额	包装	件数	批号	效期

表2-2-7 药品验收单

验收药品类型：   购进药品□   销后退回药品□

品名		生产厂家		产品批号	

验收检查内容

1. 包装的标签和说明书上有无如下内容？

生产企业:有□　无□	地址:有□　无□	品名:有□　无□	规格:有□　无□
批准文号:有□　无□	产品批号:有□　无□	生产日期:有□　无□	有效期:有□　无□
药品成分:有□　无□	适应症:有□　无□	用法:有□　无□	用量:有□　无□
禁忌:有□　无□	不良反应:有□　无□	注意事项:有□　无□	储藏条件:有□　无□

2. 是否整件包装？

是○,有无产品合格证:有□　无□	否○

3. 是否首营品种？

是○,有无该批号药品的质量检验报告书:有□　无□	否○

4. 是否有注册商标？ 有□　无□

5. 是否特殊管理药品、外用药品？

是○,包装的标签或说明书上有无规定的标识和警示说明:有□　无□	否○

6. 包装的标签、说明书上有无药品分类管理的警示语或忠告语及专有标识:有□　无□

7. 是否进口药品？

	验收检查内容		
是○	中文药品名称:有□　无□	主要成分:有□　无□	否○
	注册证号:有□　无□	中文说明书:有□　无□	
	《进口药品注册证》(复印件):有□　无□		
	《进口药品检验报告书》(复印件):有□　无□		
	是否进口的预防性生物制品、血液制品?		
	是□,有无《生物制品进口批件》复印件:有□　无□		否□
	是否进口药材?		
	是□,有无《进口药材批件》复印件:有□　无□		否□

验收结论:

验收员1(签章):　　　　日期:		验收员2(签章):　　　　日期:	
说明	1. 药品类别:指购进药品或销后退回药品 2. 验收员在○内打"√"表明验收药品的类属情况;在□内打"√"表明药品是否符合要求 3. 在无后的□内打"√"要用红色笔,当有红色"√"时即表明该药品的相应验收检查项目不符合要求 4. 对特殊药品进行验收时要双人同时验收并签字 5. 验收员验收完毕后,要依此单并按验收记录的填写要求填写验收记录		

表 2-2-8　药品入库验收记录

日期	供货单位	品名	剂型	规格	数量	生产企业	批号	有效期	批准文号/注册证号	质量状况	验收结论	验收员	备注

实训 2　复方甘草片的外观验收

一、实训目的

掌握片剂的外观验收程序与标准。

二、实训内容

复方甘草片的外观验收。

三、实训步骤

取复方甘草片 100 片,平铺于白纸或白瓷盘上,距 25cm 自然光亮处检视半分钟,只看一面。

(1) 片子外观应完整光洁,薄厚形状一致,带字片字迹应清晰,压印缩写字样应符合要求。

(2) 色泽应均匀一致,无变色现象。

(3) 黑点、色点、异物最大直径在 $200\mu m$ 以下不计,直径在 $200\mu m$ 以上的黑点不超过 5%,色点不超过 3%。$500\mu m$ 以上的不得有。

(4) 不得有明显的暗斑(中草药片除外)。

（5）麻面不得超过 5%，中草药片不得超 10%。

（6）边缘不整（飞边、毛边等）总数不超之 5%。

（7）碎片不得超过 3%。松片不得超 3%。

（8）不得有粘连、溶化、发霉现象。含生药、脏器及蛋白质类药物的制剂，不得有虫蛀及异嗅。

（9）片面不得有结晶析出或附着在瓶壁上。

（10）装量检查应符合标签所示的包装数量。

（11）包装检查

瓶装：封口应严密，瓶内填充物应清洁，不得松动。

铝塑、热合及塑料袋包装：压封应严密，圆整，无破损。印字应端正、清晰。

以上各项检查结果超过规定时应加倍复验；复验结果不超过规定时，仍按合格判断。

（3）～（7）项中各项均在限度内，总数不得超过 3%。

四、实训提示

复方甘草片外观性状：该品为棕色片或棕褐色片或薄膜包衣片，除去包衣后，显棕色或棕褐色；有特嗅，味甜；易吸潮。

五、实训思考

（1）片剂外观验收的注意事项是什么？

（2）片剂的外观验收方法是什么？

六、实训体会

体会片剂外观验收的全过程，并详细记录。

七、实训报告

学生根据复方甘草片的外观验收程序，填写实际《药品验收单》。

实训 3 头孢氨苄胶囊的外观验收

一、实训目的

掌握胶囊剂的外观验收程序与标准。

二、实训内容

头孢氨苄胶囊的外观验收。

三、实训步骤

外观及包装检查：主要检查色泽、漏药、破裂、变形、粘连、异嗅、霉变、生虫及包装等。

检查方法及判断标准：取胶囊 100 粒，平铺于白纸或白瓷盘上，距 25cm 自然光亮处检视半分钟。

（1）外观整洁，大小相等，长短一致，无斑点。

（2）带色的胶囊颜色应均匀一致，不得有褪色、变色等现象。

（3）胶囊应无砂眼、虫眼、破裂、漏药等现象。

（4）胶囊应无粘连、发霉、变形、异嗅等现象。

（5）检查内容物应无结块、霉变等异常现象。

（3）、（4）、（5）项总和不得超过 5%。超过规定时应加倍复验，复验结果不超过规定的，仍按合格判断。

四、实训提示

头孢氨苄胶囊的外观性状：本品为硬胶囊剂，胶囊体外观光滑、完整，不得有黏软、变形、发霉、生虫的现象。本品内容物为白色至微黄色结晶性粉末，微臭。

五、实训思考

（1）硬胶囊剂外观验收的注意事项是什么？

（2）硬胶囊剂的外观验收方法是什么？

六、实训体会

体会胶囊剂外观验收的全过程，并详细记录。

七、实训报告

学生根据头孢氨苄胶囊的外观验收程序，填写实际《药品验收单》。

实训 4　葡萄糖注射液的外观验收

一、实训目的

掌握注射剂的外观验收程序与标准。

二、实训内容

葡萄糖注射液的外观验收。

三、实训步骤

外观及包装检查：主要检查色泽、结晶析出、混浊沉淀、长霉、澄明度、装量、冷爆、裂瓶、封口漏气、瓶盖松动及安瓿印字等。

检查方法及判断标准：检查方法：每批取检品 100 支或大输液（塑料袋）20 瓶（袋），置自然光亮处检视。

（1）溶液色泽：按质量标准规定进行比色检查，不得有变色现象。按中国药典 2005 年版二部附录"溶液颜色检查法"检查。

（2）不得有结晶析出（特殊品种除外）、混浊、沉淀及长霉等现象。

（3）安瓿应洁净、封头圆整，泡头、弯头、缩头现象总和不得超过 5%。

（4）焦头和冷爆现象总和不得超过 2%。

（5）安瓿印字应清晰：品名、规格、批号等不得缺项。

（6）不得有裂瓶（裂纹）、封口漏气及瓶盖松动。塑料瓶（袋）装注射液封口应严密，不得有漏液现象（瓶盖松动检查法：一手按瓶、一手大拇指、食指、中指卡住瓶盖边缘呈三角直立，向一方轻扭，瓶盖不得松动）。

澄明度检查

（1）检查装置

光源：采用澄明度检测仪。无色溶液注射剂于照度 1000～2000lx 的位置；透明塑料容器或有色溶液注射剂于照度约 2000～3000lx 的位置。用目检视。

距离：检品至人眼距离为 20～25cm。

（2）检查方法及时限

将检品如数抽取，擦净安瓿（瓶）外壁污痕（或保持外壁清洁），集中放置。检查时根据不同规格，每次拿取确定的支数连续操作，在澄明度检测仪前手持安瓿颈部使药液轻轻翻转，用目检视。50mL 或 50mL 以上按直立、倒立、平视三步法旋转检视。

（3）判断标准

按以上方法检查，除特殊规定品种外，未发现有异物或仅带微量白点者作合格论。新出厂的注射剂如发现混有异物者，其不合格率不得过 5％。贮存期的注射剂其不合格率不得过 7.5％（属麻醉药品管理范围的注射剂，不得过 10％）。如检查结果超过规定时，则加倍抽样复验，复验结果不超过规定时，仍按合格判断。

上述规定范围内的不合格率药品，在使用时仍应注意挑选，不合格品不准应用。

四、实训提示

本品为无色或几乎无色的澄明液体，味甜。

规格：（1）10mL：2g。（2）20mL：5g。（3）20mL：10g。（4）100mL：5g。（5）100mL：10g。（6）250mL：12.5g。（7）250mL：25g。（8）500mL：25g。

本品外观注意要点如下。

（1）本品经高温灭菌或久储可出现颜色变黄和 pH 值下降。

（2）因葡萄糖原料中含有微量的糊精及蛋白质类杂质，加热灭菌后可产生胶体絮状沉淀或小白点导致澄明度不合格情况。

（3）储存期间有时因封口不严、瓶有裂缝、受霉菌污染、瓶中出现云雾状或絮状沉淀。

（4）在储存运输过程中，不得横卧、倒置。

（5）如发现瓶塞松动、瓶有裂缝或瓶内有白块、生霉等现象即不可供注射用。

五、实训思考

（1）注射液外观验收的注意事项是什么？

（2）注射液的外观验收方法是什么？

六、实训体会

体会注射液外观验收的全过程，并详细记录。

七、实训报告

学生根据葡萄糖注射液的外观验收程序，填写实际《药品验收单》。

实训 5　杏仁止咳糖浆的外观验收

一、实训目的

掌握糖浆剂的外观验收程序与标准。

二、实训内容

杏仁止咳糖浆的外观验收。

三、实训步骤

外观及包装检查：主要检查澄清度、混浊、沉淀、结晶析出、异物、异嗅、发酵、产气、酸败、霉变、渗漏及包装等。

检查方法及判断标准：取检品 10 瓶，在自然光亮处按直立、倒立、平视三步法旋转检视。

（1）除另有规定外，糖浆剂应澄清、无混浊、沉淀或结晶析出，不得有异物。含有药材提取物的糖浆，允许有少量轻摇易散的沉淀。

（2）不得有异嗅、发酵、产气、酸败、霉变等现象。

（3）包装封口应严密，瓶塞、瓶盖应配套，瓶外无糖浆痕迹，瓶口无生霉现象。

（4）渗漏检查：取检品一箱，将原包装倒置 25min 后，启箱观察，渗漏瓶数不得超过 3％。

四、实训提示

（1）糖浆剂含蔗糖量应不低于 45％（g/mL）。

（2）规格 100mL/瓶。每瓶 100mL 内含：甘草流浸膏 1.5mL、杏仁水 4.0mL、桔梗流浸膏 2.0mL、陈皮流浸膏 1.5mL、百部流浸膏 2.0mL、远志流浸膏 2.25mL。

（3）本品为淡棕色至红棕色液体；具杏仁香气，味甜而带苦涩。

（4）应密封，置阴凉干燥处保存。梅雨、炎热季节加强养护和检查，防止生霉，发酵。冬季一般不必防冻，严寒地区可根据气温情况决定。

五、实训思考

（1）糖浆剂外观验收的注意事项是什么？

（2）糖浆剂的外观验收方法是什么？

六、实训体会

体会糖浆剂外观验收的全过程，并详细记录。

七、实训报告

学生根据杏仁止咳糖浆的外观验收程序，填写实际《药品验收单》。

实训 6　甲硝唑栓的外观验收

一、实训目的

掌握栓剂的外观验收程序与标准。

二、实训内容

甲硝唑栓的外观验收。

三、实训步骤

外观及包装检查：主要检查外形、色泽、融化、酸败、霉变及包装等。

检查方法及判断标准：取检品 20 粒置自然光亮处检视。

（1）外形应光滑完整并有适宜的硬度，不得有软化、变形。

（2）色泽应均匀一致。

（3）应无明显融化、走油、出汗现象。

（4）不得有酸败、霉变、变质现象。

（5）每粒的小包装应严密。

四、实训提示

规格：（1）0.5g/粒；（2）1g/粒。

本品为乳白色至脂肪性栓剂。（1）本品为脂肪性基质香果脂制成的栓剂，熔点为30～34℃，遇热易软化变形。（2）本品久储或受微生物污染，易发生酸败和腐败。（3）遮光，密封在30℃以下保存。（4）不宜久储。（5）避免重压。

五、实训思考

（1）栓剂外观验收的注意事项是什么？

（2）栓剂的外观验收方法是什么？

六、实训体会

体会栓剂外观验收的全过程，并详细记录。

七、实训报告

学生根据甲硝唑栓的外观验收程序，填写实际《药品验收单》。

项目3 医药企业药品储存和养护管理

▶【知识目标】药品堆放的基本要求；药品仓储的色标管理和分类储存管理；不合格药品的管理；药品的出库验发。熟悉药品储存养护的方法与药品储存条件的控制；各种药品储存与养护记录的填写。了解影响药品质量的因素；搬运要求及图示标识；养护档案的建立。

▶【能力目标】掌握药品的色标管理与分类储存管理；药品的养护管理；学会药品搬运与堆垛的基本操作；学会根据不同情况进行温湿度的调节与控制。

▶【素质目标】规范学生的储存与养护操作行为，培养学生良好的操作习惯。

【引导案例】 违规设药库 良药成隐患

2006年7月28日，兰州市城关区食品药品监督管理局的执法人员在检查中发现，广东奇方药业有限公司驻兰州办事处将一间面积仅有4m²的地下室设置为药品仓库，储存了价值10多万元的药品。

这个库房十分潮湿，储存的温度在24℃，一些需要低温储存的生物制品，比如贝复济（注射液）、贝复舒（注射液），还有注射用的血凝酶，都储存在常温状态下；这个药品仓库除了阴暗潮湿之外，也没有任何通风制冷的设备；不同的药品都堆放在了一起。在不符合药品储存要求的条件下存放药品，会影响药品质量，会引起变质和失效，威胁百姓用药安全。

同学们，请想一想：其仓库的存储条件是否符合药品储存条件？

▅▅▅ 单元 1 药品储存管理 ▅▅▅

药品的储存养护需要按照保证质量、科学分类、安全准确的原则，在药品的存储过程中对药品的质量进行科学的维护和保养。药品储存管理是药品经营企业的重点工作内容之一，药品的存储就停留时间来说，是在经营企业内部所经历的最长的一个环节，是在有效期内维护药品稳定性的一个重要阶段。同时，药品的存储和养护的设施和设备，也是药品经营企业硬件的重要组成部分，是保证药品质量的一个重要环节。

药品经营企业管理的药品品种繁多、批量不一、性能各异，在仓储过程中，不同的药品有着不同的活动规律，只有仓库的保管人员对药品进行合理的储存，才能保证药品的质量，为后续的养护工作打好基础。

一、药品搬运与堆垛管理

（一）药品搬运管理

搬运药品应严格遵守药品外包装图示标志的要求（如图 2-3-1），规范操作。怕压药品应严格控制堆放的层数、高度与重量，防止造成包装箱挤压变形导致药品的损坏。药品应按品种、批号相对集中堆放，并分开堆码，不同品种或同品种不同批号药品不得混垛，防止发生错发、混发事故。

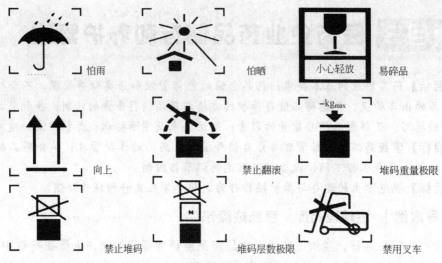

图 2-3-1 药品外包装图示标志要求

（二）药品的堆垛管理

1. 药品堆垛的原则

药品堆垛应尽量做到合理、牢固、定量、整齐，其基本原则是安全、方便、节约。

（1）安全

药品在堆垛时要保证人身、药品和设备等方面的安全。要根据包装的坚固程度和形状，以及药品的性质要求、仓库的设备等条件进行操作，不要将不同批号、不同效期、不同包装的药品混淆。要做到"三不倒置"，即轻重不倒置，软硬不倒置，标志不倒置；要留足"六距"，使储存药品做到"五不靠"，即四周不靠墙、柱，顶不靠顶棚和灯；要保持"三条线"，即上下垂直，左右、前后成线，使得药品堆垛摆放得稳固、整齐、美观。要禁止超重，保证仓库建筑安全。

（2）方便

要保持药品进出库和检查盘点等作业方便。要保持走道、支道畅通，不能有阻塞现象。

垛位编号要利于及时找到货物。要垛垛分清，尽量避免货垛之间相互占用货位。要垛垛成活（一货垛不被另一货垛围成"死垛"），使每垛药品有利于药品的及时出库，有利于盘点、养护等作业。

（3）节约

节约即对仓容量的节约。药品堆垛，应在保证安全的前提下，尽量做到"三个用足"，即面积用足，高度用足，荷重定额用足，充分发挥仓库使用效能。在堆垛前一定要正确选择货物，合理安排跺脚，堆垛方法和操作技术也要不断改进和提高。

2. 药品堆垛的距离

药品货垛与仓间地面、墙壁、顶棚、散热器以及垛与垛之间应有相应的间距或者隔离措施，设置足够宽度的货物通道，防止库内设施对药品质量产生影响，保证仓储和养护管理工作的有效开展。药品垛堆的距离要求为：货垛的"六距"指墙距、柱距、顶距、灯距、地距和垛距，即货垛不能依墙靠柱，不能与屋顶、照明设备或地面相连（如图 2-3-2）。

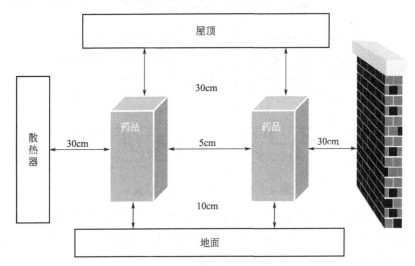

图 2-3-2　货垛的"六距"

（1）墙距

垛与墙的间距不小于 30cm。留出墙距，能起到防止墙壁的潮气影响药品，便于开关窗户，通风散潮，检点药品，进行消防工作和保护仓库建筑安全等作用。墙距分为外墙距和内墙距两种。墙外无其他建筑物的称外墙，墙外有其他建筑物与之相连的称内墙。外墙距要留得宽一些，通常按墙距规定幅度的数值。

（2）柱距

垛与柱之间的距离一般不小于 0.3m。留出柱距，能起到防止药品受柱子潮气的影响和保护仓库建筑安全的作用。

（3）顶距

指货垛与屋顶之间的必要距离。顶距一般规定为：平房仓库 30～50cm；多层建筑库房底层与中层 20～50cm；顶层不得低于 30cm；人字屋架的库房，货垛顶层不能顶着天平木下端，应保持 30cm 以上的距离。留出顶距，能起到通风散潮、查漏接漏、隔热散热、便于消防等作用。

（4）灯距

货垛上方及四周与照明灯之间的安全距离，这是防火的要求，必须严格保持在 50cm 以上。另外仓间主通道宽度应不少于2m，辅通道宽度应不少于1m。

（5）垛距

指药品垛与垛之间的距离，一般是根据药品的性能、储存场所的条件、养护与消防安全的要求、作业需要而定。在一般情况下，药品垛与垛之间的间距不得小于5cm左右。

（6）地距

指药品垛与地面的距离。留出地距，能起到通风防潮、散热、防虫的作用。药品垛底部应用枕木、塑料或其他材料进行苫垫。药垛与地面的距离不小于10cm。

3. 药品堆垛的基本形式（图2-3-3）

（1）重叠式堆码

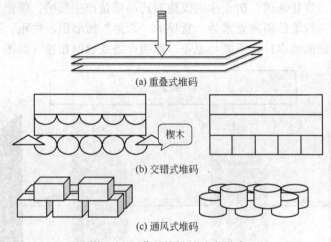

(a) 重叠式堆码

(b) 交错式堆码

楔木

(c) 通风式堆码

图2-3-3 药品堆垛的基本形式

按照垛底摆放脚数。货垛每层排列一致，不交错，不压缝，数量相同。如果包装不平整，可以通过在上下层之间加垫，使得层层持平有牵制，防止倒垛。此种方法适合体积较大、包装一致的药品。

（2）交错式堆码

按照垛底摆脚数形状，利用包装两边不等（长形）特点，横纵排列，逐层交错压缝堆高。这种堆垛方法，具有相互咬紧，保护货垛稳固的优点。

（3）通风式堆码

摆放方法基本与交错式相同，但是每个包装件前后左右都留有一定的缝隙，利于通风散潮。

二、药品储存的分区分类与货位编号

（一）药品分区分类

分区分类是指药品实行分区存放、分类保管，是仓库对储存药品在库保管阶段的科学管理方法之一。

分区是按药品类别、储存数量结合仓库建筑和设备条件，将仓库面积划分为若干货区，并规定某一货区存放某些商品。为了解决各货区间的忙闲不均现象，可留出机动货区，或调整货区存放的商品种类，或重新划分货区。

分类是将药品按其性质和所要求的储存条件划成若干类，分类集中存放，根据分类，确定药品堆码在什么类型的仓库，如常温库、阴凉库、冷藏库或危险品库。同一库内还应根据药品包装重量和出入库的多少来正确安排堆码的位置，如笨重的、出入频繁的品种放在离出入口近的地方。

实行分区分类存放管理的主要作用是加速收发业务的顺利进行；合理使用仓容；有利于保管人员掌握药品进出库的活动规律，熟悉药品性能，提高药品保管技术水平。

（二）货位编号

货位编号是在分区分类的基础上，对每个货区中存放药品的货位按顺序进行统一的编号，做出标记，以便识别。明显、清晰的货位编号使药品存放位置一目了然，便于管理。其作用：第一，可使保管人员熟悉药品存放情况，便于管理；第二，能提高仓库收、发货作业，缩短收发货作业时间；第三，便于盘点库存，促进账、货相符。货位编号就好比药品在库中的"住址"。做好货位编号工作，应从不同的仓库条件、商品类别和批量整零的情况出发，做好标记设置、货位划线及编号秩序，以符合"标记明显易找，编排循规有序"的要求。

货位编号通常采用以下几种方法。

1. 整个仓库编号

整个仓库编号是根据仓库建筑结构及其分布状况来进行的。一个仓库的库房、货场齐备，则房、棚、场的编号应有明显区别。可在编号末尾加注"棚"或"场"的字样者，则为库房的编号。

2. 货场货位编号

货场货位编号目前有两种方法：一是按照货位的排列编成排号，再在排号内顺序编号；二是不编排号，采取自左至右和自前而后的方法顺序编号。

3. 货架货位编号

在以整件药品进出的仓库里，货架的作用主要是提高库房的高度和利用率。在以拆件发零的仓库里，日常备货要存放在货架眼内。编号方法一般采用以排为单位的货位编号，将仓库所有的货架按进入库门的方向自左至右顺序编号。继而对每排货架的夹层或格眼，在排的范围内按自下而上自前而后的顺序编号。

货位编号后，应做标记，一般用油漆编号书写在库房的入口处或其他醒目的地方。货区的编号书写在货位上方的顶梁或货位旁的柱子上，或货位一头的地面上，或以编号标牌用铁丝悬挂在货位的顶端。排号的标记书写在货架或垫木上，货位号的标记书写在货架的货格上，或用标牌、货签插挂在药品包装上。

此外，还可以运用图板管理，就是把仓库药品储存规划绘制成平方图予以说明。在进行分区分类和货位编号后，还务必绘制仓库平面图，它可将库房的药品存放情况全部反映出来，并且将其悬挂在仓库办公室或库房明显之处，便于进货安排、寻找药品堆放点，提高工作效率。

三、药品储存的色标管理

为了有效保证药品的储存质量，药品经营企业应按库存药品的质量状态进行分区管理，为了杜绝库存药品的存放差错，应按GSP的相关规定对在库药品实行色标管理。

药品质量状态的色标区分标准为：合格药品——绿色；不合格药品——红色；质量状态不明确药品——黄色。

按照库房管理的实际需要，库房管理区域色标划分的统一标准是：待验药品库（或

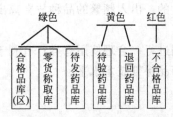

图 2-3-4 色标划分标准

区)、退货药品库（或区）为黄色；合格药品库（或区）、待发药品库（或区）为绿色；不合格药品库（或区）为红色（如图 2-3-4）。

根据 GSP 的要求，实行色标管理，是企业存储管理有效和必需的管理手段，色标形式可采用标线、标牌等方式，符合醒目、明确、易识别的要求，采用色标牌应以色标色为标牌底色，文字可以用白色或黑色等中间色表示，以免出现色标混淆或混乱，防止药品质量事故的发生。

四、不同类别药品储存保管方法

企业应有适宜药品分类管理的仓库，按照药品的管理要求、用途、性状等进行分类储存。可储存于同一药品库，但应分开摆放的有药品与非药品、内服药与外用药。应专库存放、不得与其他药品混存于同一药品库的药品有易串味的药品、中药材、中药饮片、特殊管理药品以及危险品等。

（一）中成药及化学药物制剂的主要保管方法

（1）注射剂水针剂应注意防冻；生物制品、血液制品、疫苗温度过高易失效、变质，适宜冷藏。

（2）片剂注意防潮，相对湿度控制在 45%～75%；片剂活性成分对光敏感，易受光照而变质的，应避光保存。

（3）胶囊剂应注意控制温度，胶囊受热易吸潮粘连、变色，应存放于阴凉库中。

（4）水溶液剂、糖浆剂可存放于常温库；糖浆剂宜阴暗保存。

（5）软膏、霜剂冬季应防冻，秋季宜常温库保存。

（6）栓剂温度过高（超过 36.5℃）会融化变形，宜存放于阴凉库。

小链接：麻醉药品和精神药品目录

是由国家食品药品监督管理局同国务院公安部门、国务院卫生主管部门制定、调整并公布。目前，我国规定管制的麻醉药品有 123 种，精神药品有 132 种；国际药物管制公约列入管理的麻醉药品有 118 中，精神药品有 116 种。

（二）特殊管理药品的储存

《中华人民共和国药品管理法》规定，我国对麻醉药品、精神药品、医疗用毒性药品和放射性药品特殊管理。

1. 麻醉药品和精神药品的储存保管方法

麻醉药品和一类精神药品必须严格实行专库（专柜）保管，专库应当符合以下要求：安装专业的防盗门，施行双人双锁管理、具备相应的防火措施；具有监控设施和报警装置，报警装置需要和公安机关的报警系统联网。对麻醉药品和精神药品需要在药品库房内设置专用账目，施行专人登记管理。麻醉药品和精神药品在库储存时需要定期盘点，做到账物相符，发现问题，立即报告当地药品监督管理部门。专用账册的保存期限应当是自药品有效期满之日起不少于 5 年。麻醉药品和一类精神药品可存放在同一专用库（柜）房内；二类精神药品，可储存于普通的药品库内。

2. 医疗用毒性药品的储存保管方法

毒性药品必须储存于专用仓库或专柜加锁并由专人保管。库内需有安全措施，如警报器、监控器，并严格实行双人、双锁管理制度。建立毒性药品收支账目，定期盘点，做到账物相符，发现问题应立即报告当地药品主管部门。

3. 放射性药品的储存保管方法

放射性药品应严格实行专库（柜）、双人双锁保管，专账记录。仓库需有必要的安全措施。所有账册需做永久保存。放射性药品的储存应具有与放射剂量相适应的防护装置；放射性药品置放的铅容器应避免拖拉或撞击。

小链接：特殊药品的图示标志

麻醉药品（蓝白）　　精神药品（绿白）　　毒性药品（黑白）　　放射性药品（红黄）

4. 危险药品的保管与存放

危险药品是指受光、热、空气、水分、撞击等外界因素的影响可引起燃烧、爆炸或具有腐蚀性、刺激性和剧毒性的药品。

危险药品如果处理不当，在储藏、运输和使用过程中就会酿成巨大灾难，不仅使国家财产遭受破坏损失，而且能造成人、畜中毒、伤亡或环境污染。因此，在保管危险药品时，首先必须熟悉各种危险药品的特性，并且严格按照有关法律法规的规定，采取必要的措施，严格管理，预防危险的发生。其保管和存放的方法主要有以下几种。

（1）危险药品应储存于危险品仓库内，按其理化性质、危险程度以及消防方法，分区、分类、分堆保管。毒药应设专库，量少可专柜集中存放，对互相接触能引起燃烧、爆炸或产生毒害气体的危险品，不得同库储存。如少量短期储存，应单独存放在与其他库房有一定距离的小库房内，隔绝火源，分类存放，并采取必要的安全措施。

（2）危险品库内堆垛应稳固，不宜过高、过密，堆垛之间和堆垛与墙壁之间，应该留出一定的间距、通道和通风口，以减少隐患，便于搬运和检查。

（3）库内应有通风降温设备，可以利用门窗进行自然通风，或在适当高度装有通风管。炎热季节、温度过高时，还应采取其他降温措施。

（4）注意安全操作，搬运时应轻拿轻放，防止震动、撞击、摩擦、重压和倾倒。在室内禁止用铁器开箱或敲打，不得穿钉鞋在库内出入；金属容器如盛装压缩气体的耐压钢瓶、放射性药品置放的铅容器应避免拖拉或撞击。收发货开箱、整装、打包等工作应另辟专室进行。

（5）经常检查包装容器是否严密，若发现封口不严、渗漏或有破损等现象，应在指定安全地点进行整修或及时与有关部门联系处理。

（6）严禁烟火，库房内不得安装火炉，库房内外应配置足够而适当的消防器材，以保安全。

五、影响药品储存质量的因素

药品在储存过程中会发生多种质量变异现象，影响药品质量变异的因素究其原因有内因

（药品自身因素）和外因（外界环境因素）两个方面，外因通过内因而起作用。

自身因素，主要是药品本身所含化学成分的性质。药品在储存过程中，其化学成分不断发生变化，由此会引起质的改变，以致影响药效。因此需要了解药品的化学特性及其变化规律，并且创造良好的贮藏条件，才可达到防止变质的目的。

环境因素，引起药品质量的环境因素较多，如空气、温度、湿度、光线等。这些因素可以通过内因起作用，导致药材发生质变。

（一）光线

光线中的紫外线能量很大，是药品发生化学变化的催化剂，能加速药品的氧化分解，使药品变质，长时间的日光照射能直接引起或促进药品发生氧化、还原、分解、聚合等光化反应。对光十分敏感的药品，在储存过程中，应注意避光。所有药品都应避免阳光直接照射。

（二）空气

空气是不同气体的混合物，主要成分是氮、氧、二氧化碳以及其他惰性气体，同时还含有少量固体杂质、微生物及水蒸气。被工厂等污染的空气还含有二氧化硫、氯化氢、氯等气体。在这些空气成分中，氮和惰性气体对药品不起作用，其他成分或多或少地对药品质量产生一定的影响，其中对药品质量影响较大的为氧气和二氧化碳，这些成分参与到某些化学反应中，导致某些药品化学结构发生变化。

1. 氧气

氧气占空气中的五分之一的体积，其性质活泼能使许多具有还原性的药物发生分解、变质、变色。如：亚铁盐、亚汞盐类药品，可以被氧化成高铁、高汞；酚类（如苯酚）及含有酚羟基的水杨酸盐可被氧化生成颜色较深的醌式有色物；油脂及含油脂软膏可因氧化而酸败；各种挥发油被氧化后，变质而产生臭味、沉淀或变色；维生素 C 氧化生成去氢维生素 C；肾上腺素溶液在空气中遇光被氧化后即失效等。

2. 二氧化碳

二氧化碳可引起 pH 值的改变。药品吸收空气中二氧化碳而变质的作用，叫碳酸化。一般来说，固体药物干燥状态时不易吸收二氧化碳，只有少数药物在吸收空气中二氧化碳后能发生碳酸化。绝大多数药物必须通过水作为介质，二氧化碳先与水作用生成碳酸，然后再与药物产生反应从而产生新的物质，如：某些氢氧化物吸收二氧化碳而成为碳酸盐。

（三）温度

温度对药品质量的影响与储存有很大关系，任何药品储存都有其所适宜的温度条件。温度过高或过低都可能促使药品发生质量变化，尤其是生物制品、脏器制剂、抗生素等储藏温度的要求更高。

1. 温度过高

（1）**致使药品变质**　温度升高，可促使药物发生各种理化性质的变化从而影响药品的质量。温度升高可加速药品发生氧化、分解、水解等造成药品变质。

（2）**促进药品挥发**　温度过高可使具有挥发性的低沸点药品加速逸散，如乙醚、乙醇、氯仿等；含有结晶水的药品受热可能加速风化；温度升高还会导致含有芳香性成分的外用敷布剂失去芳香性成分并失去黏性。

（3）**致使剂型破坏**　温度过高易使糖衣片融化粘连，胶囊剂、栓剂粘连变形，软膏剂熔化分层等，致使失去原有剂型的作用或难以使用。

此外，温度对药品的影响还和湿度有密切关系，干燥的固体药品受温度的影响远比受潮的药品或其溶液要小。如糖衣片、胶囊剂，在湿度较高的情况下，对温度很敏感，极易融化、粘连。

2. 温度过低

（1）遇冷导致药品变质　生物制品可因冻结而失去活性，乳剂（如乳白鱼肝油，乳剂型软膏剂基质）可因温度过低而产生油水分离、分层，甲醛溶液在9℃以下时，易聚合而析出白色沉淀状多聚物。复方奎宁和尼可刹米针剂及中成药的液体制剂在低温条件下易产生沉淀等。

（2）冻结使容器破裂、药品污染　注射剂、水剂等在-5℃时，即易冻裂容器，特别是装置液体制剂的大容量玻璃容器易发生破裂。此外，甘油、冰醋酸等在0℃以下久置亦能凝结成晶块，容易导致玻璃器具破裂。

（四）湿度对药品质量的影响

水蒸气在空气中的含量称为湿度，是空气中最容易发生变化的指标。湿度对药品的质量影响很大，湿度太大，能使药品潮解、稀释、水解、变形等；湿度太小，容易使某些药品风化。

小链接：空气中湿度的表示方法

（1）饱和湿度　指在一定温度下每立方米空气中所含水蒸气的最大量（单位为 g/m³）。

（2）相对湿度　指空气中实际含有的水蒸气量（绝对湿度）与同温度同体积的空气饱和水蒸气量（饱和湿度）之百分比，公式为：

$$相对湿度 = \frac{绝对湿度}{饱和湿度} \times 100\%$$

相对湿度是衡量空气水蒸气饱和程度的一种量值。相对湿度小就表示干燥，水分容易蒸发；相对湿度大，就表示潮湿，水分不容易蒸发。当相对湿度达100%时，空气中的水蒸气已达饱和状态，水分就不再继续蒸发；如果空气中的水蒸气超过饱和状态，就会凝结为水珠附着在物体的表面，这种现象叫"水松"，俗称"出汗"。

---

1. 潮解

系药物吸潮后其表面潮湿溶解的现象，潮而结成团块，有的甚至变成液体。例如氯化钙、溴化盐类、干酵母等容易吸湿潮解，以至影响营销药品使用时的计量准确度。

2. 稀释

不少本身就是液状的药物具有吸水性，如溴化铵、氯化铵、胃蛋白酶、颗粒状氯化钙等易在潮湿的空气中吸收水分而被稀释，使浓度降低影响使用，如甘油、乳酸、单糖浆、无水乙醇等。

3. 水解

药物吸收水分后分解变质，称为水解。水分是药物水解所必须的条件，药物水解的速度与相对湿度成正比。如阿司匹林，在干燥状态下是比较稳定的，但在湿空气中，则易出现缓慢的水解而生成醋酸和水杨酸。青霉素在干燥状态也较稳定，固体青霉素因吸湿后水解，大部分转变为青霉素烯酸。有的药材如颠茄、麦角、曼陀罗等吸湿后均易使生物碱成分分解而失效。此外，药物发生水解的速度与其所处的 pH 值、浓度、温度也有一定的关系。

4. 变形

变形是药物吸潮后引起其物理形态改变的现象。如甘油栓剂吸潮软化变形。片剂、丸剂中的淀粉因吸潮而导致膨胀、破裂。胶囊剂、糖衣片、蜜丸、干浸膏等吸潮黏结成块，其结果使微生物易于生长而霉变失效。石膏吸潮后由无定形粉末状变为粒状而失去膨胀硬固的作用。

5. 风化

风化是指含有结晶水的药物放置在干燥空气中，自动失去结晶水的一部分或全部的现象。药物风化后，可由无色透明结晶变为白色不透明的晶体或粉末。风化后的药品，其化学性质一般并未改变，但其重量减少。大多数风化后的药品由于其性状的改变而易于察觉，有少数药品风化后，从外观性状上不易发现，如重硫酸奎宁含 10 个分子结晶水，风化前后，外观性状均为白色粉末。风化的药品在使用时剂量难以掌握，特别是毒性药品，可能因超过用量而造成事故，常见易风化的药品有硫酸阿托品、磷酸可待因、硫酸钠、咖啡因等。

> **小链接**：硫酸亚铁是一个用于缺铁性贫血的药品，人体口服后，经过代谢，由大肠排出，颜色是黑色的。本品还有各异特性——还原性，能吸收空气中的水分和二氧化碳，形成碱酸铁，所以人体口服后，虽然大便是黑色的，但是并没有达到治疗的目的。所以该药品养护时应该防止其氧化，防止水分、二氧化碳和氧气等影响。一个药品该怎样防止变异，要根据自身的性质综合考虑，防止变异现象的发生。

（五）微生物和昆虫

许多药品剂型，如水剂、糖浆剂、片剂及某些中药类药品等都含有淀粉、油质、蛋白质、糖类等，这些物质往往是微生物的良好培养基和昆虫的饵料。细菌、霉菌、酵母菌和昆虫、螨等极易混入包装不严密的药品内，在空气湿度过高、温度适宜的条件下，微生物及昆虫便迅速在药品中生长繁殖，使药物腐败、发酵或霉变、虫蛀。一旦药物发生霉变、虫蛀，注射剂受微生物污染，口服药品染有大肠杆菌、活螨，外用药品染有绿脓杆菌、金葡菌等都按不合格药品处理，不可使用。

（六）时间

时间也是影响药品质量的因素之一，药品储存时间的长短可以使上述诸因素的作用发生变化，尤其在不利因素存在的情况下，储存时间越长，对药品质量不利的变化越大。超过有效期的药品按不合格药品处理，有效期在六个月内的药品为近效期药品，养护时应填写"近效期药品催销表"并按月催销，所有近效期药品应列为重点养护品种，应缩短养护周期。

六、药品储存温湿度条件控制

药品经营企业应按药品的温湿度要求将其存放于相应的库中，各类药品储存库均应保持恒温。对每种药品，应根据药品标示的贮藏条件要求，分别储存于冷库、阴凉库或常温库内，各库房的相对湿度均应保持在 45%～75% 之间。

企业所设的冷库、阴凉库及常温库所要求的温度范围，应以保证药品质量、符合药品规定的储存条件为原则，进行科学合理的设定，即所经营药品标明应存放于何种温湿度下，企业就应当设置相应温湿度范围的库房。如对于标识为 15～25℃储存的药品，企业就应当设置 15～25℃恒温库。

对于标识有两种以上不同温湿度储存条件的药品，一般应存放于相对低温的库中，如某一药品标识的储存条件为：20℃以下有效期 3 年，20～30℃有效期 1 年，应将该药品存放于阴凉库中。

单元 2　药品养护管理

药品的养护即根据药品的性质、理化特性要求，采取科学、合理、经济、有效的手段和方法，通过控制和调节药品的储存条件，对药品储存质量进行定期检查，达到有效防止药品质量变异、确保储存药品质量的目的。对不同类别的药品，应采取有针对性的养护措施，以确保养护质量。

一、药品养护内容

药品养护的各项工作内容都应以保证药品储存质量为目标，其主要工作内容有：检查控制在库药品的储存条件，对药品进行定期养护质量检查和维护，发现问题应及时采取有效措施进行处理。

（一）养护职责与分工

药品养护是一项涉及质量管理、仓储保管、业务经营等方面的综合性工作，按照工作的性质及各自职责的不同，要求各相关岗位必须相互协调配合，保证药品养护工作的有效开展。

质量管理人员负责对药品养护人员进行业务培训与指导，审定药品养护工作计划，确定重点养护品种，对药品养护人员上报的质量问题进行分析、研究，并确定解决方法，对养护工作的开展情况实施监督考核。

仓储保管员负责对库存药品进行合理储存，对仓间温湿度等储存条件进行管理，按月填报近效期药品催销表（表 2-3-1），协助养护人员实施药品养护的具体操作。

表 2-3-1　近效期药品催销表

编号：　　　　　　　　　　　　　　　　　　　日期：

序号	商品名称	通用名称	剂型	规格	生产企业	批号	数量	进价	金额小计	供货企业	有效期至	货位号

仓库负责人：　　　　　　　　　　　　保管员：

注：本表一式四联，分别交付填报部门存根、业务销售部门、质管部门、企业负责人。

养护人员负责指导保管人员对药品进行合理存储，定期检查在库药品储存条件及库存药品质量，针对药品的储存特性采取科学有效的养护方法，定期汇总、分析和上报药品养护质量信息，负责验收、养护和储存仪器设备的日常管理工作，建立药品养护档案。

（二）重点养护品种

药品的储存质量受储存环境和药品本身性质的影响，在实际工作中，应根据经营药品的品种结构、药品储存条件的要求、自然环境的变化、监督管理的要求，在确保日常养护工作有效开展的基础上，将部分药品确定为重点养护品种，采取有针对性的养护方法。重点养护药品品种确定表见表 2-3-2。

表 2-3-2　重点养护药品品种确定表

序号	商品名称	通用名称	剂型	规格	生产企业	有效期	确定时间	确定理由	养护重点	备注

编号：　　　　　　　　　　　　　　　　　　　　　　　时间范围：

审批人：　　　　　　　　　　　　　　　填表人：

重点养护品种一般包括：主营品种、首营品种、质量性状不稳定的品种、有特殊储存要求的品种、储存时间较长的品种、近期内发生过质量问题的品种及药品监督管理部门重点监控的品种。重点养护的具体品种应由养护组按年度进行制定并及时调整，报质量管理机构审核后实施。

> **小链接：常见重点养护品种**
>
> 易氧化的药物：如溴化钠、碘化钙、维生素 E、维生素 A、维生素 D、维生素 C、叶酸等。
>
> 易水解的药品：如硝酸甘油、阿司匹林、氯霉素、四环素类、青霉素类、头孢菌素类等。
>
> 易吸湿性药物：如蛋白银、枸橼酸铁铵、胃蛋白酶、淀粉酶等。
>
> 易风化的药物：如硫酸钠、咖啡因、磷酸可待因等。
>
> 易挥发的药物：如麻醉乙醚、乙醇、挥发油、樟脑、薄荷脑等。
>
> 具有升华性的药物：如碘、碘仿、樟脑、薄荷脑、麝香草酚等。
>
> 具有熔化性的药物：如水合氯醛、樟脑、薄荷脑等。
>
> 易发生冻结的药物：如水剂、稀乙醇作溶剂的制剂。
>
> 具有吸附性的药物：如淀粉、药用炭、白陶土、滑石粉等。
>
> 近效期药品，首营品种、已发现不合格药品的相邻批号的药品。

对确定为重点养护的品种，应及时建立药品养护质量档案，按月进行养护检查管理，及时观察药品的储存质量状况，总结储存条件及特性要求对药品质量的影响，积累储存和养护的工作经验，不断提高养护管理水平，对库存药品采取有效、准确、适宜的管理方法，确保药品质量。

二、药品养护作业内容

为了有效地防治药品质量变异，必须对储存过程的药品进行定期检查，根据药品的储存特征，调节药品的储存条件，采取科学、合理、经济、有效的手段和方法，确保储存药品质量。

药品养护员在日常管理过程中，应对在库药品的分类储存、货垛码放、垛位间距、色标管理等工作内容进行巡查，及时纠正发现的问题，确保药品按规定的要求合理储存。

（一）仓储条件监测与控制

药品仓储条件的监测与控制内容主要包括：库内温湿度条件、药品储存设备的适宜性、药品避光和防鼠等措施的有效性、安全消防设施的运行状态。

为了保证各类库房的温湿度符合要求，保管人员必须在养护员的指导下，对库房温湿度的变化做好有效的动态监测和记录，一旦发现仓库的温湿度超过规定的范围或者接近临界值的情况，必须及时采取通风、降温、保湿等调控措施，并予以记录在案。一般要求每天两次在规定时间范围内进行温湿度记录，认真填写"库房温湿度记录表"（参见表2-3-3）。

表 2-3-3　库房温湿度记录表（　　年　　月）

库区：　　　表号：　　　适宜温度范围：　～　℃　适宜相对湿度范围：　%～　%

日期	上 午					下 午					记录员
	库内温度/℃	相对湿度/%	调控措施	采取措施后		库内温度/℃	相对湿度/%	调控措施	采取措施后		
				温度/℃	湿度/%				温度/℃	湿度/%	
1											
2											
30											
31											
说明	1. 每天记录时间范围为上午9:30—10:30,下午3:30—4:30 2. 此表从开始第一天起,记录人就需签名										

（二）在库药品质量的循环检查

由于受到外界环境因素的影响，药品在库存期间随时都可能出现各种质量变化的现象。因此，除了各种适当的保管与养护措施之外，养护员应按照规定的方法和要求，定期对库存药品的质量状况进行循环养护检查，及时了解药品的质量变化，以便采取相应的防护措施。循环养护检查一般按季度进行。购进药品应至少在入库后3个月起进行一次库存质量检查。养护时应做好养护记录，对养护中的药品质量状况进行准确的记录。相关记录格式参见表2-3-4、表2-3-5。

表 2-3-4　库存药品质量养护记录

编号：　　　检查日期：　　　年 月 日

日期	货位	商品名称	通用名称	规格	生产企业	批号	批准文号	有效期至	单位	数量	质量情况	养护措施	处理结果	备注

养护员：

注：1. 入库时间达3个月的药品应列入养护之列（企业可自定）。

2. 如库存检查药品没有质量问题，在质量情况一栏中，只填"无异常"即可。

3. 数量栏填养护检查时库存实数。

表 2-3-5　中药材/饮片在库养护记录表

编号：　　　库房名称：　　　养护员：

序号	品名	生产企业（产地）	生产日期	批号	数量	供货单位	进货日期	养护日期	养护方法	养护结论	处理措施	备注

药品在库检查的时间和方法，应根据药品性质及其变化规律，结合季节气候、储存环境和储存时间长短等因素掌握，大致可分为以下三种。

1. "三三四"检查

循环养护检查或月检1/3。即每个季度的第一个月检查30%，第二个月检查30%，第三个月检查40%，或者每个月检查1/3，使库存药品每个季度都能全面检查一次。

2. 定期检查

一般上、下半年对库存药品逐堆逐垛各进行一次全面检查，特别对受热易变质、吸潮易引湿、遇冷易冻结的药品要加强检查。对近有效期的药品、麻醉药品、精神药品、医疗用毒性药品、放射性药品等特殊管理的药品，要重点进行检查。

3. 随机检查

一般是在汛期、高温、雨季、严寒、霉季或者发现商品有质量变质苗头的时候，由质量管理人员组织相关人员进行全面或局部的检查。检查的主要内容包括在库药品的包装情况、性状、外观等。

> **小链接：药品检查的内容与要求**
>
> 包括库房内的温湿度，药品储存条件及药品是否按库、区、排、号分类存放，货垛堆码、垛底衬垫、通道、墙距、货距等是否符合规定要求，药品有无倒置现象，外观性状是否正常，包装有无损坏等。在检查中，要加强对质量不够稳定、出厂较久的药品以及包装容易损坏和规定有效期的药品的查看和检验。

（三）养护中发现质量问题的处理

药品养护中发现的问题一般包括技术操作、设施设备、药品质量等方面的内容，养护员应对所发现的问题进行认真的分析，及时上报质量管理部核实、处理，按照质量管理部的要求，采取措施对质量管理过程实施改进，从而有效地控制药品储存质量。

（1）在药品养护过程中发现包装破碎的药品，不得再整理出售。

（2）养护员对养护过程中发现的药品质量问题，应悬挂醒目的黄色标牌，并暂停发货，上报质量管理机构进行处理，药品质量问题的处理可按图2-3-5的流程操作。

（3）质量管理部门在两个工作日完成复检（表2-3-6）。如果复检仍然不合格，则应填写药品停售通知单（表2-3-7），转相关业务部门处理。已经停售的药品，如果复检合格需要解除"停售"时，需办理相关手续。

表 2-3-6 药品质量复查通知单

品名		规格		生产企业	
生产批号		数量		存放地点	
有效期使用时间					
质量问题					
			养护员：	年 月 日	
复检结果					
			质管部门	年 月 日	

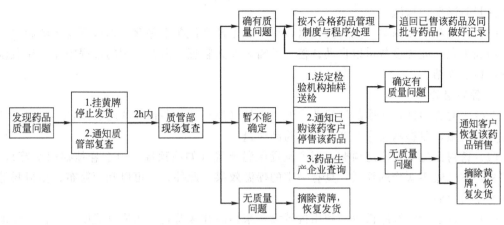

图 2-3-5　药品质量问题处理程序

表 2-3-7　药品停售通知单

品名		数量		生产企业	
规格		包装单位		生产批号	
检验情况					
养护检查通知单号		通知日期		处理意见	
相关单据日期号码		存放地点			

质管部门负责人：　　　　　　经手人

一式四联：（1）存根　　（2）仓库　　（3）业务　　（4）零售

（四）药品养护的方法和要求

药品的储存养护首先要充分了解各种药品的理化性质等特点，结合药品的包装盒剂型等，提供正确的储存条件，采取科学的养护方法，有效保证药品的质量。温湿度对药品的影响非常大，必须要有效控制和调节仓库的温湿度，这是药品养护的重大环节，其措施如下。

1. 降温的方法

（1）通风降温　对一些温度过高容易风化、挥发或变质，而温湿度影响不大的药品如玻璃瓶或铁桶装药品、化学试剂等，在温度较高的季节里，可以进行晚间通风，直到日出后，气温回升时再停止通风。也可选用通风设备进行机械通风，但不宜用于危险品仓库。通风必须和严格密封结合运用，才能取得较好的效果。

（2）遮光降温　隔热条件较差的库房，可在库房外搭棚，棚离屋顶 30～40cm 或更高，并在受光曝晒的外墙也搭上棚，减少日光辐射热，使库内温度下降。

（3）加冰降温　可选择密闭、隔热条件较好的库房，加冰使室内温度降低。一般是将冰块盛于铁桶或木槽内（或在冰上撒少许盐）。盛冰容器置于库内较高处（高度 1.5m 左右），也可采用风扇对准冰块直接吹风，便于冷空气下沉，加速对流。容器下部设排水管，将水引至库外。采用此种方法是由于冰块融化会导致仓库内的湿度增高，所以并不常用，或者仅仅用于不易潮解的药品降温时。为了防止库内湿度的提高，可加入吸湿剂。

（4）空调降温　利用空调设备来降温，这已经是各大药库普遍采用的主要降温措施。在调节温度时需要注意的是不同药品的储存条件。

（5）地下室降温　在炎热的季节，地下室的温度较低，可以存放遇热易变质的药品。但是地下室的湿度比较大，所以只适宜存放不易潮解的药品（如封口好的水剂等），或采取特别的密封防潮保护措施。

（6）冰箱和冷库降温　如药品少量，可以放于此类设备中保存，单以不易潮解和封口严密的药品为宜，此类设备可以自动调控，不需要专人管理，但在使用的过程中需要注意温控适宜，以防冻结。

2. 保温措施

在我国北方地区，冬季的气温非常低，极低气温对于一些怕冻的药品储存不利，必须采取保温的措施，以提高仓库温度，包装药品质量。

（1）密封保温　在库房顶棚、门窗设置保温装置（如吊顶棚、门上悬挂棉门帘等），这些方法，在气候不太冷的地区，具有一定的保温效果。此外，还可以利用篷布、塑料膜等进行货垛密封保温。

（2）空调或者暖气库供暖　利用机械设备来提高并保持仓库的适宜温度。单在东北地区采用火墙取暖的方式，注意暖库的火墙必须远离其他仓库，加火口要在仓库外，库内药品要离暖墙 1m 以上，并经常检查墙壁有无漏火的情况。

3. 降湿的措施

（1）通风散潮　利用自然气候进行通风降潮，可使地面水分、库内潮气、包装用品及药材水分散发出去，是一种比较经济、简单而容易收效的方法。

（2）密闭防潮　密闭时隔绝外界空气中潮气的侵入，避免或减少空气中水分对药品的影响，以达到防潮的目的。

密封就是将库房的门窗缝隙封闭，将通风洞、气孔用砖砌紧，筑成无缝隙气孔，只留一或两个门进出。门做成两道门，并挂厚棉帘。此外，还可根据药品的性质和数量，以用塑料薄膜等材料密封货垛、密封货架等形式防潮。密封性较好的库房，如装有风幕自动门，即使库房打开，人员照常进出作业，由于风幕的作用，库房内外的空气仍不会进行自然对流，从而起到防潮的作用。应当指出，以上措施能做到的只是相对密封，并不能完全隔绝气候对药品的影响，故密封保管时，最好结合吸潮降湿，可取得更好的效果。

（3）吸潮降湿　在梅雨季节或阴天不宜通风，而库内湿度又过高时，可以在密封库内用吸湿机除湿。降湿机除湿的原理是采用机械冷冻的方法，凝结湿空气中的水蒸气借以降低空气中的温度，可在环境温度为 $17\sim35℃$、相对湿度 $50\%\sim90\%$ 的条件下使用。一般库房还可使用干燥剂降湿。常用的干燥剂有生石灰、氯化钙、硅胶等。

4. 升湿措施

喷雾增湿。在一般气候条件下，药材需增湿储存的条件很少。但在我国西北地区，有时空气特别干燥，必须采取升湿措施，对少数怕干燥的药材，需要进行喷雾洒水或用电加湿器产生蒸气，以提高空气湿度。但对湿度特别敏感的药品还是必须密闭保湿，使内装药物与外界空气隔绝。

三、药品养护档案与信息

为了给药品养护工作提供系统、全面的管理依据，不断提高药品养护的技术水平，企业应针对重点养护品种建立药品养护档案，收集、分析、传递养护过程中的信息资料，从而保证药品养护质量信息系统的有效运行。

（一）药品养护档案

企业应结合仓储管理的实际，本着"以保证药品质量为前提，以服务业务经营需要为目标"的原则，针对重点养护品种建立药品养护档案。药品养护档案是在一定的经营周期内，对药品储存质量的稳定性进行连续观察与监控，总结养护经验，改进养护方法，积累技术资料的管理手段。其内容应包括药品的基本质量信息、观察周期内对药品储存质量的追踪记录、有关问题的处理情况等。药品养护档案的品种应根据业务经营活动的变化及时调整，一般应按年度调整确定。药品养护档案见表2-3-8。

表2-3-8　药品养护档案表

编号：　　　　　　　　　　　　　　　　建档日期：

商品名称		通用名称		外文名		有效期	
规格		剂型		批准文号		GMP 认证	
生产企业			邮编地址			电话	
用途				建档目的			
质量标准				检验项目			
性状						内：	
贮藏要求				包装情况		中：	
						外：　体积：	
质量问题摘要	时间	生产批号	质量问题	处理措施		养护员	备注

（二）养护质量信息

按照 GSP 规定，药品养护人员应定期汇总、分析和上报养护检查、近效期或长时间储存药品的质量信息。以便质量管理部门和业务部门及时、全面地掌握储存药品质量信息，合理调节库存药品的数量，保证经营药品符合质量要求，其报告内容应汇总该经营周期内经营品种的结构、数量、批次等项目，统计并分析储存养护过程中发现的质量问题的相关指标，如质量问题产生的原因、比率，进而提出养护工作改进的措施及目标。

四、药品效期管理

药品的有效期是指药品从生产之日起，在规定的储存条件下，能够保证药品质量不发生变化的期限。

（一）业务购销活动中药品的效期管理

药品效期是药品质量要素的一项重要内容，对于确保药品质量的稳定性、有效性具有重要的意义。企业在业务购销活动中，应当将药品的有效期作为重要的决策依据之一，对于法定有效期较短的药品，应采用总量控制、以销定进、勤进快销的方式经营；对于出厂时间较长、近效期的药品，在购进时应采取有效的限制性措施，从而达到既满足市场需求，又有效避免药品过期失效造成损失的目的。

按照药品流通的商业规律，对于已购进但有效期不足一定时限的药品，应当采取必要的限制性销售措施，防止此类药品销售后未及时使用造成的过期失效。

（二）储存养护过程中的效期管理

药品储存时，应将药品按批号及效期远近相对集中存放，以便于对药品实施有效地进出库控制及养护管理，对近效期的药品应进行重点养护，对法定效期较短的品种还应建立药品养护档案。见表 2-3-9、表 2-3-10。

表 2-3-9　近效期药品示意卡

品名	
规格	
数量	
有效期	
批号	
货位	

表 2-3-10　近效期药品催销表

仓库号：　　　　　　　　　　　　　　　　　　　　　　　　　　　　年　　月　　日

品名	规格	单位	数量	件数	批号	有效期	仓库	货位号	生产企业
说明	本表一式四份，业务、质管、仓库、主管领导各一份								

保管员：　　　　　　　　　　　　　　　　　　　　　　　仓库负责人：

对有效期药品的储存，应该严格掌握"先产先出"，"近有效期先出，近效期先用"的原则，调拨在有效期内的药品加速运转，以免过期失效。

企业应结合自身的经营规模、经营模式、所经营品种的特性，明确药品近效期的具体时限，大中型批发企业的药品近效期时限应不少于 1 年，小型批发企业的药品近效期时限应不少于 6 个月。药品保管员应及时、准确地掌握库存近效期药品的状况，按月填写"有效期药品催销表"，报业务销售部门、质量管理部门及仓储部门，对近效期药品实施重点质量控制并及时催销，以避免药品过期失效。

单元 3　中药材与中药饮片的养护管理

中药材、中药饮片作为药品中的一个特殊分类，由于其形态、成分、性能的多样性及复杂性，在储存过程中发生质量变异的概率、程度相对较大。因此，中药材及中药饮片储存养护的方法、标准及技术要求等也相对较高，其应用的手段也具有多样性。企业应根据中药材、中药饮片的性质设置相应的储存仓库，合理控制温度和湿度。

一、中药材、中药饮片的质量变异现象及原因

中药大部分都含有淀粉、糖类、蛋白质、脂类、纤维素、鞣质等成分，而中药饮片经过

加工炮制后稳定性减低、规格增多、留档量大，中药在储藏过程中的变异现象是很复杂的，如果储存不当，很容易发生虫蛀、霉变、变色变味、泛油、融化、潮解、风化等变质现象，直接影响中药的质量和疗效，这种现象称为中药品质变异现象。

中药材在储存过程中的变异现象很复杂，不仅取决于药材本身的性质，而且与外界环境的影响密切相关。要保证用药安全有效，提高企业的经济效益和社会效益，就必须认真探讨各种变异现象及其原因，采取有效措施进行防治，以保证药材质量。

1. 霉变

霉变又被称为发霉，是在中药材的表面或者内部滋生霉菌的一种现象。中药在储藏过程中的变异现象是很复杂的，变异不仅取决于各种中药本身的性质，而且和外界环境的影响也有极为密切的关系。我们必须探讨变异现象的种类，了解发生变质现象的原因，积极地进行防治。霉菌在适宜的温度（25～35℃）、湿度（相对湿度75%以上或者中药含水率超过15%）和足够的营养条件下进行生长繁殖，分泌的酶溶蚀中药材，致使中药材的有效成分发生变化而失效。

小链接：中药材的储存条件

（1）温度　温度在20℃以上时，对含脂肪、树脂类、芳香气味的饮片有影响。所以该类药品适合于放置阴凉库储存。

（2）湿度　一般中药含水量为7%～15%，当空气中相对湿度超过70%，极易发霉。所以该类药品宜置于干燥处保存。

（3）空气　某些中药的某些成分易被挥发，如薄荷的变色和气味散失等。有些化学药制剂易被氧化，如维生素C等。要注意密封或密闭保存。

（4）日光　日光对某些中药的色素有破坏作用。储存该类药品时注意避光保存。

2. 虫蛀

虫蛀指昆虫侵入中药内部所引起的破坏作用。虫蛀使药材出现空洞、破碎。被虫的排泄物污染，甚至完全蛀成粉状，会严重影响中药疗效，以致不能使用。常见的药材害虫有：谷象、米象、大谷盗、药谷盗等。

3. 变色

中药的变色指药材在采收加工、贮藏过程中，由于保管养护不当而引起中药自身有色泽改变的现象。变色往往使不少中药变质失效，不能再供药用。中药变色的原因：（1）因酶作用引起的变色；（2）因发热、霉变引起的变色；（3）酶引起的变色。

4. 泛油

中药泛油又称走油或浸油，是指某些含油中药的油质溢于中药表面的现象。含有脂肪油、挥发油、黏液质、糖类等较多的中药，在温度、湿度较高时出现的油润、发软、发黏、颜色变鲜等都被称为"走油"或"泛油"。泛油的原因：（1）中药本身的性质；（2）温、湿度的影响；（3）贮藏保管不善。

5. 散气变味

散气变味即是指一些含有易挥发成分（如挥发油等）的中药，因贮藏保管不当而造成挥散损失，使得中药的气味发生改变的现象。中药的气味散失既是有效成分散失，也是挥发油的散失。引起药材挥散走气的原因，主要是由于受热、药材的温度升高，使内含的挥发性成分散失，或因包装不严，药材露置空气中挥发性成分的自然挥发。

小链接：常见中药易发生的变异现象

虫蛀：如海马、野生灵芝等。

发霉：如雪蛤、田七、冬虫夏草等。

泛油：如板蓝根、当归、雪蛤，较易泛油的有桔梗、紫菀、川芎等。

变色：如三七花等花类。

气味散失：如肉桂、当归、川芎、降香、金银花、广陈皮、茵陈。

风化：如芒硝、硼砂。

潮解：如盐附子、昆布。

腐烂：动物类，如膨鱼鳃等。

二、中药材与中药饮片的分类贮存

（一）植物类药材与饮片

（1）重点养护品种 指最容易虫蛀、霉变、泛油、变色的品种。这类中药的种类很多，如当归、甘草等，贮藏这类药材的仓库应选择结构建筑好、干燥、凉爽、四周整洁、平时温湿度管理严格，具有药剂熏蒸条件，且能做到及时检查质量，可有效地控制虫霉现象的产生。

（2）花类品种 花类药材多呈不同颜色，且色泽鲜艳，有芳香气味。贮藏花类药材的关键，是要防止受潮，故必须严格控制湿度。如若储存不当，可吸湿返潮、变色、霉变、虫蛀。质地疏松的花还易"散瓣"，花类药材宜采用阴干或晾晒法干燥，避免火烤、暴晒。

（3）全草及地上部分品种 药材中全草和地上部分的品种很多，由于体轻质泡，贮藏时占用面积很大。多数品种只要自身干燥，一般不容易发生变化，可以贮藏在一般性的仓库内。

（4）盐腌品种 盐腌药材具有潮解、溶化和含盐分的特点，故贮藏这类药材应选择阴凉仓库尽量防止潮湿空气的浸入。

（二）动物类药材与饮片

动物类药材主要有皮、肉、骨、甲和蛇虫躯体，它们极易生虫和泛油，并具有腥臭气味，保管、养护比一般药材困难。可用纸包好大蒜、花椒，置于此类药材的四角，然后密封，置于阴凉干燥处储存，即可起到防虫的效果。

1. 矿石、贝壳类

这类一般不受外界影响，可贮藏在一般的仓库内。

2. 特殊类型

（1）细（稀）贵品种 如人参、西洋参、麝香等，这类药材经济价值高，必须严格管理。

（2）易燃品种 药材中有遇火极易燃烧的品种，如硫黄、火硝、樟脑等，必须按照消防管理要求，贮藏在安全地点。

（3）毒性药材 毒性药材指毒性剧烈，治疗剂量与中毒剂量相近，使用不当会致人中毒或死亡的药材，毒性药材的贮藏和管理应根据国家关于毒品管理条例设专人负责，严格执行管理制度，防止意外发生。毒性中药材的养护应根据其品种、来源、理化性质、变质情况及库存量来决定。

三、常用中药材与饮片的养护技术

中药养护是运用现代科学的方法研究中药保管和影响中药贮藏质量及其养护防患的一门综合性技术，中药材无论采取哪一种保管方法，都必须坚持"预防为主，防治结合"的原则，现代中药养护以预防中药变化为主，近年还进一步研究防止中药在贮藏过程中的毒物污染，以符合 21 世纪无残毒、无公害绿色中药的要求。

1. 干燥养护技术

干燥可以除去中药中过多的水分，同时可杀死霉菌、害虫及虫卵，起到防治虫、霉，久贮不变质的效果。常用的干燥方法有摊晾法、高温烘燥法、石灰干燥法、木炭干燥法、翻垛通风法和密封吸湿法。

2. 冷藏养护技术

采用低温（0℃以上，10℃以下）贮藏中药，可以有效防止不宜烘、晾中药的生虫、发霉、变色等变质现象发生。常用的方法如安装、使用空调、建冷库、阴凉库等。有些贵重中药采用冷藏法，例如人参等。

3. 埋藏养护技术

有石灰埋藏法、沙子埋藏法、糠壳埋藏法、地下室贮藏法。

4. 密封养护法

通过将饮片储存于缸、坛、罐、瓶等容器中从而与外界隔离，以尽量减少外界因素对其影响。该法常与吸湿法相结合，效果更好。常用密封性能高的新材料，如真空袋或密封库进行密封储存。

5. 化学药剂养护技术

药物防虫霉就是利用无机或有机化学药物来抑制霉菌、害虫的生长和繁殖，通常分为防霉剂和杀虫剂。目前应用的各种防霉剂和杀虫剂较多，但是适用于中药的防霉杀虫剂很少。因为中药是供人内服的药物，所应用的防霉杀虫剂必须是对人类无害的，而且必须是毒性小、效力高、价格低廉、防霉效果持久的药物，才能普遍应用于大量的中药。常用的方法有硫磺熏蒸法、磷化铝熏蒸法、氯化苦熏蒸法、氨水熏蒸法和醋酸钠喷洒法。

> **小链接：磷化铝熏蒸法**
>
> 磷化铝是近年来应用较广的一种新型高效仓库熏蒸剂，有较强的扩散性和渗透性，不易被药材吸附，故散气快。又具有电石或大蒜气味，有"警戒性"。磷化铝熏蒸时不仅对中药害虫具有强烈的杀虫效能，而且还有抑制和杀灭微生物以及抑制药材呼吸的作用，是当前主要的化学防治药。
>
> 使用方法：可采用全库密封熏蒸，应根据货垛体积采用在垛上和走道地面上设多点投药，但药片不要直接接触包装和药材，可采用铁盘、木盘、搪瓷盘等，把药片摊开，在密闭库熏蒸时，空间部位每立方米 2～3g。施药后，立即密闭库门。当温度在 2～15 摄氏度时需密闭 5d，16～20 摄氏度需密闭 4d，20 摄氏度以上需密闭 3d（但不能少于 3d）。熏蒸排毒通风先开下风口，再开上风口，排气通风不少于 3d，通风后将磷化铝残渣（粉末状）运往空旷处，挖坑深埋。
>
> 注意事项：贮存磷化铝要避免潮湿，远离火源与易燃品，也不要在阳光下暴晒。

6. 无菌包装技术

首先将中药饮片灭菌，然后装入一个真菌无法生长的容器中，从而避免了再次污染的机会，在通常条件下，不须任何防腐剂或冷冻设施，在规定的时间内不会发生霉变。

7. 对抗同贮养护技术

小链接：常用中药材的养护技术

1. 根及根茎类药材的养护

（1）常见易发霉的中药有：甘草、当归、羌活、紫菀、黄芩、远志等，它们含有霉菌生长需要的营养物质，在适宜条件下，极易霉变。

（2）易生虫的中药有：川芎、当归、板蓝根、半夏、甘草、桔梗等。

2. 叶、花、全草类药材的养护

花类药材在贮藏中常发生褐色、发霉、虫蛀、走气、花冠脱落变形等现象。在贮藏时，应根据各花类药的特点，选用不同的方法贮藏。全草类药材在贮藏中，叶片或花穗易引起霉蛀或变色，因此需防潮、避光，置阴凉干燥处贮藏。

3. 果实与种子类药材的养护

新入库的果实类中药，有较强的呼吸作用，它不仅能吸潮发热，也能因之霉变。若采收时未充分干燥，霉变更易发生。种子类药材在贮藏中极易发生回潮、发霉等变异。

4. 茎、皮类药材的养护

茎类药材与根、根茎类药材一样，在贮藏中也易发生霉变。应根据不同药材进行不同的贮藏养护。

对抗同贮也称异性对抗驱虫养护，是利用不同品种的中药所散发的特殊气味、吸潮性能或特有驱虫去霉化学成分的性质来防止另一种中药发生虫、霉变质等现象的一种贮藏养护方法。如泽泻、山药与丹皮同贮防虫保色、藏红花防冬虫夏草生虫等。无论采取哪种对抗同贮法来防治仓虫（霉），一定要实施在药材被蛀、发霉之前，只有这样才能达到良好的效果。

小链接：常用对抗同贮方法

（1）泽泻、山药与丹皮同贮防虫保色。

（2）藏红花防冬虫夏草生虫。

（3）蜜拌桂圆肉可保味保色。

（4）大蒜防芡实、薏苡仁生虫。

（5）细辛、花椒养护鹿茸。

（6）生姜可防蜂蜜"涌潮"。

（7）当归防麝香走香气、变颜色。

（8）荜澄茄祛除黄曲霉素。

8. 无公害气调养护技术

气调养护法即在密闭条件下，人为调整空气的组成，造成低氧的环境，抑制害虫和微生物的生长繁殖及中药自身的氧化反应，以保持中药品质的一种方法。该方法可杀虫、防霉。还可在高温季节里，有效地防止走油、变色等现象的发生，费用少，无残毒，无公害，是一项科学而经济的技术。

随着科学技术的不断进步，在药品养护中新技术、新方法的应用日益广泛，此外有远红外干燥、微波灭虫、电离辐射等方法。

单元 4 不合格药品的管理

一、不合格药品的控制

不合格药品的管理是药品经营过程中质量控制的关键环节，GSP 认证现场检查项目中明确规定："企业应对质量不合格药品进行控制性管理"，即企业在各项质量活动及环节中，发现药品有质量问题，各环节及岗位应按照规定的程序要求对有疑问药品采取有效的控制措施，并及时上报企业质量管理部门，其他任何部门或岗位都不得擅自对质量有问题的药品或不合格药品随意进行处理。质量管理部门要对上报问题进行调查、分析，并提出妥善的处理意见。

不合格药品应集中存放在不合格药品库（或区），由仓储部门设置专人管理并有明显标志，建立不合格药品管理台账（见表 2-3-11），对不合格药品进行严格控制，防止出现质量事故。质量管理机构应查明质量不合格的原因，分清质量责任，及时处理并制定预防措施，有效地防止企业其他环节出现类似问题，消除质量隐患。

二、不合格药品的分析及处理

质量管理机构负责对不合格药品的处理情况进行定期汇总和分析，统计并分析不合格药品产生的原因，找出质量管理工作中存在的缺陷，改进和完善质量管理控制过程，有效地杜绝类似问题的再次发生。同时应全面分析、评审购进药品的质量状况，写出不合格药品分析报告（见图 2-3-6），并以此调整、优化药品购进渠道及品种结构，为药品购进提供可靠的决策依据。

不合格药品的确认、报告、报损、销毁应有完善的手续或记录。

（1）质量管理机构负责填写"不合格药品报损审批表"附"药品报损清单"（见表 2-3-12、表 2-3-13），报企业质量负责人及企业负责人审批后，通知业务、仓储、财务办理消账、下账手续。

（2）销毁药品应按照规定的程序履行手续并做好记录，一般应由质量管理机构牵头组织仓储、运输等部门对报损药品实施销毁，质量管理机构负责对一般药品的销毁进行监督。销毁特殊管理药品时，应上报食品药品监督管理部门批准后，在食品药品监督管理部门的监督下销毁。

（3）销毁记录（见表 2-3-14）应包括销毁药品清单、时间、地点、方法等内容，销毁人、监督人等相关责任人员应签字。销毁一般采用焚毁、深埋、物理性状破坏等方法。

表 2-3-11 不合格药品管理台账

编号

日期	通用名称	商品名称	剂型	规格	数量	产品批号	有效期至	生产企业	供货单位	来源	不合格原因	处理意见	处理情况	备注

保管员：

说明：来源是指不合格药品的来源部门或门店。

重庆市＊＊＊＊药业有限公司
不合格药品汇总分析报告

公司质量领导小组：

公司在 2011 年度通过对不合格药品实行控制性的管理，本年度从药品购进，在库储存养护，销售几个环节未发现不合格药品和质量可疑的药品。在售后退回的环节中，验收员对其进行质量验收时，发现存在包装破损、药液渗漏污染包装的药品，此类药品经质管部被确认为不合格药品，移入不合格品库实行色标管理，由专人保管。

对这些不合格药品，公司根据"不合格药品管理制度"的规定，实行逐级审批、报损、销毁，并作相关记录备案，做到有据可查。

一、一般统计资料

报损时间 \ 项目	品种数量	报损原因	金额（元）
2011.5.7	8	破碎	174.60
	9	包装破损	126.65
2011.7.19	1	破碎	2.30
	10	包装破损	119.35
	2	包装污染	49.50
合计金额（元）			472.40

二、报损统计分析

（1）破碎药品 9 个品种，金额：176.90 元，所占报损品种比例的：30%，所占金额比例约：37.4%。

（2）包装破损药品 19 个品种，金额：246.00 元，所占报损品种比例约：63.3%，所占金额比例：52.1%。

（3）包装污染药品 2 个品种，金额：49.50 元，所占报损品种比例约：6.7%，所占金额比例约：10.5%。

三、不合格药品分类分析
附表　类别分析表

剂型	注射剂	片剂	颗粒、散剂	胶囊、丸剂	液体悬剂
品种质量	1	3	18	1	7
所占比例	3.3%	10%	60%	33%	23.3%

四、不合格药品产生原因分析

从以上数据分析可知，包装破损，污染为不合格药品产生的主要原因，其中包装破损所占金额最大，从剂型看，颗粒剂，散剂发生不合格情况最多，其次是液体制剂，产生不合格药品的原因可以归纳如下：

（1）药品包装易碎，药品运输过程中产生不合格药品；

（2）医疗需求改变导致退货，客户退货时对药品检查不仔细、马虎；

（3）产地不符合用药习惯导致退货，退货过程中产生不合格药品；

（4）发货过程中不小心打碎药品，装箱时不合理。

五、预防措施

（1）加强药品运输管理，严格按照包装图示装卸操作，运输途中控制车速，防止破损，挤压以免造成不必要的损失；

（2）加强药品流通信息管理，积极调整医疗机构供货目录，减少不必要的退货；

（3）实行采购计划责任制，采购计划失误给予处理；

（4）严格要求发货时必须轻拿轻放，按规定仔细装箱。

重庆市＊＊＊＊药业有限公司质管部
2011 年 12 月 31 日

图 2-3-6　某药业公司不合格药品分析报告

表 2-3-12　不合格药品报损审批表

编号：　　　　　　　　报告时间：　年　月　日

报损品种总数		报损总金额	
报损原因			经办人：
仓库负责人签字		保管员签字	
业务部门意见：			日期：
质量管理部门意见：			日期：
财务部门意见：			日期：
经理签署意见：			日期：

说明：本表应附拟报损品种清单。

表 2-3-13　药品报损清单

编号：

日期	通用名称	商品名称	剂型	规格	数量	产品批号	有效期至	生产企业	供货单位	不合格原因	报损金额	备注

经手人：　　　　　　　　　　　　　报告日期：

表 2-3-14　药品销毁记录

编号：

销毁总批数		总金额		销毁原因	
销毁方式		销毁地点		销毁原因	
运输工具		运输人员		销毁时间	
销毁后现场情况					
销毁执行人签字					年　月　日
销毁监督人签字					年　月　日
药监部门人员签字					年　月　日
备注					

记录人：

注：本表应附拟销毁品种清单。

学习小结

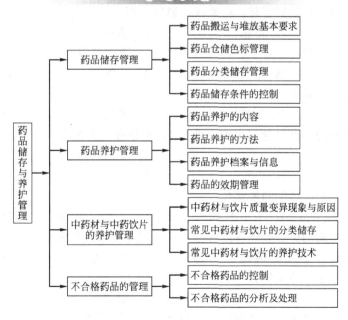

目标检测

一、单项选择题

1. 药品的储存管理方法是（　　　）。

A. 分区分类，货位编号　　　　　　　B. 留足六距

C. 分类储存　　　　　　　　　　　　D. 色标管理

2. 温度要求在0～30℃之间的药库称为（　　　）。

　　A. 冷库　　　　　B. 常温库　　　　　C. 阴凉库　　　　　D. 去湿药库

3. 散剂保管养护的关键是（　　　）。

　　A. 防潮　　　　　B. 防热　　　　　C. 防冻　　　　　D. 避光

4. 经验表明，储存药品最合适的相对湿度是（　　　）。

　　A. 50%　　　　　B. 60%　　　　　C. 65%　　　　　D. 70%

5. 在通风降温降湿的措施中，下列哪种情况可以开启门窗通风（　　　）。

　　A. 库内温度、相对湿度均低于库外时

　　B. 库外温度高于库内（不超过3℃），相对湿度高于库内

　　C. 库外相对湿度高于库内，但温度低于库内

　　D. 库外温度高于库内（超过3℃），相对湿度低于库内

6. 温度要求在2～10℃之间的药库称为（　　　）。

　　A. 冷库　　　　　B. 常温库　　　　　C. 阴凉库　　　　　D. 去湿药库

7. 湿度过低可使药品发生以下变化（　　　）。

　　A. 分解　　　　　B. 风化　　　　　C. 潮解　　　　　D. 发霉

8. 药垛的六距中，地距的要求是（　　　）。

　　A. 不小于50cm　　B. 不小于30cm　　C. 不小于10cm　　D. 不小于1m

9. 在药品的性质变化中，以（　　　）产生的后果最严重，亦最为常见。

　　A. 化学变化　　　B. 物理变化　　　C. 生物学变化　　　D. 以上均不是

10. 药品的存放实行色标管理，待验区、退货区用（　　　）。

　　A. 红色　　　　　B. 黄色　　　　　C. 蓝色　　　　　D. 绿色

11. 在影响片剂质量的因素中，（　　　）对片剂的影响最为严重。

　　A. 温度　　　　　B. 空气　　　　　C. 光线　　　　　D. 湿度

12. 注射剂发生变质的一个重要标志是（　　　）。

　　A. 生霉　　　　　B. 沉淀　　　　　C. 变色　　　　　D. 脱片

13. 对效期药品的库存保管（中型企业），应在距有效期尚有（　　　）时，开始填报催销报表。

　　A. 半年　　　　　B. 一年　　　　　C. 一年半　　　　　D. 两年

14. 药垛的六距中，墙距的要求是（　　　）。

　　A. 不小于50cm　　B. 不小于30cm　　C. 不小于10cm　　D. 不小于1m

15. 易串味的药品的保管应该在按（　　　）标准设置的易串味库中。

　　A. 常温库　　　　B. 冷库　　　　　C. 阴凉库　　　　　D. 以上都不是

16. 在降湿措施中，错误的方法是（　　　）。

　　A. 通风　　　　　B. 密封　　　　　C. 吸湿　　　　　D. 洒水

17. 药品出库原则必须贯彻"四先出"和（　　　）的原则。

　　A. 方便　　　　　B. 按批号发货　　　C. 及时准确　　　D. 安全经济

18. 温度要求在20℃以下的药库称为（　　　）。

　　A. 冷库　　　　　B. 常温库　　　　　C. 阴凉库　　　　　D. 去湿药库

19. 药品堆垛的基本原则是（　　　）。

A. 三不倒置　　　　B. 安全、方便、节约　C. 四先出　　　　　　　D. 分类储存

20. 下列降温措施中，（　　）会使湿度增加，故此法少用。

　　A. 通风　　　　　　B. 空调　　　　　　　C. 遮光　　　　　　　D. 加冰

21. 易发生氧化反应的化学成分有（　　）。

　　A. 盐类　　　　　　B. 酯类　　　　　　　C. 酚类　　　　　　　D. 苷类

22. 药品养护的原则是（　　）。

　　A. 以防为主　　　　B. 节约　　　　　　　C. 及时　　　　　　　D. 经济

23. 药库内外的温湿度每天记录（　　）次。

　　A. 1　　　　　　　　B. 2　　　　　　　　　C. 3　　　　　　　　　D. 4

24. 维生素C受空气、光线、湿气及金属离子的影响易（　　）。

　　A. 挥发变黄色　　　B. 还原变黄色　　　　C. 氧化变黄色　　　　D. 水解变黄色

25. 药品出库时遇到（　　）情况应该马上停止配货。

　　A. 包装破损或液体渗漏　　　　　　　　　B. 超出有效期

　　C. 包装标示模糊不清　　　　　　　　　　D. 以上都是

26. 温度过高可使药品发生以下变化（　　）。

　　A. 致使药品变质　　　　　　　　　　　　B. 促使药品挥发

　　C. 致使剂型破坏　　　　　　　　　　　　D. 以上都是

27. 梅雨季节应加强对（　　）药品的检查。

　　A. 易挥发　　　　　B. 易熔化　　　　　　C. 易吸潮　　　　　　D. 易冻结

28. 药品的存放实行色标管理，发货区用（　　）。

　　A. 红色　　　　　　B. 黄色　　　　　　　C. 蓝色　　　　　　　D. 绿色

29. 对于栓剂的保管养护，其温度宜在（　　）以下。

　　A. 30℃　　　　　　B. 25℃　　　　　　　C. 20℃　　　　　　　D. 10℃

30. 可影响药品剂量准确性的质量变异是（　　）。

　　A. 变色　　　　　　B. 风化　　　　　　　C. 发霉　　　　　　　D. 变形

31. 下列药材容易风化的是（　　）。

　　A. 冰片　　　　　　B. 龙骨　　　　　　　C. 芒硝　　　　　　　D. 乳香

32. 下列药材容易泛油的是（　　）。

　　A. 苦杏仁　　　　　B. 山药　　　　　　　C. 芒硝　　　　　　　D. 大黄

33. 下列药材具有升华性质的是（　　）。

　　A. 山药　　　　　　B. 樟脑　　　　　　　C. 芒硝　　　　　　　D. 丹皮

34. 常用中药饮片的养护技术中不包括（　　）。

　　A. 气调养护法　　　B. 密封养护法　　　　C. 冷藏养护法　　　　D. 高温养护法

35. 糖浆剂保管养护的关键在于（　　）。

　　A. 防霉变　　　　　B. 防沉淀　　　　　　C. 防变色　　　　　　D. 防潮

二、简答题

1. 温度和湿度的变化分别会对药品质量产生什么影响？

2. 如何做好药品的温、湿度管理？

3. 库藏药品的养护检查有哪些要求？

4. 有效期药品的保管方法是什么？

5. 简述各种养护技术的具体应用。

6. 简述常见中成药易变品种的养护。

三、实例分析

下列是某企业药品在库养护管理制度，请分析是否符合 GSP 的要求。

① 建立和健全药品保管养护组织，全面负责在库药品保管养护工作，防止药品变质失效，确保财产免受损失。

② 配备的专职养护员，坚持按三三四进行药品循检（即每季度第一个月检查 30％，第二个月检查 30％，第三个月检查 40％）。

③ 做好温湿度管理工作，每日上、下午各记录一次库内温湿度。根据温湿度的变化，采取相应的通风、降温、除湿等措施。

④ 重点做好夏防、冬防养护工作。每年制订一次夏防、冬防工作计划，并落实专人负责，适时检查、养护，确保药品安全度过夏、冬。

⑤ 针对不同药品的特性采取相应的养护方法。应对中药和中药饮片按其特性、采取干燥、降氧、熏蒸等方法养护。

⑥ 建立健全重点药品养护档案工作，并定期分析不断总结经验，为药品储存养护提供科学依据。

⑦ 药品养护人员应对库存药品根据流转情况定期进行养护和检查，按要求做好养护记录。

⑧ 药品养护人员应每月汇总、分析和上报养护检查、近效期或长时间储存的药品等质量信息。

⑨ 药品养护人员应负责养护用仪器设备、温湿度检测和监控仪器、仓库在用计量仪器及器具等管理工作。

⑩ 库存养护中如发现质量问题，应悬挂明显标志和暂停发货，并尽快通知质量管理机构予以处理。

实训 1　药品的堆垛

一、实训目的

通过本次实训，让学生理解并掌握药品堆垛的基本操作方法。

二、实训内容

(1) 掌握"六距"的安排、药垛可堆层数的计算。

(2) 熟悉药品堆垛的基本形式及操作方法。

三、实训步骤

(1) 请学生解释什么是"六距"（要求说出具体数字）。

(2) 计算一批药品的可堆层数。

例 1：一批药品，实占面积为 2m²，毛重 40kg，每平方米荷重定额 1400kg，每层 10 件，其不超重可堆层数是多少？

例 2：仓库高度为 5.1m，储存药品每件高度为 0.4m，其不超高可堆层数为多少？

(3) 请学生以小组为单位，根据所学知识，并按 GSP 的要求摆出一个垛形。

四、实训提示

（1）摆放过程中注意药品外包装盒上的储运标志，规范操作。

（2）堆垛过程中注意使用"搭、咬、牵、量、蹲、嵌"等技巧。

五、实训思考

（1）解释什么是"搭、咬、牵、量、蹲、嵌"。

（2）注意观察，在建筑中经常会使用到堆垛操作中的哪些技巧？使用这些技巧的目的是什么？

六、实训体会

七、实训报告

八、实训测试

实训 2　温湿度计的使用及库房温湿度记录和措施

一、实训目的

通过本次实训，让学生学会正确使用温湿度计，并掌握库房温湿度的检查和记录操作，对温湿度超标的情况能采取正确的措施予以解决。培养学生严谨细致、实事求是的责任心和持之以恒、吃苦耐劳的品德。

二、实训内容

（1）温度与湿度计的使用与校正。

（2）库房温湿度的检查和记录。

（3）正确调控库房的温湿度。

三、实训步骤

（1）讲解药品仓储与养护工作中常用的温湿度计的类型。如温度计：普通温度计（水银温度计和酒精温度计）、通风干湿表用温度计（WQG-12）、地面温度计（WQG-15）、最高温度计（WQG-13）、最低温度计（WQG-18）、自动记录温度计、半导体点温计等；湿度计：干湿球温度表、通风湿度计、THR-1 型仓库温湿遥测仪等。

（2）学会在不同环境条件下对温湿度计进行校正，并熟悉每种类型温湿度计的测量范围及使用要求。

（3）分组实际操作温湿度计，要求学生能正确读数，并正确填写温湿度记录及表格。

（4）对表格中超标的温湿度记录提出合适的养护措施并填入表内。

四、实训提示

（1）温湿度计是相对精密的仪器，操作时注意轻拿轻放，以防破碎。

（2）保持温湿度计的清洁卫生，防止误差的发生。

（3）测量时请将温湿度计置于空气较为流通的地方，避免放置于空调或散热器的附近或风口，同时也应避免放置于墙角或靠近门窗的地方，以免影响测量数据的真实性。

（4）读数时目光注意平视。

（5）采取的养护措施在当地的条件下要是可行的。

五、实训思考

（1）现实生活中冷藏降温的措施有哪些？

（2）平日里降湿防潮的措施又有哪些？

六、实训体会

七、实训报告

八、实训测试

实训 3　检查库藏药品

一、实训目的

通过本次实训，让学生掌握对库存药品的查看和检验，及时了解药品的质量变化，以便采取相应的防护措施，并验证所采取的养护措施的成效，掌握药品质量变化的规律。为学生走向社会打下坚实的基础。

二、实训内容

（1）对库存药品进行检查并记录。

（2）对库存药品进行养护并记录。

（3）对有问题药品发出《药品质量复验通知单》或《商品停售通知单》。

三、实训步骤

（1）教师强调库存药品检查的重要性，复习检查的方法、时间的间隔及检查的内容。

（2）对学生进行分组，以小组为单位，对提供的药品进行在库检查，并正确填写《库房药品的养护检查记录》。

（3）对发现问题的药品发出《商品质量复验通知单》或《商品停售通知单》。

（4）同学相互检查记录的情况，并讨论出现问题的原因。

四、实训提示

（1）实训前预习库存药品检查的方法。如：三三四检查、定期检查、突击检查等。

（2）掌握药品检查的内容和要求。

（3）注意温湿度计的使用方法。

（4）以认真负责的态度，规范各项记录的填写。

五、实训思考

分小组讨论，哪些药品该加强检查？对发现的问题该如何整改？

六、实训体会

谈谈对药品养护重要性的认识。

七、实训报告

对库存药品填写养护记录。

实训 4　常见易变中药的养护技术

一、实训目的

通过本次实训，使学生初步掌握中药储存与养护的基础知识，熟练掌握中药常用养护技术。

二、实训内容

砂糖包埋法储存人参；对抗储存法储存蛤蚧。

三、实训步骤

1. 砂糖包埋法储存人参

人参肉质、含油，有时浸糖，在储存过程中容易受潮、发霉、生虫及返糖，必须保持干燥。选用可密封的玻璃、搪瓷容器洗净、干燥，将干燥、无结块的白砂糖铺于容器底部约2～3cm厚，糖面上放置一层人参，再以白砂糖覆盖。如此一层层排列，最后用白砂糖铺面，加盖密封，置阴凉处。使用时可按需要量取用，然后加盖密封即可。此法储存小批量的人参可以确保此类药物固有的色泽和气味，为理想的简便有效的方法。主要适用于新开河参、高丽参、普通红参、西洋参、一般生晒参。

2. 对抗储存法储存蛤蚧

蛤蚧容易受潮、发霉和虫蛀，蛤蚧尾部是药用的主要部分，尤其要注意保护。

选用可密封的玻璃、搪瓷容器洗净、干燥，将生石灰用透气性比较好的纸包裹好放在容器的四角上面用草纸覆盖，然后在容器的底部撒一层花椒或者茱萸，也可用毕澄茄，但花椒效果更好。然后将干燥的蛤蚧均匀地摆放在上面，如果蛤蚧较多，可摆放几层蛤蚧之后再撒一层花椒，摆放完之后密封容器，置阴凉干燥处储存。

四、实训提示

（1）人参夏季最好储存于冷场库中，能防虫防霉，并保持色泽不变，但必须注意容器的密闭，避免潮气入侵。

（2）人参可储存石灰缸中，石灰约占容器的四分之一。该法干燥效果较好，但石灰为强碱干燥剂，存储时间长则易致人参碎裂，色泽改变，失去香气，使外观和内在质量均受影响。

（3）蛤蚧除对抗储存外，也可采用密封储存。选用密封塑料袋放入蛤蚧，然后放入小袋包装的吸潮气和除氧剂进行密封即可。

五、实训思考

（1）当人参储存量较大时采用什么方法储存才能较好地保证人参的质量？

（2）人参储存时应注意什么问题？

（3）举出一些常见的中药易变品种并简述储存方法。

六、实训报告

1. 砂糖包埋法储存人参

商品规格	数量	质量状况	盛装容器	砂糖用量	养护结论

2. 对抗储存法储存蛤蚧

商品规格	数量	质量状况	盛装容器	花椒用量	养护结论

项目4 医药企业药品出库验发管理 »»»

▶【知识目标】掌握药品出库复核的原则、要求与程序；掌握药品出库复核内容。

▶【能力目标】能按照药品出库要求，正确完成药品出库复核程序，培养学生良好的出库操作习惯。

▶【素质目标】学会根据不同情况进行温湿度的调节与控制，具备药品出库复核员岗位要求的素质。

【引导案例】 药品出库复核要盖什么章？

　　小王是某药品批发企业刚刚上岗的药品出库复核员。为了把好出库复核关，需要在出库时，对随货同行单（药品销售出库单）盖章，并签名。

　　最近，小王对于随货同行单到底盖什么章有点纠结。原因是这些章种类多，例如有业务专用章、出库复核专用章、发货专用章、公章。小王发现也有部分企业（注：同一企业供货企业）例如5月4日提供一批药品随货同行盖的是发货专用章，6月10日提供另一批药品随货同行盖的是出库复核专用章。

　　也有人告诉小王，随货同行单内容只要符合《药品经营质量管理规范》以及《药品流通监督管理办法》中对销售凭证的要求就可以了，至于所盖的印章，没有做具体要求。

　　欢迎你找出法规依据，告诉小王你的观点，一起来探讨药品批发企业判断供货企业随货通行单是否作假的经验。

单元1 医药企业药品出库管理的原则与程序

　　药品的出库是药品在流通领域中的一个关键性环节，也是防止质量不合格药品进入市场的重要关卡。出库验发是对销售、调拨的药品在出库前进行全面的检查，以保证其数量准确、质量合格。

　　药品出库后一般有两个去向：一个是发往医疗单位，直接供给临床使用，一般称为纯销或系统外销售；另一个是调往各地医药经营单位（包括批发和零售），一般称为内调或系统内调拨。系统外销售零散件多，运输距离较短，使用的时间较快；系统内调拨一般整件多，运输距离较长，许多药品要经过中途转运，而且不是在短时间内使用的。因此，发货时一定要根据客户的购销合同要求或双方签订的质量保证协议规定执行。

　　药品验发是一项细致而繁杂的工作，必须严格执行出库验发制度。

一、药品出库验发的原则与要求

(一) 执行"四先出"和按批号发货的原则

"四先出"即先产先出、先进先出、易变先出和近期先出。具体要求如下。

1. 先产先出

是指库存的同一品名的药品,对先生产的批号尽量优先出库。药品出库采取"先产先出",有利于库存药品不断更新,确保其质量。

2. 先进先出

是指同一品种药品的进货,按进库的先后顺序出库。医药经营企业通常进货比较频繁,渠道较多,同一品种从不同药品生产企业进货的现象较为普遍,加之库存量大,堆垛分散,如不掌握"先进先出"的原则就有可能将后进库的药品先发出,而先进库的药品未发,时间一长,存库较久的药品就易变质。只有坚持"先进先出"的原则,才能使不同企业生产的相同品种的药品都能做到"先产先出",经常保持库存药品的轮换。

3. 易变先出

是指库存的同一药品,不宜久储、易于变质的应尽量先出库。有的药品虽然后入库,但由于受到阳光、气温、湿气、空气等外界因素的影响,比先入库的药品易于变质。在这种情况下,药品出库时就不能机械地采用"先产先出、先进先出"的原则了,而应根据药品的质量的实际情况,将易霉、易坏、不宜久储的药品优先出库,防止不必要的损失。

4. 近期先出

是指库存有"近效期"的同一药品,对接近失效期的先行出库。对仓库来说,所谓"近失效期",应包括给这些药品留有调运、供应和使用的时间,使其在失效之前进入市场并投入使用。某些药品虽然离失效期尚远,但因遭到意外事故不宜久储时,则应采取"易变先出"办法尽量先调出,以免受到损失。

5. 按批号发货

按批号发货是指应将同一品种同一批号的全部发完,再发下一个批号。尽量将批号在前的发完。

(二) 坚持"十不出库"的原则

凡质量可疑、过期失效、报废、霉变、虫蛀、鼠咬、包装和标签不符合规定及破损的,国家食品药品监督管理局公布淘汰的及抽验不合格的药品一律不准出库,禁止作为正常合格药品验发出库,确保药品质量。

二、药品出库验发业务的基本程序

药品出库又称为发货,这是药品仓库业务的最终环节。其基本程序为:核对—发货—配货—复核—出库—记账。

1. 核对

药品出库,首先要进行"三查六对",并做好相关的记录。

2. 发货

必须以正式的出库凭证(包括调拨供应单、提货单和出库单)为依据。管理人员要核对凭证,检查印鉴是否齐全,品名、规格、数量等填写的字迹是否清楚,有无差错、涂改,提货日期有没有超过等。经核对无误后交保管员配货。出货凭证如有问题,必须经原开证单位更正并加盖印章，手续不符的应拒绝发货。

3. 配货

保管人员接到出库凭证后，按其所列项目审查无误，先核销实物卡片上的存量，然后根据"先进先出"等原则，并按出库凭证配货。对计重量的药品要逐件过磅称重；对零星药品可并件并箱；贵重品种或剧毒药品，要两人配货封箱（件）。配货要做到数量准确，质量完好，包装完整，堆放有序。

> **小链接：有下列情形之一者，应停止配货、发货**
>
> 药品包装内有异常响动和液体渗漏；外包装出现破损、封口不牢、衬垫不实、封条严重损坏等现象；包装标识模糊不清或脱落；药品已超出有效期等。对药品外观质量和包装进行检查，发现有质量报废、霉变、虫蛀、鼠咬、包装破损等严禁作为正常药品验发出售。凡已过期失效药品，不得再用，禁止发出，按规定程序处理清理。

4. 复核

保管人员将货配发齐后，要反复清点核对，确保货单相符，保证数量与质量。既要复核货单是否相符，又要复核货位结存量来验证出库量是否正确，发出的零星药品在核对包装时要有两人以上在场，麻醉药品、一类精神药品、毒性药品和化学试剂的爆炸品、剧毒品和贵重药品，应实行双人收发货制度，仓储部门有关负责人必要时要亲自进行复核。爆炸品、剧毒品，客户自备车辆时应检查有否公安部门签发的准运证。

5. 出库

发出的药品，经清点集中后，要及时办理手续。自领药品由保管员根据凭证所列的品种，向领物人逐一点交。由仓库下送的药品，要向押运人员交待清楚物资和物资送到后应办的手续。由运输单位负责运送或托运的药品，仓库应向承运单位办理托运手续，并将托运药品的数量、质量、承运单位、启运时间和运输方式等通知收物单位，及时收回回执。在办理交接时，双方都应在凭证上签章，以明责任。点交完毕即给接货人员填发出门证。

6. 记账

药品出库后，保管员根据出库凭证所列内容在保管账上作发货记录，并及时在发货卡上注销。

单元 2 医药企业药品出库复核的内容

药品出库应进行质量复核和质量检查。药品出库复核，应按照发货凭证对发货实物进行检查，对数量和项目一一查对，查对无误后应在出库单上签字，方可出库。如发现问题，应报告给质量管理部门处理。麻醉药品、一类精神药品、医疗用毒性药品、放射性药品应实行双人核对。

一、出库复核"三查六对"制度

药品出库验发，首先必须对发票进行"三查"，即查购销单位、发票印鉴、开票日期等是否符合要求；然后将发票与实物进行"六对"，即对货号、品名、规格、单位、数量、包装是否相符。

二、整件药品出库复核内容

整件药品，是指药品验收入库后，未拆过箱的药品。整件药品出库时，应检查包装是否无缺，并按照"三查六对"项目进行检查即可。

三、拼箱发货药品出库复核的内容

药品拼箱是指将不成箱、零头的药品拼装到同一个箱内，以便于运输，防止破损。拼箱发货要在拆零拼箱区进行，细心包装或拼箱，并具体注明药品称号、规格、厂牌、批号与数目，做到正确无误。并注意以下要点。

（1）应尽量将同一种类的分歧批号或规格的药品拼装于同一箱内。

（2）若为多个种类，应尽量按剂型停止拼箱。

（3）若为多个剂型，应尽量按剂型的物理状况停止拼箱。

（4）液体系列制剂不得与固体系列制剂拼装于同一箱内。

（5）普通药品不能同麻醉药品、毒性药品、精神药品、放射性药品混装。

（6）麻醉药品、毒性药品、风险品和性质互抵药品必需分别包装，并在外包装上注明。

（7）中药饮片不得直接以麻袋、纸箱包装。

（8）对发出的药品，一切应防冻和需冷藏的药品，必需应按相应的包装请求包装，应在外包装上加注标记，需要时还应注明"不要倒置"、"当心轻放"等字样。

（9）由仓库分装、改装、换包装的药品以及零货拼箱，箱外要加符号，箱内应放置装箱单。进口药品出库，要加注中文标记。

（10）一切发出的药品的外包装上应有光鲜的唛头，必需注明收货单元及地址的全称，发货单元的全称，并在外包装上注明有关运输的请求，以引起运输部门的重视（客户上门自提的除外）。

四、出库复核中拒绝出库的情况

在出库复核中，如发现以下问题应停止发货或配送，并申报质管部处置惩罚。

（1）药品包装内有异常响动和液体渗漏。

（2）外包装出现泛起破损、封口不牢、衬垫不实、封条严重损坏等现象。

（3）包装标识模糊不清或零落。

（4）药品已超出有效期。

五、药品出库复核记录

药品出库复核时，为便于质量跟踪应做好出库复核记录。药品出库复核记录的详细内容包括：购货单元、品名、剂型、规格、批号、有效期、供应厂商、数目、发卖日期、质量情况和发货员、复核员等项目。

每复核完一个品种后复核人员应在药品出库单上签字，认真做好复核记录，"药品出库复核记录"（表2-4-1）的内容应包括购货单位、品名、剂型、规格、批号、有效期、生产厂商、数量、销售日期、质量状况和复核人员等项目。复核记录应保存至超过药品有效期1年，但不得少于3年。贵重药品和特殊药品（毒、麻、精、放类药品）出库发货时，执行双人复查查对。

表 2-4-1 药品出库复核记录

仓库号：　　　　　　　　　　　　　　　　　　　　　　　　　　　　　年

发货日期	购货单位	品名	规格	批号	有效期	生产企业	数量	质量情况	发货人	复核人

说明	1. 有效期栏内应填写有效期至××年××月 2. 发出药品复核时，若无质量问题，在质量情况栏内填写"正常"字样 3. 特殊管理药品出库复核时，要双人复核，在复核人栏内二人均要签字

学习小结

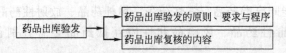

药品出库验发 → 药品出库验发的原则、要求与程序
药品出库验发 → 药品出库复核的内容

目标检测

一、填空题

1. 药品出库须有＿＿＿＿＿＿＿。禁止＿＿＿＿＿＿＿或＿＿＿＿＿＿＿。＿＿＿＿＿＿＿或＿＿＿＿＿＿＿也须办理出库手续。

2. 药品的运输工作，应根据＿＿＿＿＿＿＿、＿＿＿＿＿＿＿、＿＿＿＿＿＿＿、＿＿＿＿＿＿＿的原则。

3. 药品出库须先存放在明显标志的＿＿＿＿＿＿＿，以备复核人复核。

二、名词解释

药品的出库复核

三、简答题

1. 药品出库复核的"三查"、"六对"内容是什么？
2. 药品"四先出"的原则是什么？并简单解释。
3. 药品"十不出库"的内容是什么？

实训　办理药品出库

一、实训目的

通过本次实训，让学生掌握药品出库的流程和基本原则，熟练掌握各种出库单据的管理和使用，培养学生良好的职业道德和敬业精神。

二、实训内容

（1）药品出库的原则。

（2）药品出库的程序：核对—发货—配货—复核—出库—记账。

（3）各种出库单据的填写。

三、实训步骤

（1）要求学生在规定时间内正确口述或笔录药品出库的基本程序。

（2）填写购货发票、调拨供应单或提货单（出库单）。

（3）模拟药品出库（发货）业务（核对—发货—配货—复核—出库—记账）等环节。

（4）自我小结。

四、实训提示

（1）熟悉"三查六对"的内容。

（2）发货时以正式的出库凭证（调拨供应单、提货单、出库单）为依据。检查印鉴是否齐全，品名、规格、数量等填写的字迹是否清楚，有无差错、涂改，提货日期有没有超过等。经核对无误后交保管员配货。

（3）配货时，保管人员接到出库凭证后，按其所列项目审查无误，先核销实物卡片上的存量，然后根据"先进先出"等原则，并按出库凭证配货。贵重品种或剧毒药品，要两人配货封箱。

（4）保管人员将货配发齐后，要反复清点核对，确保货单相符，保证数量质量，发出的零星药品在核对包装时要有两人以上在场，麻醉药品、一类精神药品、毒性药品和化学试剂的爆炸品、剧毒品和贵重药品，应实行双人收发制度，每复核完一个品种后复核人员应在药品出库单上签字，认真做好复核记录。

（5）发出的药品，经清点集中后，要及时办理手续。自领药品保管员须根据凭证所列药品的品种，向领取人逐一点交。在办理交接时，双方都应在凭证上签章，以明责任。点交完毕后即给接货人员填发出门证。

（6）药品出库后，保管员根据出库凭证所列内容在保管账上作发货记录，并及时在发货卡上注销。

五、实训思考

（1）药品存在哪些问题是不允许出库的？

（2）关于出库拼箱有哪些要求或规定？

六、实训报告

填写《药品出库记录》。

医药企业药品配送管理 »»»

项目 1 认识医药企业药品配送管理 »»»

▶【知识目标】掌握药品配送的定义，药品配送中心的定义、分类、选址管理和作业管理知识。

▶【能力目标】能根据药品、药品配送中心定义与特点，结合实际，进行药品配送的分类、选址和作业流程管理。

▶【素质目标】培养学生对不同药品配送的深入认识，具备药品配送管理的基本知识与必备素质。

【引导案例】 如何打造强大的医药连锁配送中心

这几年医药连锁企业竞争和拼杀的残酷丝毫不逊于白炽化的家电行业。万米平价大药房、老百姓零点利大药房、社区大药房、医院联合大药房等多种衍生的零售经营形式也表现得很是活跃，但不管怎样，这种竞争的结果，最后的得益者最终是老百姓、消费者。

据不完全统计，我国零售药价自 2001 年至今，短短三年，总体下降了近 20 个百分点，也就是说原来医药零售企业能保持 40％的毛利率，现在仅能维持在 15％～20％的水平，因此，医药零售企业的经营内涵也迅速由粗放式经营向精细化经营转变，医药连锁经营核心竞争力也更加明确地表现为：商誉品牌经营能力、物流配送能力、计算机信息处理能力、培训学习能力等能力，因此一些大的医药连锁企业纷纷建立配送中心，有的在原来配送中心的基础上更加突出配送中心的经营管理功能。

同学们，请想一想，如何设计一个适合医药企业的药品配送中心，如何进行有效的规划和管理，强化配送中心的经营功能？

单元 1 药品配送概述

一、药品配送的定义

（一）配送的定义

在现代商品流通中，流通经济活动包含商流活动、物流活动以及资金流活动。其中，在物流活动过程中，人们通常把面向城市内和区域范围内需求者的运输称为"配送"，也就是说，"少量货物的末端运输"是配送。这是一种广义上的概念，是相对于城市之间和物流据点之间的运输而言的。然而随着物流业的发展，人们对配送的理解与认识也在发生变化，相应地，配送的内涵也在不断发生变化。

2001 年 4 月，我国国家质量技术监督局在颁布的《中华人民共和国国家标准——物流术语》中，对配送的定义为"在经济合理区域范围内，根据客户要求，对物品进行分拣、加工、包装、分割、组配等作业，并按时送达指定地点的物流活动。"

从配送定义的发展，可以看到配送涉及的活动越来越多，几乎包括了所有的物流功能要素，是物流在小范围内全部活动的体现，而且配送的范围越来越广，已不限于区域和距离。一般来说，配送集装卸、包装、保管运输于一身，通过这一系列活动达到将物品按客户要求送达的目的；而特殊的配送则还要进行加工活动，包含的面更广。

配送是"配"和"送"的有机结合体。配送与一般送货的重要区别在于，配送往往在物流据点有效地利用分拣、配货等理货工作，使送货达到一定规模，以利用规模优势取得较低的送货成本。同时，配送以客户为出发点，强调以"按客户的订货要求"为宗旨。为此，完善配送对于物流系统的提升，对生产企业和流通企业的发展，以及整个经济社会效益的提高，具有重要的作用。

（二）药品配送的定义和特点

1. 药品配送的定义

药品配送主要是指具有配送资质的医药企业对其他医药企业、医疗机构、社区医疗服务中心或零售药店进行药品的配送。

2. 药品配送的特点

就大的物流系统来说，经过了一系列的运输、储存、包装、装卸、搬运和流通加工，最终到达配送环节面向用户。因此，配送只是物流系统的终端，占着很小的部分。然而，一次配送活动，从接受并处理订单之后，通过集货、配货和送货等作业，使之又相对处于一个独立物流过程，物流的功能要素：装卸、包装、保管、运输、流通加工、物流信息都能在配送活动中得以体现，并通过这一系列的物流活动完成货物快速、安全、可靠、准确、低费送达客户的目的。药品出库是药品在流通领域的一个重要环节。出库时应掌握"四先出"原则，即"先产先出、先进先出、易变先出、近期先出"，以确保库存药品自身质量始终保持在较为新鲜的良好状态。

药品的需求具有客观性和时效性。医药物流跟其他行业相比具有很多自身的特点，药品的特殊性决定了其运输、包装、仓储、保管等一系列物流环节的特殊性，而药品需求的时效性，对于药品的物流配送则提出了更高的要求，要求医药物流配送系统具有很高的柔性。

小链接：新医改及相关政策对医药企业药品配送的影响

从 2009 年 1 月到 4 月先后有 3 部关于医药行业的政策性的文件出台。第一部是国务院下发《关于进一步规范医疗机构药品集中采购工作的意见》（简称《意见》），《意见》中规定了药品集中采购由批发企业投标改为药品生产企业直接投标，从生产企业到医疗机构，中间只能经过一家配送企业；第二部是国务院下发的《关于印发物流业调整和振兴规划的通知》（简称《通知》），《通知》中第一次明确地将医药物流作为物流业的分支在全国性的正式文件中提出，无疑也是对其经济基础地位的一种肯定与重视；第三部是中共中央国务院发布的《关于深化医药卫生体制改革的意见》，该文件中提出了建立健全药品供应保障体系：加快建立以国家基本药物制度为基础的药品供应保障体系，保障人民群众安全用药；建立健全覆盖城乡居民的基本医疗卫生制度，为群众提供安全、有效、方便、价廉的医疗卫生服务；规范药品生产流通；进一步完善医疗服务体系的目标。推动行业集中度的提高，强调了支持发展现代医药物流，并提出了加快发展农村药品物流体系。

　　2010年，卫生部等三部委联合发布的《关于加快医药行业结构调整的指导意见》，明确了行业整合方向及调整组织结构的具体目标。

二、药品配送的分类

　　为了满足不同药品、不同医药企业、不同医药流通环境的要求，药品配送经过较长一段时间的发展，形成了多种配送形式。

1. 药品配送主体分类

（1）仓库配送

　　这类药品配送的主体是仓库，即是以仓库为结点进行配送，是传统医药仓库职能的扩大化。一般包括两种基本形式，一种是按一定的标准将仓库完全改造成药品配送中心，但投资大；另一种是在保持仓库原功能的前提下，以仓库原功能为主，再增加一部分药品配送的职能，在活动能力、经营规模和服务范围等方面均不及前者。但是，这种药品配送方式有利于挖掘传统医药仓库的潜力，所花费的投资不大，是我国医药企业发展药品配送起步阶段的主要选择形式。

（2）药品生产企业配送

　　这类药品配送的主体是药品生产企业，尤其是进行多品种生产的药品生产企业，这些医药企业可以直接从本企业开始进行配送，而不需要将药品发运到药品配送中心进行配送。由于具有直接、避免中转的特点，节省了物流费用，故有一定的优势。

（3）药品配送中心配送

　　这类药品配送的主体是专门从事药品配送业务的配送中心。药品配送中心的专业性强，和客户有较稳定的配送关系，一般实行计划配送，很少超越自己的经营范围，需配送的药品通常有一定的库存量。药品配送中心的设施及工艺流程是根据药品配送需要专门设计的，所以配送能力强、配送品种多、配送量大，可以承担企业主要药品的配送和及时性补充配送等。在实施药品配送较为普遍的国家，药品配送中心是配送的主要形式，不但在数量上占主要部分，而且是某些小药品配送企业的总据点，因而发展较快。

　　药品配送中心配送是一种大规模的配送形式，覆盖面宽，是目前我国药品配送的主要倡导模式。药品配送中心必须有配套的、实施大规模配送的设施，如药品配送中心建筑、车辆和路线等，一旦建成就很难改变，灵活机动性较差、投资高。因此，这种药品配送形式有一定的局限性。

2. 按配送药品的种类及数量不同分类

（1）单（少）品种、大批量配送

　　一些大型医疗机构或者连锁药店经营公司的配送中心，会对单独一个或几个常规药品品种的需求量比较大，而且需求比较稳定。这种情况下往往不需要与其他药品搭配，可由药品配送企业实行整车专项配送。由于配送量大，可使车辆满载并使用大吨位车辆，药品配送企业内部设置、组织、计划等工作也较简单，配送的时间间隔一般也比较长，因此药品配送成本较低。

（2）多品种、少批量配送

医疗机构除需要常规药品品种外，还需要购进其他非常规类药品品种，一般这类药品的需求量不大，消耗时间周期较长，若一次进货量太大，会造成医疗机构药品库存增大等问题。另外对于一些药品消耗较慢的社区医疗服务中心和零售药店，也面临同样的问题。这样，多品种、少批量的药品配送方式随之产生。多品种、少批量药品配送是按配送对象的要求，将其所需的各种药品配备齐全，凑整装车后由药品配送公司送达配送对象。这种药品配送方式作业水平要求高，配送中心设备要求复杂，配货送货计划难度大，因此需要有高水平的组织工作保证和配合。

3. 按配送的时间及数量不同分类

按照配送的时间及数量的不同，可以把配送分为以下五种形式。

（1）定时配送

这种药品配送方式是指根据与医疗机构或零售药店签订的配送协议，按规定的时间间隔进行配送，如数小时或数天一次等，每次配送的药品品种及数量可按计划进行，也可在配送之前用已商定的联络方式进行通知。这种配送方式时间固定，对配送主体来讲，易于安排工作计划，易于计划使用设备；对医疗机构或药店来讲，易于安排接运人员和接运作业。但是，由于允许客户临时调整配送的药品品种及数量，在品种、数量变化较大的情况下，也会给配送作业带来一定的困难，如配货、装货难度大，运力安排出现困难等。

（2）定量配送

这种药品配送方式是指按规定的批量在一个指定的时间范围内进行配送。这种药品配送方式计划性强，每次配送的药品品种及数量固定，因此备货工作较为简单，可以按车辆的装载能力规定配送的定量，配送效率较高，成本较低。由于时间限定不严格，可以将不同药品配送对象所需药品凑足整车后配送，提高车辆利用率。对药品配送对象来讲，每次接货都处理同等数量的货物，有利于人力、物力的准备。

（3）定时定量配送

这种药品配送方式是指按规定的配送时间和配送数量进行药品配送。这种方式兼有定时、定量两种方式的特点，但特殊性强、计划难度大，对配送主体的要求比较严格，需要配送组织有较强的计划性和准确度。所以适合采用的对象不多，相对来说，该种配送方式比较适合药品需求量大的大型医疗机构和大型药品连锁商店的部分药品的配送以及配送中心采用。

（4）定时定路线配送

这种配送方式是指通过对医疗机构或零售药店的分布状况进行分析，设计出合理的运输路线，再根据运输路线安排到达站点的时刻表，按照时刻表沿着规定的运输路线进行配送，客户可按规定路线、规定时间接货及提出配送要求。对配送主体来讲，这种配送方式有利于计划、安排运力，在配送医疗机构或零售药店较多的地区，也可避免过分复杂的配送要求所造成的配送组织工作及车辆安排的困难。对医疗机构或零售药店来讲，可以就一定路线和时间进行选择，同时可以有计划地安排接货的人力、物力。

（5）即时配送

这种配送方式是指完全按照医疗机构突然提出的配送要求（时间、品种、数量等）立即进行配送，如一般医疗机构要求配送主体必须在配送对象下单后4h内将急救药品送达，节假日照常配送，一般药品24h内送到，最长不超过48h。因此这是一种灵活性很高的应急的配送方式。这种配送方式对配送组织的要求比较高，通常只有配送系统完善、具有较高的组织和应变能力的专业化的药品配送中心才能开展这一业务。

4. 按配送的组织形式分类

（1）分散配送

药品分散配送是指药品销售网点或仓库根据自身或医药公司的需要，对小批量、多品种药品进行配送。特点是适应于分布广、服务面宽、近距离、品种繁多的小额药品的配送。

（2）集中配送

药品集中配送又称配送中心配送，是指专门从事配送业务的配送中心对医疗机构集中采购的药品需求而进行的配送。它的特点是规模大、专业性强、计划性强、与医疗机构关系稳定和密切、配送品种多、数量大，是配送的主要形式。

小案例：英国 Boots 公司的药品零售配送中心

Boots 公司是英国历史最悠久的零售连锁店之一，提供与卫生保健和美容相关的产品和咨询，服务包括美容、配镜、助听器及药品的销售。该公司建立的配送中心需要面向多家企业，首先考虑的是客户满意度。而要做到这一点，各分店只能依赖于订单的快速供应，并希望货物到达时数量正确、包装完好。如果 Boots 公司的分店在下午 6 点前发出一个订单，那么配送中心保证将物品在次日该分店开始营业前送到。要做到配送服务快速流畅，一个决定性的因素就是保证在中心仓库内的精确协调和处理。该中心仓库具备每周拣选和发出超过 200 万件物品的能力。同时配送中心安装了一套有效且可靠的物流系统，将客户要求的所有功能囊括进来，完美地满足了客户业务的需要。新的自动化物流系统的优点是显而易见的。和以前相比，它最大的不同在于减少了库存，提高了服务水平，精简了员工数量，并且由于拣选准确率的大大提高，客户的满意度也大幅提高。

（3）销售—供应一体化配送

这种药品配送方式是指对于基本固定的客户和基本确定的配送药品，连锁药店经营公司可以在自己销售的同时，承担其他零售药店有计划供应者的职能，既是销售者，又是供应者。

单元 2 医药企业药品配送中心

药品配送中心是以组织和实施配送性供应医药品或销售医药品为主要职能的流通型节点，是构建医药品配送业最主要的组织形式之一。

药品配送中心作为全方位、多功能的现代物流生产实体，聚合了物流、商流、信流、资金流等诸多活动，以经济有效的运作模式，充分发挥了社会资源的作用，为生产者和消费者提供高水平、低成本的服务，从而促进经济的良性循环。

一、药品配送中心的基本功能

药品配送中心是一种多功能、集约化的物流节点。作为现代物流方式和优化销售体制的配送中心，它把收货验货、存储保管、装卸搬运、分拣、流通加工、配送、结算和信息处理，甚至包括订货等作业有机地结合在一起，形成全方位服务的供货枢纽。作为一个定货量大、集约化的配送中心，通常具备以下功能。

(一) 集散功能

在一个大的医药物流系统中，药品配送中心是以组织配送性销售或供应、执行实物配送为主要职能的流通型节点，它凭借其特殊的地位和拥有的各种先进设备，能够将分散在各个生产企业的产品集中在一起，通过分拣、整理、配备等环节向各个用户进行发送。同时，药品配送中心也可以把各个用户所需要的多种医药品有效地组合或配装在一起，形成经济、合理的批量，来实现高效率、低成本的医药商品流通。因此，药品配送中心具有集货中心、分货中心的职能。

(二) 拣选功能

在品种繁多的医药库存中，药品配送中心根据用户的订货单，将所需的医药品，按要货量从医药仓库或货架上挑选出来，并集中在一起，这种作业称为拣选。随着流通体系的不断发展和市场营销渠道的日趋细化，医药商品、原材料进货和医药商品发货等方面日益呈现出多样化、差异化、多品种、小批量的倾向，在这种情况下，医药商品的拣选显得更加重要。为了降低进货价格和进货费用，药品配送中心往往采取大批量进货的方法。这就需要配送中心根据用户的要求，对这些医药商品进行分拣。尤其在医药商品批次多、批量小、客户要求时间紧的情况下，药品配送中心需要将一批相同或不同的进货分开，再按用户要求集中在一起进行配送。

(三) 储存功能

在现代经济社会中，医药商品的生产和消费之间由于时间、空间与其他因素的影响，常常会出现暂时的分离，药品配送中心为了调节生产与消费、进货与销售之间的时间差，需要具备储存功能。通常，药品配送中心都建有现代化的仓储设施，如仓库等，它不但要在配送货物的过程中存储货物，而且它所存储的货物数量大、品种多。

(四) 流通加工功能

为了提高客户的满意程度，实现更有效的、更高水平的医药配送，国内外许多药品配送中心都很重视提升自己的流通加工能力。根据用户或者市场竞争的需要，对配送物进行加工之后进行配送。

(五) 运输功能

运输是物流的基本内容之一，也是配送中心的基本职能。由于各连锁分药店分布相对较散，且数量较多，限于交通条件或基于经济上的考虑，不可能配备足够的交通工具，这就要求配送中心具有运输功能。药品配送中心的运输活动可以分为两类：一类是医药产品生产出来以后由工厂运至药品配送中心；另一类则是由药品配送中心将医药产品按用户的要求运送到用户手中。药品配送中心根据计算机网络所获得的各分药店要货信息，合理安排运力，及时向各分店运送医药商品，充分满足各分药店的要求。

(六) 配送功能

所谓配送，是按客户的订货要求，在物流据点进行分货、配货作业，并将配好的商品交给收货人。与运输相比，配送通常是在商品集结地，完全按照客户对商品种类、规格、品种搭配、数量、时间、送货地点等各项要求，进行分拣、配货、配装、车辆调度、路线安排的优化等一系列工作，再运送给客户的一种特殊的送货形式。配送有不同于传统送货的现代特征，它不单是送货，在活动内容中还有"分货"、"配货"、"配车"等工作，必须有发达的商品经济和现代的交通运输工具和经营管理水平。所以，药品配送中心的配送功能完善了整个医药物流系统，大大提高了医药物流的作用和经济效益。

（七）信息处理功能

药品配送中心同时也是信息中心，现代化的配送中心往往是以现代化的信息处理手段为标志。药品配送中心有相当完整的信息处理系统，能有效地为整个流通过程的控制、决策和运转提供依据。无论是在集货、储存、拣选、流通加工、分拣、配送等一系列物流环节的控制，还是在物流管理和费用、成本结算方面，均可实现信息共享。而且，药品配送中心与销售药店建立信息直接交流，可及时得到药店的销售信息，有利于合理组织货源，控制最佳库存。同时，还将销售、库存信息迅速、及时地反馈给医药企业，以指导医药商品生产计划的安排。

可见，现代化的配送中心工作效率如此之高，以电脑为中心的现代化信息网络起着关键作用，配送中心成了整个流通过程的信息中枢。

（八）延伸服务功能

物流配送中心的延伸服务功能主要包括市场调查与预测、采购与订单处理、配送、物流咨询、物流方案的选择和规划、库有控制决策建议、货物回收与结算、物流系统工程设计与规划方案的制作等。

小链接：中国民生医药电子商务网

中国民生医药电子商务网摆脱仅仅提供信息服务的旧有模式，它集信息交互、交易结算、增值服务、第三方物流于一身，是为上下游客户提供实现信息、物流、资金的高度协同的高效的第三方服务平台。

二、药品配送中心的类型

随着社会生产和市场经济的发展，药品配送中心的数量在不断增加，由于各自的服务对象、组织形式各不相同，可以把药品配送中心划分为许多的类型。

（一）按照服务性质分类

1. 供应型药品配送中心

供应型药品配送中心是专门向某个或某些医药客户（例如连锁药店、医院）组织供应的药品配送中心。在实践中，这种类型的药品配送中心与医药生产企业或大型医药经营组织建立起相对稳定的供需关系，专门为其提供原材料、医药商品等。这些药品配送中心类似于用户的后勤部门，客观上起着供应商的作用，故属于供应型配送中心。这种类型的主要特点是：配送的客户数量有限并且稳定，客户配送的要求范围也比较确定。

2. 销售型药品配送中心

销售型药品配送中心是以销售经营为目的，以配送为手段的药品配送中心。销售药品配送中心大体有两种类型，一种是医药生产企业为了将自己的医药产品直接销售给消费者，因此在远离医药生产企业的地区建立的药品配送中心。在国外，这种类型是比较多的。第二种是医药流通企业作为本身经营的一种方式，建立配送中心以扩大销售，目前我国拟建的药品配送中心大多是这种类型。销售型配送中心的主要特点是：配送的客户一般是不确定的，而且客户的数量很大，每一个客户购买的数量比较少，这种药品配送中心很难像供应型配送中心那样实行计划配送，因此计划性很差。

（二）按照地域范围分类

1. 城市药品配送中心

城市药品配送中心是以城市为配送范围的药品配送中心。由于城市范围内运输距离短，药品配送中心在从事相关送货活动时，一般都使用载货汽车。这种配送中心往往和零售经营相结合，由于运距短、反应能力强，因此从事多品种、少批量、多客户的医药配送比较有优势。但由于它的服务对象多为城市内的零售药店、连锁药店和医药生产企业，它的辐射能力都不太强。我国试点所建立的配送中心（如苏州礼安医药有限公司配送中心、杭州华氏医药有限公司药品配送中心），绝大多数都属于城市药品配送中心。

2. 区域药品配送中心

区域药品配送中心是一种辐射能力较强、活动范围较大，可以跨省、市，甚至跨国开展医药配送业务的配送中心。这种药品配送中心的规模较大，一般而言，客户也比较多，配送的批量也比较大，其配送客户通常是下一级的城市药品配送中心，有时也零星地配送给医药站点、药店和医药企业客户，但不是主体形式。这种类型的药品配送中心在国外已经相当普遍，一般采用大型连锁集团建设区域药品配送中心，负责某一区域内集中采购，再配给下一级药品配送中心的形式。

（三）按照配送中心的内部特性分类

1. 储存型药品配送中心

储存型药品配送中心是充分强化医药商品的储备和储存功能，在充分发挥储存作用的基础上开展医药商品配送活动的药品配送中心。这类药品配送中心通常具有较大规模的医药仓库和储物场地，在资源紧缺的条件下，能形成储备丰富的资源优势。我国在20世纪90年代后期所建的一些配送中心，都采用集中库存形式，库存量较大，多为储存型配送中心。

2. 流通型药品配送中心

流通型药品配送中心基本上没有长期储存功能，仅以暂存的或随进随出方式进行配货、送货。这种药品配送中心的典型方式是：大量医药商品整进并按一定批量零出，采用大型分货机；进货时直接进入分货机传送带，分送到各客户货位或直接分送到配送汽车上，医药商品在药品配送中心里仅作少许停滞。

3. 加工型药品配送中心

加工型药品配送中心是根据客户的需要或者市场竞争的需要，对医药商品进行加工之后进行配送的药品配送中心。在这类药品配送中心里，有分装、包装、初级加工、集中下料、组装产品等加工活动。

（四）按照运营主体分类

1. 以医药制造企业为主体的配送中心

这种药品配送中心的医药商品100%是由自己生产，用以降低流通费用、提高售后服务质量和及时地将预先备好的未完成品运送到规定的加工和装配工位。从医药制造企业到生产出来后条码和包装的配合等多方面都较容易控制，它是一种现代化、自动化的配送中心，但不具备社会化的要求。

2. 以医药批发企业为主体的配送中心

医药商品从制造商到消费者手中，传统的流通过程有一个环节是批发，这种类型的药品配送中心一般是按部门或医药商品类别的不同，把每个制造厂的医药商品集中起来，然后以单一品种或搭配形式向消费地的零售商进行配送。这种药品配送中心的医药商品来自各个医药制造企业，它所进行的一项重要的活动便是对医药商品进行汇总和再销售，它的全部进货和出货都是社会配送的，社会化程度高。

3. 以医药零售企业为主体的配送中心

医药零售商发展到一定规模后，就可以考虑建立自己的药品配送中心，为专业医药零售商、超级市场、连锁药店等服务，其社会化程度介于前两者之间。

4. 以医药仓储运输业为主体的配送中心

这种药品配送中心最强的是运输配送能力，地理位置优越，如港湾、铁路和公路枢纽，可迅速将到达的医药商品配送给客户。它提供仓储货位给医药制造商或供应商，而药品配送中心的医药商品仍属于医药制造商或供应商所有，药品配送中心只是提供专业的医药仓储管理和运输配送服务。这种药品配送中心的现代化程度往往较高。

三、药品配送中心选址管理

药品配送中心选址决策是医药物流系统中具有战略意义的投资决策问题，属于医药物流系统的长期规划项目，建设地点一旦选定则很难改变。药品配送中心的选址将会直接影响药品配送中心各项活动的成本，同时也关系到药品配送中心的正常运作和发展，其选址是否合理，将对整个系统的物流合理化、物流的社会效益和企业命运有着决定性的影响。

药品配送中心选址，是指在一个具有若干供应点及若干需求点的经济区域内，选择一个地址设置医药物流药品配送中心的规划过程。

（一）药品配送中心选址的目标

由于药品配送中心是进行医药物流组织的重要节点，其运作模式的主要特点在于它不是从事具体医药商品生产的社会组织，而是从医药生产商手中汇集各种医药商品资源，再进行分类、配送等集约化活动，以实现医药物流活动的规模经济性、有效地降低整个医药物流成本的活动，所以在医药商品资源分布、需求状况以及运输和其他自然条件的影响下，不同的药品配送中心选址地点会使整个医药物流系统的运作成本产生很大差异，因此在已有的客观条件下，如何设置药品配送中心，使得整个系统的医药物流费用最低，客户服务效果最好，是药品配送中心选址决策的核心问题。

一般来讲，药品配送中心选址的目标有下述几个。

（1）费用低，即寻求药品配送中心包括建设费用和经营费用在内的总费用最低。

（2）服务好，即药品配送中心选择的地址应该能够保证物品及时、完好地送达用户。

（3）辐射强以及社会效益高，即药品配送中心的选址应该从整个区域的医药物流大系统出发，使药品配送中心的地域分布与区域医药物流资源和需求分布相适应，适应相关地区经济发展的需要。

（二）药品配送中心选址的原则

药品配送中心的任务是向用户提供配送服务，既要考虑渠道的距离、实际交通状况，又要考虑时间、过程，应同时遵守以下四项原则。

1. 适应性原则

其选址要考虑到配送范围的大小、集货费用和经济效益等因素。药品配送中心的选址应与国家或地区的经济发展方针、政策相适应，与我国医药物流资源分布和需求分布相适应，与国民经济和社会发展相适应。

2. 协调性原则

药品配送中心的选址应将国家或地区的医药物流网络作为一个大系统来考虑，使医药物流药品配送中心的设施设备在地域分布、医药物流作业生产力、技术水平等方面与整个医药物流系统协调发展。

3. 经济性原则

药品配送中心选址的费用主要包括建设费用及医药物流费用（经营费用）两部分，医药物流药品配送中心的选址是选定在市区、近郊区还是远郊区，其未来医药物流活动辅助设施的建设规模、建设费用和运费等医药物流费用都是不同的，因此，医药物流药品配送中心选址时应以总费用最低为原则。

4. 战略性原则

药品配送中心的选址应具有战略眼光。一是要考虑全局，二是要考虑长远。局部要服从全局，眼前利益要服从长远利益，既要考虑目前的实际需要，又要考虑日后发展的可能。

（三）药品配送中心选址应考虑的主要因素

药品配送中心选址时应该考虑的主要因素有客户的分布、供应商的分布、交通运输条件、地理条件、自然条件、劳动力因素、政策环境等，下面针对这几点加以说明。

1. 客户的分布

药品配送中心选址时首先要考虑的就是所服务客户的分布。客户分布的位置会直接影响到配送的距离，进而会直接影响到配送的费用和配送质量。

2. 供应商的分布

药品配送中心的医药商品全部是由供应商所供应的，如果医药物流节点接近供应商，则其医药商品的安全库存可以控制在较低的水平。

3. 交通运输条件

交通运输的条件是影响医药物流的配送成本及效率的重要因素之一。交通运输的不便将直接影响配送的进行，因此必须考虑对外交通的运输通路以及未来交通与邻近地区的发展状况等因素。地址宜紧靠重要的运输线路，以方便配送运输作业的进行。一般药品配送中心应尽量选择在交通方便的高速公路、国道及快速道路附近的地方，如果以铁路及轮船作为运输工具，则要考虑靠近火车编组站、港口等。

> **小链接：药品运输成本**
>
> 在整个医药物流配送体系中，有关入库、出库、交货及员工交通等成本，在营运总成本中所占比例很高，根据美国有关的统计资料，一般医药物流运输成本要占公司总配送成本的50%～60%。国内外的一些知名企业或医药物流公司在降低药品配送中心的运输成本方面做了大量的研究和探索，也得到了一些非常宝贵的经验。

4. 地理条件

地理条件包括土地与地形，是药品配送中心选址必须考虑的因素。对于土地的使用，必须符合相关法规及城市规划的限制，尽量选在医药物流园区或经济开发区，此时土地的获得就相对容易，地价以及地价以外的其他土地交易费用也可能比较低。另外，还要考虑土地大小与地价，由于土地的稀缺性，在世界各国土地一般都不是免费使用的，而药品配送中心又需要占用大面积的土地，所以地价的高低将直接影响药品配送中心的选址以及网点布局，在考虑现有地价及未来增值状况下，配合未来可能扩充的需求程度，决定最合适的面积大小。

> **小链接：药品配送中心的管理**
>
> 　　药品配送中心由于每天要处理多品种、大批量的医药商品，因此需要给医药品的存储以及搬运、运货卡车停车等留出足够的空间，另外药品配送中心还要考虑到长远扩充发展的需要，所以一般药品配送中心规划占地面积都较大。药品配送中心在选址时必须考虑能否在备选区域得到足够面积的土地。据统计，美国一般的药品配送中心占地面积都在30万平方米以上，面积超过100万平方米的也很常见。

5. 自然条件

由于药品配送中心通常要储存大量以及堆码很高的医药商品，所以需要建造位置所在地的土壤条件不能过于松软，同时建造地地形会影响药品配送中心内部的布局，地势的高低还会影响排水系统的设置。另外，温度与湿度对人员的作业效率以及医药商品的保管维护均有重要的影响。为使气温与湿度适合于人员与物品作业，并避免库存物品因过度潮湿而损坏，药品配送中心在进行位置选择时应尽量避免潮湿多雨的地区。

6. 劳动力因素

目前大多数药品配送中心都开展诸如贴标签、做促销包装等简单的流通加工增值作业，一些日常作业如拣货作业等，还都属于劳动密集型作业，所以药品配送中心还存在对劳动力资源的依赖。因此在进行位置选择时，必须考虑劳动力资源的来源、技术水平、工作习惯、工资水平等因素。

7. 政策环境

政策环境条件包括企业优惠措施（土地提供、减税）、城市规划（土地开发、道路建设计划）、地区产业政策等。如果有政府政策的支持，则更有助于医药物流业的发展。在许多交通枢纽城市如深圳、武汉等地都在规划设置现代医药物流园区，其中除了提供医药物流用地外，也有关于税费方面的减免，有助于降低医药物流企业的营运成本。

除了考虑上述因素外，在实际决定药品配送中心所在位置时，还需考虑下列因素。

（1）城市的大小。将影响交通运输、劳务设施的利用、工资水平、地价等诸多方面。

（2）运输形态。对于特定区域内可用的运输方式必须做调查，如与主要道路的连接是否顺畅、货运公司的多少、大宗邮寄的能力、短程转运的计费方式等问题。

（3）居民的态度。决定特定区域时，附近居民的接受程度将影响土地的取得、员工的雇佣及企业形象等问题。

（四）药品配送中心选址的决策步骤

药品配送中心选址决策通常包括几个层次的筛选，是一个逐步缩小范围、更为具体的选择过程。

1. 选址约束条件分析

约束条件是指系统或系统环境中那些由于种种原因而不能改变的因素，在某种意义上讲，每一个约束条件都能使情形得以简化，因为它减少了需要进行分析的可供选择方案的数目。例如，资金的约束可能使我们把选址的注意力放在特定的区块，而不必考虑所有区块。药品配送中心选址决策常见约束条件有以下6个。

（1）资金　资金约束将会影响到区位决策，因为不同位置的土地价格差异非常大。

（2）交通运输条件　由于只能选择能够到达用户的运输方式，选址决策必须在此范围内进行。例如，对多数用户而言公路是唯一能到达的运输方式，则医药物流中心位置必须在公路交通枢纽或干线附近选址。

（3）能源条件　供水、供电等能源系统是医药物流节点赖以生产的基础，选址时能源条件将限制医药物流节点的选址范围。

（4）政府对土地用途的规划　地方政府对使用不同区块的土地有着各种不同的限制，医药物流中心只允许建在政府指定的区域范围内。

（5）经济政策　税收、关税等与企业的选址决策直接相关，企业总是会寻求较宽松的选址环境，往往希望将医药物流中心建在政府规划的医药物流园区内，以享受特定的待遇。

（6）竞争对手　竞争对手的分布将影响医药物流中心的选址，医药企业将根据自身的医药商品或服务特征，来决定是靠近竞争对手或是远离竞争对手。

此外，一些特殊医药商品的医药物流中心还受到温度、湿度、雨量等自然因素的约束。

2. 定性分析筛选地址

在对上述各约束条件进行充分的分析后，就可以对初始候选地址进行筛选，初步确定选址范围。

3. 收集整理资料

确定医药物流节点位置需要对影响其位置选择的相关因素进行定量、定性分析，为此，在确定医药物流节点位置前需要收集调查大量的相关数据、资料，以作为选址的依据。调查资料主要包括：客户分布，客户生产经营状况，医药品特征，物流量，交通状况，运输费率，运输批量、频率，土地价格，医药物流节点的建设成本，客户对运输的时效性要求，等等。

4. 定量分析

设施选址方法的研究已经成为一个受人关注的研究领域。随着应用数学和计算机的普及，数学方法广泛地用于解决设施选址问题。在具体的医药物流节点选址时，需要根据对现有已知条件的掌握情况、选址要求等，针对不同情况选用一种或多种具体模型进行定量分析。

5. 结果评价

结合市场适应性、购置土地条件、服务质量等，对计算所得结果进行评价，看其是否具有现实意义及可行性。

6. 确定选址结果

以定量分析结果为基础，通过定性分析求出合理解，但是所得解不一定为最优解，可能只是符合条件的满意解。

四、药品配送中心作业管理

不同模式的药品配送中心作业内容有所不同，一般来说药品配送中心执行如下作业流程：采购——进库入库——库存管理——补货及拣货——流通加工——出货——配送——经营管理及绩效管理。

（一）采购作业

接收订单后，药品配送中心需向供货厂商或制造厂商订购医药商品。采购作业包括医药商品数量需求统计，向供货厂商查询交易条件，然后根据所需数量及供货厂商提供的经济订购批量定出采购单。采购单发出后则进行入库进货的跟催。其中，由于医药商品必须购入后才能够出货，因此议价功能对药品配送中心就非常重要。议价则需要药品配送中心多方询价，统计订购量；建立厂商管理系统，对供货价格、医药商品质量、交货日期等进行管理。

（二）进货入库作业

开出采购单后，入库进货管理员即可根据采购单上预定入库日期进行入库作业调度；在医药商品入库当日，进行入库资料查核、入库质检，当质量或数量不符时即进行适当修正或处理，并输入入库数据。入库管理中可按一定方式指定卸货及托盘堆叠。对于退回医药商品的入库需经过质检、分类处理，然后登记入库。医药商品入库后有两种作业方式。

1. 入库上架，等候出库需求时再出货

医药商品入库上架可由计算机或管理人员按照仓库区域规划管理原则或医药商品生命周期等因素来指定储放位置并登记，以便日后的库存管理或出货查询。

2. 直接出库

此时，管理人员需按照出货要求将医药商品送往指定的出货码头或暂时存放地点。入库搬运过程中需由管理人员选用搬运工具、调派工作人员，并安排工具、人员的工作流程。

（三）库存管理作业

库存管理作业包括库区管理及库存控制。库区管理包括：医药商品在仓库区域内摆放方式、区域大小、区域分布等规划；医药商品进出仓库方式的选择，如先进先出方式或后进先出方式；进出货方式的制订，如医药商品所需搬运工具、搬运方式，仓储区货位的调整及变动等。此外，库区的管理还包括包装容器的使用与保管维修。库存控制则需按照医药商品出库数量、入库所需时间等来制订采购数量及采购时间，并计划好采购时间预警系统；制订库存盘点方法，定期打印盘点清单，并根据盘点清单内容清查库存数、修正库存账目并制作盘盈盘亏报表。

（四）补货及拣货作业

统计客户订单即可知道医药商品真正的需求量。在出库日，当库存量满足出货需求量时，即可根据需求数量打印出库拣货单及各项拣货指示，进行拣货区域的规划布置、工具选用及人员调派。出货拣取不只包括拣取作业，还需补充拣货货架上的医药商品，使拣货不至于缺货。这包括补货量、补货时点、缺货作业水准的确定和补货作业人员调派。

（五）流通加工作业

药品配送中心的各项作业中，流通加工能提高医药商品的附加价值。流通加工作业包括医药商品的分类、过磅、拆箱重包装、贴标签及医药商品组合包装。这就需要进行包装材料及包装容器的管理、组合包装规则的制订、流通加工包装工具的选用、流通加工作业的调度、作业人员的调派。

（六）出货作业

处理完成医药商品拣取及流通加工作业后，即可进行医药商品出货作业。出货作业包括：根据客户订单为客户打印出货交易计划，制订出货调度计划，打印出货批次报表、出货医药商品上含所需地址的标签及出货核对表；由调度人员决定集货方式、选择集货工具、调派集货作业人员，并决定运输车辆大小与数量；由仓库管理人员或出货管理人员决定出货区域的规划布置及出货医药商品的摆放方式。

（七）配送作业

配送作业包括医药商品装车并实际配送。完成这些作业需事先规划配送区域的划分或配送路线安排，由配送路线选用的先后次序来决定医药商品装车顺序，并在医药商品配送途中进行医药商品跟踪、控制及配送途中意外状况的处理。

（八）经营管理及绩效管理业务

除上述作业外，还需高层管理人员通过各种考核评估来实现药品配送中心的效率管理，并制订经营决策及方针。

经营管理和绩效管理可先由各个工作人员或中层管理人员提供各种信息与报表，包括出货销售统计数据、客户对配送服务的反馈报告、配送医药商品次数及所需时间报告、配送医药商品的失误率、仓库缺货率分析、库存损失率报告、机具设备损坏及维修报告、燃料分析等。然后，根据各项活动及活动间的相关性，将作业内容相关性较大者或数据相关性较大者分成同一组群，并将这些组群视为计算机管理系统下的大结构。

五、药品配送中心信息管理

药品配送中心信息技术是指医药物流企业的药品配送中心运用现代信息技术对医药物流配送过程中产生的全部或部分信息进行采集、分类、传递、汇总、识别、跟踪、查询等一系列处理活动，以实现对货物流动过程的控制，从而降低成本、提高效益的管理活动。药品配送中心信息化技术是现代医药物流的灵魂，是现代医药物流发展的必然要求和基石。

医药物流药品配送中心的信息技术主要包括 EDI（电子数据交换）、条码技术、GPS（全球定位系统）、EPC 标签、物联网等，随着新技术的不断出现，信息技术的重要性将会愈发突出。

1. EDI 技术

EDI 技术作为信息化手段，对于分享信息、提高流通效率、降低配送成本发挥着重要作用，具有纸面单证处理系统无法比拟的优势。主要表现在以下几个方面。

（1）EDI 通过双方约定标准协议，将数据翻译成计算机统一识别的报文，消除了人为干扰，有助于减少人为错误。

（2）EDI 便捷的数据处理方式减少了人工成本和数据处理成本。

（3）EDI 通过计算机联网可以提示医药商品异常情况，提高客户服务水平和响应速度，降低配送延误可能性。

（4）贸易伙伴之间使用 EDI 技术对于管理供应链伙伴关系有很大帮助，能够保持上下游供应商、生产商和消费者的稳定关系，从而拥有一个稳定的市场。

由于 EDI 交易各方的数据交换标准不统一，使得 EDI 交易既不灵活，又需要集中的组织时间。可视化 EDI（transparent EDI）在标准上更加灵活，也使得可视化 EDI 交易使用起来更加友好，从而成为未来药品配送中心信息技术的主要发展方向。

2. 条码技术

条码技术通常与 EDI 技术混合使用，由于其简单便利的识读条件，在整个供应链生产活动中占据重要的地位，药品配送中心使用最多的条码是 EAN13 码。条码不仅仅在药品配送中心业务处理中发挥作用，药品配送中心的数据采集、经营管理同样离不开条码。通过计算机对条码的管理，对医药商品运营、库存数据的采集，可及时了解货架上医药商品的存量，从而进行合理的库存控制，将医药商品的库存量降到最低点；也可以做到及时补货，减少由于缺货造成的分店补货不及时，发生销售损失。

条码同样可用来做药品配送中心配货分析。通过统计分店要货情况，可按不同的时间段，合理分配医药商品库存数量，合理分配货品摆放空间，减少库存占用，更好地管理医药商品。由于条码和计算机的应用，大大提高了信息的传递速度和数据的准确性，从而可以做到实时医药物流跟踪，整个药品配送中心的运营状况、医药商品的库存量也会通过计算机及时反映到管理层和决策层。这样就可以进行有效的库存控制，缩短医药商品的流转周期，将库存量降到最低。另一方面，由于采用条码扫描代替原有的填写表单、账簿的工作，避免了人为的错误，提高了数据的准确性，减少了错账、错货等问题造成的医药商品积压、缺货、超过保质期等情况的发生，减少药品配送中心由于管理不善而造成的损失。

3. GPS 技术

GPS 技术被认为是与 RFID 技术并驾齐驱的跟踪技术，让车辆驾驶员不必等待调度中心发出调度命令，通过车载 GPS 接收机，就可以随时知道自己的具体位置，并通过车载 GPS 向调度中心发送位置信息，并在调度中心大屏幕电子地图上显示出来，方便调度中心调控。

4. EPC 标签

由德州仪器公司发明的标签技术，将现代信息技术引入一个可以识别医药商品和管理库存的具有革命性的新技术时代。EPC（Electronic Product Code）标签本身包含一个硅芯片和一个天线，拥有授权的浏览设备可以接收芯片中的数据，芯片中存储的数据可以包括物品的物理性描述，如数量、款式、大小、颜色以及医药商品来源地、生产日期等相关信息资料。

5. 物联网

物联网的概念则是在 1999 年提出的，英文名称叫"The Internet of things"，简言之，物联网就是"物物相连的互联网"。这有两层意思：第一，物联网的核心和基础仍然是互联网，是在互联网基础上延伸和扩展的网络；第二，其用户端延伸和扩展到了任何物品与物品之间，进行信息交换和通信。严格而言，物联网的定义是：通过射频识别（RFID）、红外感应器、全球定位系统、激光扫描器等信息传感设备，按约定的协议，通过无线网络传输，把任何物品与互联网连接起来，进行信息交换和通信，以实现智能化识别、定位、跟踪、监控和管理的一种网络。

物联网概念的问世，打破了之前的传统思维。过去的思路一直是将物理基础设施和 IT 基础设施分开：一方面是机场、公路、建筑物，而另一方面是数据中心、个人电脑、宽带等。而在物联网时代，钢筋混凝土、电缆将与芯片、宽带整合为统一的基础设施，在此意义上，基础设施更像是一块新的地球工地，世界的运转就在它上面进行，其中包括经济管理、生产运行、社会管理乃至个人生活。

物联网中非常重要的技术是 RFID 电子标签技术。以简单 RFID 系统为基础，结合已有的网络技术、数据库技术、中间件技术等，构筑一个由大量联网的阅读器和无数移动的标签组成的，比 Internet 更为庞大的物联网已成为 RFID 技术发展的趋势。在物联网普及以后，用于物品的传感器与电子标签及配套的接口装置的数量将大大超过手机的数量。

在物联网的构想中，RFID 标签中存储着规范而具有互用性的信息，通过无线数据通信网络，把这些信息自动采集到中央信息系统，实现物品（医药商品）的识别，进而通过开放性的计算机网络实现信息交换和共享，实现对物品的"透明"管理。为用户提供及时准确的货况信息、车辆跟踪定位、运输路径选择、医药物流网络设计与优化等服务，大大提升医药物流企业综合竞争能力。

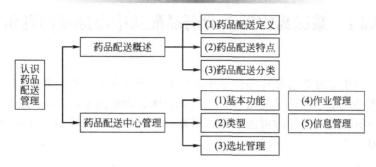

一、单项选择题

1. 对于急救药品，一般要求医药配送企业在配送对象下单后（　　）小时内送达。
   A. 2　　　　　　　　B. 4　　　　　　　　C. 6　　　　　　　　D. 8

2. 零售连锁药店企业一般会设立自己的药品配送中心给自己的零售连锁药店配送，这种方式在药品配送分类中称为（　　）。
   A. 仓库配送　　　　　　　　　　B. 集中配送
   C. 供应配送　　　　　　　　　　D. 销售—供应一体化配送

3. 作为一个定货量大、集约化的配送中心，通常不具备以下功能（　　）。
   A. 集散功能　　　B. 经营功能　　　C. 拣选功能　　　D. 储存功能

4. （　　）是充分强化医药商品的储备和储存功能。
   A. 流通型药品配送中心　　　　　　B. 加工型药品配送中心
   C. 储存型药品配送中心　　　　　　D. 销售型药品配送中心

二、多项选择题

1. 药品配送中心选址应考虑的主要因素有（　　）。
   A. 风俗人情　　　　　　　　　　B. 客户的分布
   C. 供应商的分布　　　　　　　　D. 交通运输条件

2. 库区管理包括（　　）。
   A. 医药商品在仓库区域　　　　　B. 区域大小
   C. 区域分布等规划　　　　　　　D. 仓库内摆放方式

3. 医药物流药品配送中心的信息技术，主要包括下列的（　　）。
   A. 电子签名技术　　B. EDI 技术　　　C. 条码技术　　　D. 双签名技术

4. 按配送药品的种类及数量不同分类，可以将药品配送分为（　　）。
   A. 定时配送　　　B. 定量配送　　　C. 定时、定量配送
   D. 定时定路线配送　　　　　　　E. 即时配送

5. 目前药品配送的主要对象有（　　）。
   A. 医疗机构　　　B. 社区医疗服务站　　C. 零售药店　　　D. 药品生产企业

三、简答题

1. 当出现哪几种情况时可直接将所验收药品判定为不合格药品？
2. 不合格药品应该如何处理？

3. 什么是 GPS 技术？

实训 1　某医药物流企业药品配送中心选址问题研究

一、实训目标

通过实训使学生更好地理解药品配送中心选址及网点布局的理论知识，并能将所学运用于实际，在现实环境中掌握药品配送中心选址的步骤、影响因素，认识到药品配送中心选址的重要性，并分析在进行选址时可能遇到的困难，同时培养学生收集、整理分析资料和解决实际问题的能力。

二、实训内容与要求

1. 描述企业概况

(1) 医药物流企业所处领域、业务功能和区位等方面的优势。

(2) 医药物流企业定位与发展规划。

(3) 对医药物流企业的客户分布、供应商分布及选址的其他相关因素的调查和分析。

2. 实训内容

根据配送选址的理论知识，结合企业的发展规划和实际情况，在教师和企业人员指导下分组制订药品配送中心选址方案。

(1) 调查医药物流企业的基本情况。

(2) 对医药物流企业药品配送中心选址的影响因素进行分析。

(3) 运用所学方法计算医药物流企业药品配送中心所选位置。

(4) 结合实际情况对所选方案给予评价。

3. 实训要求

根据具体情况，选择医药物流企业，在调查、分析的基础上给出该医药物流企业药品配送中心的网络布局及选址方案，限期一周。

三、实训检验

将各小组的情况填入下表，并计算总分。

小组	设计构思(35 分)	设计效果(25 分)	报告表述(25 分)	分工合作情况(15 分)	总分
1					
2					
3					
4					

实训 2　A 制药厂物流配送中心进出库流程研究

一、实训目标

通过实训使学生更好地理解配送及配送中心的理论知识，并能将所学运用于实际，在现实环境中掌握配送中心的配送模式、规划设计、流程，认识到配送中心模式选择及工作流程，并分析在选择配送模式、规划设计时可能遇到的困难，同时培养学生收集、整理分析资料和解决实际问题的能力。

二、实训内容

1. 描述企业概况

（1）A 制药厂所处领域、业务功能和区位等方面优势。

（2）对 A 制药厂的仓储配送中心的调查和分析。

（3）根据对 A 制药厂的调查分析，做出现代药品仓储配送中心设施设备的简单规划。

2. 实习内容

根据配送中心规划设计的理论知识，结合企业的发展规划和实际情况，在教师和企业人员指导下分组制订现代药品仓储配送中心的设施设备的简单规划。

（1）调查 A 制药厂的基本情况。

（2）对 A 制药厂的仓储配送中心进行实地调查和分析。

（3）运用所学方法制订现代药品仓储配送中心设施设备的简单规划。

（4）结合实际情况对所选方案给予评价。

三、实训要求

据具体情况，选择物流企业，在调查、分析的基础上给出该物流企业配送中心设备的规划设计，限期一周。

四、实训报告

撰写调查报告。

项目2 医药企业药品配送拣货管理

▶【知识目标】掌握药品配送拣货单的编制制度，掌握药品配送拣货单位的转换操作方法，熟悉订单别拣取和批量拣取方法及其应用。

▶【能力目标】熟练掌握药品配送订单别拣取和批量拣取方法引申出来的拣取方法及其应用技能；掌握拣选路径、分货、配货检查、包装、打捆的理论知识。

▶【素质目标】培养学生树立配送拣货管理意识，能按照优化路径来拣选药品。

【引导案例】 拣货系统在物流占重要的地位

高层货架的使用，可使配送中心货物储存得到高效合理的安排，不仅提高了仓容利用率，还可以使得仓储的管理更加科学化，为配送中心货物中转提供方便，利于储存货物，同时也利于拣货等作业的高效进行。

使用高层货架对配送中心的拣货作业也带来以下的问题：（1）使用高层货架，在进行拣货作业时高层货物的拣选必须使用高层叉车，但由于购买高层叉车成本较高，配送中心高层叉车数量少，因此拣货时，高层叉车司机忙于为每个拣货员叉取高层货物，这就容易造成其他拣货员等待的情况，降低了拣货效率。（2）配送中心仓库中，同品项货物可能数量众多，一个货位无法满足存放要求，因此相同货物会在不同货位，并且各货位数量不同，对仓库库存管理带来不便。

同学们，想一想，拣货环节在物流配送中的作用，是否有必要专门发展拣货科学技术？

拣货系统在物流配送中心占重要的地位，科学、合理、经济地设计物流配送中心拣货系统，将有利于发挥物流配送中心的功能，提高物流配送中心的工作效率，提升效率节约的不仅是运营成本，更主要的则是为企业的运作模式优化提供了可能，并带来后续的竞争力。

单元 1　医药企业药品配送拣货

一、形成拣货资料

（一）拣货的定义

拣货作业是指根据客户的订货要求或配送中心的作业计划，将货物从保管处拣取出来的作业过程。

医药拣货人员在开展医药品分拣作业之前，必须了解和确认订货单的内容及客户的要求，并通过医药订单处理系统快速、及时地将其转换成拣货单，并依据医药拣货单及其相关指示信息的内容和要求包括货物品名、编号、储位编号、拣取数量、流通加工要求、包装单位及要求等开展拣货作业。

（二）拣货单位

拣货单位是根据订单分析出来的结果而定的，如果订货的最小单位是箱，则不需要以单品为拣货单位。库存的每一品项皆须作以上的分析，判断出拣货的单位，但一些品项可能因为需要而有两种以上的拣货单位，则在设计上要针对每一种情况进行分区处理、在药品配送中心物流结构分析上必须清楚划分拣货单位。

一般，拣货单位分成托盘、箱和单品三种形式。拣货单位是根据订单分析结果而决定的，如果订货的最小单位是箱，则配货单位最少是以箱为单位。对于大体积、形状特殊的无法按托盘和箱来归类的特殊品，则用特殊的拣货方法。为了能够作出明确的判别，进一步作以下划分。

1. 单品

拣货的最小单位。单品可由箱中取出，可以用一只手进行拣货。

2. 箱

由单品所组成可由托盘上取出，用人手时必需用双手进行拣货。

3. 托盘

由箱叠积而成，无法由人直接搬运，必须利用堆垛机或拖板车等机械设备。

4. 特殊品

体积大、形状特殊无法按托盘、箱归类，或必须在特殊条件下作业者如大型医疗器械、冷冻医药品等，都属于是有特殊的商品特性，装货系统设计将严格受到限制。

小链接：穿越政策

拣货员从走道一端进入，另一端离开。当走道宽度为 2.1m 以下之超窄道时，拣货人员可同时拣取通道两侧储架上的商品。反之，若为宽通道，则拣货人员必须经常横亘通道，所经过路径之轨迹类似 Z 字形，亦称为 Z 形穿越政策。

二、拣货订单的分批

拣取有四种方式可作为订单分批的原则。

1. 合计量分批原则

将进行医药拣货作业前所有累积订单中的医药品依品项合计总量，再根据此总量选定拣取的方式。适合固定点间的周期性配送。优点是一次拣出医药商品总量，可使平均拣货距离最短。缺点是必须经过功能较强的分类系统完成分类作业，订单数不可过多。

2. 时窗分批原则

当医药订单到达至出货所需时间非常紧迫时，可利用此策略开启短暂时窗，例如 5min 或 10min，再将此时窗中所到达的订单做成一批，进行拣取。此分批方式较适合密集频繁的订单，且较能应付紧急插单的需求。

3. 定量分批原则

医药订单分批按先进先出的基本原则，当累计订单数到达设定固定量后，再开始进行拣货作业的方式。优点是维持稳定的拣货效率，使自动化的拣货、分类设备得以发挥最大功效。缺点是订单的商品总量变化不宜太大，否则会造成分类作业的不经济。

4. 智能型的分批原则

医药订单在汇集后，必须经过较复杂的电脑计算程序，将拣取路线相近的订单集中处理，求得最佳的订单分批，可大量缩短拣货行走搬运距离。优点是分批时已考虑到订单的类似性及拣货路径的顺序，使拣货效率更进一步提高。缺点是软件技术层次较高不易达成，且信息处理的前置时间较长。

因此，采用智能型分批原则的药品配送中心通常将前一天的订单汇集后，经过电脑处理在当日下班前产生明日的拣货单，所以若发生紧急插单处理作业较为困难。

三、选取拣货方法

拣货策略的决定是影响日后拣货效率的重要因素，因而在决定医药拣货作业方式前，必须先对可运用的基本策略有所了解，一般可作如下划分。

（一）摘果式拣选

摘果式拣选，也称订单别拣取方式。这种作业方式是针对每一张医药订单，拣选员巡回于仓库内，将客户所订购的医药商品逐一由仓储中挑出集中的方式，是较传统的拣货方式。如图 3-2-1 所示。

这种方式的优点是作业方法单纯、前置时间短、导入容易且弹性大、作业员责任明确、派工容易公平、拣货后不用再进行分类作业，适用于大量订单的处理。这种方式的缺点是当医药商品品项多时，拣货行走路径加长，拣取效率降低、拣货区域大时，搬运系统设计困难。

（二）播种式拣选

播种式拣选，也称批量拣取方式。把多张医药订单集合成一批，依医药商品别将数量加总后再进行拣取，之后依客户订单别作分类处理。如图 3-2-2 所示。此种作业方式的优缺点如下：优点是适合订单数量庞大的系统、可以缩短拣取时行走搬运的距离，增加单位时间的拣货量。缺点是对订单的到来无法做即刻的反应，必须等订单累积到一定数量时才作一次处理，因此会有停滞的时间产生。

（三）分拣自动化

伴随着自动化分拣技术的研究与实施，分拣自动化逐渐取得了广泛的应用。一些常见的分拣自动化技术包括自动分货系统、自动拣选系统和电子辅助拣货系统等。

自动分货系统，是一种全自动的自动分货设备。自动分拣机的分拣效率极高，通常每小时可分拣医药商品 6000～12000 箱；在日本和欧洲自动分拣机的使用很普遍。分拣输送机包

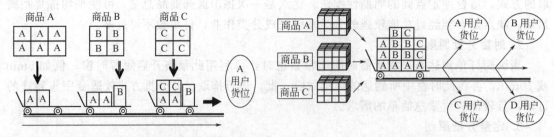

图 3-2-1　摘果式拣选示意图　　　　　　　图 3-2-2　播种式拣选示意图

括有扫推式、推板式、搓轮式、斜向分流式、钢带式、胶带式、翻盘式、滑靴式、交叉带式等近百种型式和系统。交叉带式效率最高，速度可达 2.3m/s，分拣能力可达 27000 件/h。我国在邮政部门已采用了一些先进的自动分货系统，随着医药物流环境的逐步改善，自动分拣系统在我国医药物流领域的应用也会越来越大。

自动拣选系统是一种信息处理和分拣作业完全自动实现的系统，主要用于药品配送中心内一些高价值医药商品的分拣。

电子辅助拣货系统是一种无纸化的拣货系统。包括电子标签拣货系统、RF 拣货系统和 IC 卡拣货系统等。一般传统拣货是拣选人员根据拣货单逐一进行拣货，工人劳动强度大，容易造成拣错或漏拣现象。而数字显示拣货系统是把打印拣货单的过程省略，而在货架上加装一组 LED 显示器及线路，客户的订单资料直接由电脑传输到货架上的显示器，拣货人员根据显示器上的数字进行拣货，拣货完成之后在确认键上按一下即可。采用这种方式可大大提高拣选效率，降低工人的劳动强度，而且使差错率大幅度下降。

（四）拣货方式的选择

医药物流人员要根据医药商品特性、药品配送中心具体情况和客户送货要求选择恰当的拣货方式。

（1）在确定每次分拣的订单数量时，可以对医药订单进行单一分拣，也可以进行批量分拣。

（2）在分拣人员分配上，可以采用一人分拣法，也可以采用数人分拣或分区分拣。

（3）在确定货物分拣单位上，可以按要求进行以托盘、整箱或单品为单位的分拣。

（4）在人货互动方面，可以采取人员固定、货物移动的分拣方法，也可以采用货物固定、人员行走的分拣方法。

四、拣货路径确认

当药品到达拣货人员的面前或拣货机器的作业范围内时，拣货人员或拣货机器需要完成的动作是拣取和确认。拣取即抓起医药商品的动作；而确认是确定所拣取的医药商品及其数量等相关信息是否与拣货单的指示信息相符。

在实际作业中，通常采用读取医药商品名与拣货单进行对比的确认方式。

单元 2　医药企业药品配送分货

医药起源药品配货作业是指把拣取分类完成的医药商品经过配货检验过程后，装入容器和做好标示，再运到配货准备区，等待装车后发运。

一、分货

配货，是指把拣取出来的各医药商品进行分类与集中，放进贴好送货信息或客户信息等标签的货箱，经过严格的配货检查，根据运输需要或客户要求进行打捆或包装，做上相应标记后运至相关作业区（流通加工区、发货区等）的一系列作业。这里主要介绍其中的分货与集中、配送检查这两项作业。

若药品配送中心采用批量拣货方式时，在拣取完毕后则需要根据订单类别、客户地理位置、送货要求、配送路线等相关信息对医药商品进行分类和集中处理。在开展分货作业时，医药物流人员需要根据实际情况选择不同的分货方式。

分货就是把拣货完毕的医药商品按不同客户或配送路径进行分类的工作。分货方式一般有以下几种，如表 3-2-1 所示。

表 3-2-1　分货方式比较表

分货方式	简介及分货步骤	效率分析
人工分货	指所有分货作业过程全部由人工根据医药订单或拣货单自行完成，而不借助任何电脑或自动化的辅助设备	效率较低，适用于品种单一、规模较小的仓库
自动分货	指利用自动分类机及分辨系统完成分货工作，其步骤如下。(1)将有关医药商品及分类信息通过信息输入装置输入自动控制系统；(2)自动识别装置对输入的医药商品信息进行识别；(3)自动分类机根据识别结果将医药商品分类后送至不同的分类系统	快速、省力、准确，适用于多品种、业务繁忙的药品配送中心
旋转货架分货	指利用旋转货架完成分货工作，其步骤如下。(1)将旋转货架的每一格位当成相应客户的出货箱；(2)作业人员在计算机中输入各客户的代号；(3)旋转货架自动将货架转至作业人员面前	半自动化操作，节省成本

二、配货检查

配送检查作业是指根据用户信息和车次对拣送医药商品进行商品号码和数量的核实，以及对产品状态、品质的检查。分类后需要进行配货检查，以保证发运前的医药商品品种、数量、质量无误。

配货检查比较原始的做法是人工检查，即将医药商品一个个点数并逐一核对出货单，进而查验配货的品质及状态情况。目前，配货检查常用的方法有以下几种。

1. 商品条码检查法

这种方法要导入条码，条码是随医药商品移动的，检查时用条码扫描器阅读条码内容，计算机再自动把扫描信息与发货单对比，从而检查商品数量和号码是否有误。

2. 声音输入检查法

声音输入检查法是当作业员发声读出商品名称、代码和数量后，计算机接受声音并自动判识，转换成资料信息与发货单进行对比，从而判断是否有误。此方法的优点在于作业员只需用嘴读取资料，手脚可做其他工作，自由度较高。缺点是声音发音要准确，且每次发音字数有限，否则电脑辨识困难，可能产生错误。

3. 重量计算检查法

重量计算检查法是把货单上的货品重量自动相加起来，再与货品的总重量相对比，以此来检查发货是否正确的方法。

三、包装、打捆

　　医药配货作业的最后一环，便是要对配送的医药商品进行重新包装、打捆，以保护医药商品，提高运输效率，便于配送到户时客户识别各自的医药商品。

　　配货作业中的包装主要是指物流包装，其主要作用是为了保护医药商品并将多个零散包装医药商品放入大小合适的药箱中，以实现整箱集中装卸、成组化搬运等，同时减少搬运次数，降低货损，提高配送效率。另外，包装也是产品信息的载体，通过在外包装上书写产品名称、成分、重量、生产日期、生产厂家产品条码、储运说明等，可以便于客户和配送人员识别产品，进行货物的装运。通过扫描包装上的条码还可以进行跟踪，配货人员可以根据包装上的装卸说明对医药商品进行正确操作。

学习小结

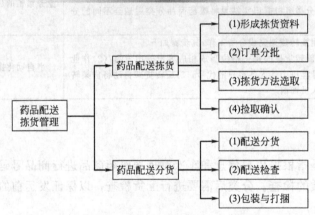

目标检测

一、单项选择题

1. 拣货单位分成托盘、单品，还有（　　）三种形式。
　　A. 包　　　　　　　B. 袋　　　　　　　C. 箱　　　　　　　D. 多品

2. 拣货策略可以分为摘果式拣选和（　　）。
　　A. 播种式拣选　　B. 垂直式拣选　　C. 水平式拣选　　D. 随机式拣选

二、多项选择题

1. 配货管理方式有（　　）。
　　A. 拣选式配货　　B. 分货式配货　　C. 整合式配货　　D. 直起式配货

2. 批量拣取有（　　）方式可作为订单分批的原则。
　　A. 合计量分批原则　　　　　　　　B. 时穿分批原则

C. 定量分批原则　　　　　　　　　　D. 智能型的分批原则

3. 配货检查常用的方法有以下（　　　）。

A. 商品条码检查法　　　　　　　　　B. 声音输入检查法

C. 重量计算检查法　　　　　　　　　D. 数据审核法

三、简答题

1. 配货作业中的包装主要是指什么？

2. 分货式配货特点是什么？

实训1　药品配送拣货单编制

一、实训介绍

某医药企业接到医院通知，要求在第二天上午 6：00 之前向该医院所在城市中 6 家附属医院药房配送中药材 350 件、中药饮片 450 件、止咳浆 275 件、青霉素 225 件。假设你是该公司的仓库管理员，在接到上述通知之后，你将如何安排拣货呢？

作为一名仓库管理员，为提升拣货效率，应该为每一位拣货员分配拣货单，安排拣货区域以及其他要准备的事项，以方便拣选，为此，可以按照下述步骤来进行模拟。

步骤 1：做好分拣作业前的准备工作，如编制多份分拣订单（按照表 3-2-2 所示），来划定分拣集货区。

表 3-2-2　拣货单

订单号						制单时间
分拣订单						
商品编号	商品名称	库位	数量	单位	金额	备注
总计						

收货单位：

地址：

制单：　　　　　　　　分拣人员：　　　　　　　　财务：

步骤 2：确定拣货单位，按照作业量，对每一组进行拣选任务的分配。

步骤 3：划定分拣集货区域。

步骤 4：拣货之前的其他注意事项如拣选时间等。

二、实训使用设备、资料

各种医药商品、规划存储区和分拣集货区、分拣订单等。

在拣货作业开始前，首先必须处理拣货指示信息。虽然有时拣货作业可以根据医院的订单或公司的交货单直接进行拣货，但是，此类票单在拣货过程中容易受到污损，从而造成拣货错误率上升。所以随着配送中心信息化水平的提高，目前大多数拣货方式都是将原始票单转换成拣货单或电子信号，以便让拣货员更有效地作业。

具体对学生的形成拣货资料的考核评价如表 3-2-3 所示。

三、实训考核与评价

表 3-2-3　形成拣货资料的考核评价评分表

学生姓名					
测评日期			测评地点		
测评内容					
考评标准	内容	分值	自评	互评	师评
	形成拣货资料中拣货单的正确制作	30			
	形成拣货资料的拣货单位的正确选择	30			
	分组讨论形成拣货资料中其他注意事项如挑选时间等	40			
	合计	100			
最终得分(自评30%+互评30%+师评40%)					

说明：测评满分为100分，60～74分为及格，75～84分为良好，85分以上为优秀。60分以下的学生，需重新进行形成拣货资料作业的再学习、技能训练，直到评价与考核达到合格为止。

实训 2　选择拣货路径

一、实训介绍

某药品配送中心在北京某医药物流园区设立了一个配送中心，专门为某医药公司提供药品原材料配送业务，承担向该医药公司所有 127 家零售商的配送业务。该药品配送中心拥有4800m² 建筑面积，在职员工 17 人，目前有 43900 箱药品存储量。预期五年后的库容量为84000 箱。但是药品配送中心存储能力和拣选能力已经不能满足业务量不断增大的要求。该配送中心拣选区为多巷道固定货架拣选作业模式，拣选区由一组规格相同的货架组成，各货架彼此平行摆放，拣选起止点相同。拣选区简易示意如图 3-2-3 所示。

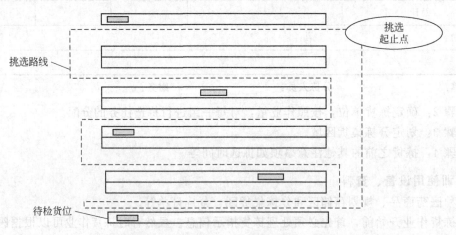

图 3-2-3　某配送中心订单拣选作业示意

图中的虚线代表一次订单拣选作业的拣选路线，也即是订单拣选路径问题所要探讨的对象。拣选线路的优化直接关系着拣选作业的效率，要使拣选效率尽可能的高则需要拣选路线尽可能的短。因此，满足一次订单拣选要求的最短拣选路线就是最优的订单拣选路径。假设你是该医药公司的仓管员，你将如何为拣货员确定最佳拣选路径呢？

按照以上案例中的描述，结合物流中心实训基地的情况，可以参考以下步骤。

步骤1：规定拣货的起止点为同一个地点，把学生分成若干组，每一小组学生无顺序地拣选，并用秒表计时，等所有学生完成之后，计算各组拣选时间。

步骤2：对步骤1中的问题进行分析，让各组同学研究更有效的拣选路径，开展有顺序的拣选，并和步骤1中进行比较。

步骤3：规定拣货的起止点为不同的地点，把学生分成若干组，每一小组学生无顺序地拣选，并用秒表计时，等所有学生完成之后，计算各组拣选时间。

步骤4：对步骤3中的问题进行分析，让各组同学研究更有效的拣选路径，开展有顺序的拣选，并和步骤3中进行比较。

二、实训使用设备、资料

物流中心实训基地、模拟零部件、分拣订单、计时器等。

三、实训考核与评价

随着第三方物流业的快速发展，各医药企业与医药企业之间比拼的不仅仅是资金与技术，更广泛的是管理的比拼。分拣路径的正确选择可以提高拣选效率、降低无效作业时间，不仅缩短客户响应时间，同时也有利于医药企业内部减员增效，增强其竞争力。

具体对学生的选择拣货路径的考核评价如表3-2-4所示。

表3-2-4　选择拣货路径的考核评价评分表

学生姓名					
测评日期		测评地点			
测评内容	选择拣货路径				
考评标准	内容	分值	自评	互评	师评
	对拣货路径方法的理解	20			
	起止点相同的拣货路径实操	40			
	起止点不同的拣货路径实操	40			
合计		100			
最终得分（自评30％＋互评30％＋师评40％）					

说明：测评满分为100分，60～74分为及格，75～84分为良好，85分以上为优秀。60分以下的学生，需重新进行选择拣货路径的再学习、技能训练，直到评价与考核达到合格为止。

实训3　药品配送分货

一、实训介绍

某医药公司有约17500m²的药品配送中心，该公司的药品配送中心的工人两班倒，一周工作七天，平均每天处理30000单订货。小的订单（尤其是50元以下订货）的分拣或者单一路线医药品分拣，直接将订单分组分派给医药品分拣者，每个分拣人负责3～4个通道之间的区域。医药品分拣者在他负责的区域内，携带取货小车进行医药品分拣，取货小车上放置多个药箱，一个药箱盛放一个订单的医药品。如果货架上的医药品与订单相符，就把医药品放进小车上的货箱，并且扫描药箱上条码序列号。

上面的资料描述的是一种什么情形？除此之外，根据你所了解的知识，试着提供描述其他的操作情形。

经过拣取的医药品需要根据不同的客户或送货路线分类集中。有些需要进行流通加工的商品还需根据加工方法进行分类，加工完毕再按一定方式分类出货。

分货作业大体可分为人工分货和自动分货两种方式。

（1）人工分货是指分货作业过程全部由人工完成。分货作业人员根据订单或其他方式传递过来的信息进行分货作业。分货完成后，由人工将各客户订购的商品放入已标示好的各区域或容器中，等待出货。

（2）自动分货是利用自动分类机来完成分货工作的一种方式。自动分货系统一般应用于自动化仓库，适用于多品种、业务量大且业务稳定的场合。具体步骤如下。

步骤1：认真阅读材料，总结出整体的操作方式。

步骤2：结合分货的几种方式，比较一下人工分货和自动化分货的区别和联系，看看上述材料符合哪一种。

步骤3：描述一下常用的自动化分货方式。

二、实训使用设备、资料

物流中心实训基地、模拟零部件、分拣订单、计时器等。

三、实训考核与评价

分货是药品配货管理中的首要环节，它在实际过程中也是一项基本操作，在了解分货的基本方式的基础上，能够在实际操作中针对不同的环境和设备条件选用合适的分货方式进行分货。

具体对分货的知识考核评价如表 3-2-5 所示。

表 3-2-5 分货的知识考核评价评分表

学生姓名					
测评日期			测评地点		
测评内容	分货的知识				
考评标准	内容	分值	自评	互评	师评
	分货的基本方式	20			
	结合案例分析和运用分货方式	80			
	合计	100			
最终得分（自评 30％＋互评 30％＋师评 40％）					

说明：测评满分为 100 分，60～74 分为及格，75～84 分为良好，85 以上为优秀。60 分以下的学生，需重新进行分货的具体内容的再学习、技能训练，直到评价与考核达到合格为止。

实训4 药品配货检查

一、实训介绍

产品名称	数量	单价/元	单位	金额/元
止咳枇杷糖浆 100mL	35	8.0	瓶	280
复方感冒灵片 24 片	50	11.0	盒	550

产品名称	数量	单价/元	单位	金额/元
夏桑菊颗粒 200g	45	4.0	包	180
正红花油 20mL	60	8.0	瓶	480
和胃整肠丸 10g	25	18.0	瓶	450

如果你作为药品配送中心的工作人员，在送货之前你需要做些什么准备？

具体步骤如下。

（1）仔细阅读订单明细表。

（2）发货前要认真检查货物的种类、数量、生产日期，保证送货前的准确无误。

二、实训使用设备、资料

模拟或真实的医药商品出货单或者送货单。

三、实训考核与评价

配货检查是配货管理中的重要环节，正确无误地核实医药品的型号、数量，保证出货单的准确无误地执行，它在实际过程中也是一项不可缺少的基本操作。具体对配货检查的知识考核评价如表 3-2-6 所示。

表 3-2-6　配货检查的知识考核评价评分表

学生姓名					
测评日期		测评地点			
测评内容	配货检查的知识				
考评标准	内容	分值	自评	互评	师评
	配货检查的意义	20			
	常用的配货检查的方式	40			
	结合案例进行配货检查	40			
合计		100			
最终得分（自评 30％＋互评 30％＋师评 40％）					

说明：测评满分为 100 分，60～74 分为及格，75～84 分为良好，85 分以上为优秀。60 分以下的学生，需重新进行配货检查的具体内容的再学习、技能训练，直到评价与考核达到合格为止。

实训 5　药品配送的包装、打捆

一、实训介绍

产品名称	数量	单价/元	单位	金额/元
止咳枇杷糖浆 100mL	135	8.0	瓶	1080
复方感冒灵片 24 片	50	11.0	盒	550
夏桑菊颗粒 200g	45	4.0	包	180
正红花油 20mL	60	8.0	瓶	480
和胃整肠丸 10g	25	18.0	瓶	450

一般情况下，止咳糖浆：100 瓶/箱；感冒片：24 盒/箱；夏桑菊：16 包/盒；正红花油：12 盒/箱；整肠丸：12 瓶/件。你作为送货人员，根据客户的订单怎么进行包装和打捆？具体步骤如下。

（1）仔细分析订单内容。

（2）根据通常情况下各类商品的包装规格，合理地合并商品进行打捆包装，以防止商品在配送过程中发生碰撞等。

（3）比如说不能整装的感冒灵片和整肠丸可以放在一起，外包装上写明商品名和数量信息。

二、实训使用设备、资料

模拟的配货作业现场、具体的包装、打捆的实例医药商品。

三、实训考核与评价

包装、打捆是配货管理中的最后一个环节，以保证医药品的安全配送。具体对包装、打捆的知识考核评价如表 3-2-7 所示。

表 3-2-7　包装、打捆的知识考核评价评分表

学生姓名					
测评日期		测评地点			
测评内容	包装、打捆的知识				
考评标准	内容	分值	自评	互评	师评
	包装、打捆的作用与意义	20			
	包装材料及包装原则的运用	40			
	包装、打捆的具体操作	40			
	合计	100			
最终得分（自评 30％＋互评 30％＋师评 40％）					

说明：测评满分为 100 分，60～74 分为及格，75～84 分为良好，85 分以上为优秀。60 分以下的学生，需重新进行货物包装、打捆的具体内容的再学习、技能训练，直到评价与考核达到合格为止。

项目3 医药企业药品配送运输管理 ▶▶▶▶

▶【知识目标】掌握药品配送运输的内容、原理和要求度。掌握实现合理化运输途径的方法。

▶【能力目标】熟练掌握药品配送运输中的不合理运输的表现形式；掌握药品配送运输线路优化的方法。

▶【素质目标】通过本章节的学习，培养学生树立药品配送运输管理意识，能够熟练运用所学知识，分析药品配送运输的案例，具备运用线路优化方法进行简单线路优化问题计算的能力。

【引导案例】 九州通集团的配送路线选择

总部位于武汉的九州通集团，是一家以医药商业和实业投资为主，以药品批发、零售连锁和医药电子商务为核心业务的大型民营企业集团。在竞争激烈的中国医药商业市场中，九州通集团之所以能够实现快速发展，不仅得益于其开创了低成本、高效率的医药流通营销模式，而且与其大力发展现代物流密不可分。从 2003 年开始，九州通集团着力进行现代化的大型医药物流配送中心建设，构筑全国性的医药物流配送网络。

目前，九州通集团已建成湖北（武汉）、上海、河南（郑州）和新疆（乌鲁木齐）物流中心，正在规划建设的有北京、山东（济南）、广东（中山）、福建（福州）和江苏（南京）物流中心等。

这些配送中心一般紧邻大型工业、商业区，在运输费用的控制上非常严格。通过运输线路合理规划，减少运距，降低费用，提高物流服务效益。九州通还实现了药品配送过程中的全程冷链管理，采用 RFID 及软件技术等来实现对药品配送运输过程中的温度的记录和监控，制定冷链管理等操作规范和流程，在采购、存储、销售、配送等各环节实现了全程冷链管理，保证冷藏药品在流通环节中的质量。

同学们，请想一想，九州通要想实现区域配送效率的大幅提高，是否有必要进行药品配送路线的规划，以及如何进行路线规划。

单元 1　医药企业药品配送运输路线设计

药品配送运输路线的选择直接关系到药品配送运输的距离，进而影响到药品配送运输的时间和费用等。如何选择最佳的药品配送运输路线、缩短药品配送运输的时间和距离、降低药品配送运输的费用，是医药企业进行药品配送运输时需要考虑的最重要的问题。

一、药品配送运输路线优化的意义

为将药品送到客户手中，需要从一个或多个配送中心组织配送运输。从配送中心把药品送到所需的各个用户，有很多种不同的路线选择方案。合理地选择配送路线，对医药企业和社会都具有很重要的意义。一般地，由于配送中心和配送目的地之间存在一个道路交通网，如何在这张道路交通网上综合考虑各路线车流量、道路状况、客户的分布状况、配送中心的选址、车辆额定载重量以及其他车辆运行限制等的因素，找出一条最佳的运输路线解决方案，及时、安全、方便经济地将客户所需的不同医药药品准确送达客户手中，以便提供优良的药品配送服务，最终达到节省时间、缩短运行距离和降低运行费用的目的，达到节省运行距离、运输时间和运行费用的目的就是路线设计的意义所在。

（一）节约配送成本

成本和药品配送路线之间有着比较密切的关系，通过提高运输工具的装载率、降低运输工具的空驶率及减少配送中的不合理运输缩短运输里程，能够减少货物单位配送成本。

（二）提高效益

效益是医药企业整体经营活动的综合体现，可以用利润来表示，在计算时是以利润的数值最大化为目标值的。由于效益是综合的反映，在拟定数学模型时，很难与药品配送路线之间建立函数关系，一般很少采用这一目标，而是采用提高利润为目标。

（三）提高客户服务质量

通过为配送设定固定的路线，安排固定的车辆和司机，可方便客户收货的安排和联络。通过特定车辆路线，可满足客户的特殊送货要求，提供个性化的配送服务。

（四）节省运力和能源

合理地安排车辆路线，会促进配送运输的合理化，消除不合理的现象，节省运力，降低能源消耗。

二、药品配送路线优化的约束条件

药品配送路线方案的意义和目标实际上是多元的，但考虑到制订方案所选择的目标值应当容易计算，一般要尽可能选择单一化的目标值，这样容易求解，实用性较强。

药品配送路线方案目标的实现过程受到很多约束条件的限制，因而必须在满足约束条件的限制下取得成本最低或路线最短或消耗最小等目标。

常见的约束有以下几个。

（1）收货人对货物品种、规格和数量的要求，同一辆车上配送的是性质不相抵的货物。

（2）收货人对货物送达时间或时间范围的要求，方案能满足所有用户的到货时间要求。

（3）道路运行条件对配送的制约，如单行道、城区部分道路对货车通行的限制。

（4）车辆最大装载能力的限制，不使车辆超载。

（5）车辆最大行驶里程数的限制。

（6）司机的最长工作时间的限制。

（7）各种运输规章的限制等。

药品配送车辆路线优化，是医药配送系统优化的关键一环，也是电子商务活动不可缺少的内容。对车辆路线优化的理论和方法进行系统研究是物流集约化、发展智能交通运输系统和开展电子商务的基础。

总之，对于完成医药配送系统的目标而言，药品配送运输路径优化起着十分重要的作用，如提高服务水平，具体表现为降低配送成本，提高配送效率，提高配送质量，都要依靠合理的车辆路线安排才能达到目标。

三、药品配送线路的优化计算

在从药品的配送中心输送到药品配送目的地的过程中，由于配送中心数量和客户收货地点的数量不同，配送线路的优化计算方法也不同。如前所述药品配送运输方式有直送式配送运输、分送式配送运输、联合式配送运输三种，其中前两种最为常见。下面就主要介绍这两种运输方式的配送线路优化方法。

（一）直送式配送运输——最短路径求解方法

直送式配送运输是指由一个供应点对一个客户的专门送货，即一对一的配送模式。从物流优化的角度看，直送式客户的基本条件是其需求量接近或大于可用车辆的额定载重量，需专门派一辆或多辆车一次或多次送货。在直送情况下，货物的配送追求的是多装快跑，选择最短配送线路，以节约时间和费用，提高配送效率。因此，直送问题的物流优化即是寻找物流网络中的最短线路问题，从而实现高效率的配送，达到快速、经济配送的经营目的。

所谓最短路径问题指的是：如果要从网络图中（见图 3-3-1）某顶点出发（此点称为源点，如图 3-3-1 中 V_0 点）经过图中的路径到达另一顶点（称为终点，如图 3-3-1 中 V_6 点），而这些路径不止一条，那么如何找到一条路径使沿此路径上各边的权值之和为最小。

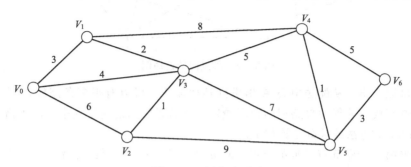

图 3-3-1　网络连通图

1. 模型的数学描述

假设有 n 个节点和 m 条弧的连通图 $G = (V_n, E_m)$，其中 V_n 表示此图共有 n 个节点（包括起点和终点），E_m 表示此图共有 m 条弧，并且图中的每条弧 (x, y) 都有一个长度（或者费用、时间等）c_{xy}，则最短路线问题为：在连通图 $G = (V_n, E_m)$ 中找到一条从某指定源点 V_0 到其余各点的最短路径。

在考虑使用最短路径求解时，为了能够得到合理的、正确的解，问题模型一般需要满足一定的假设条件：（1）在连通图中，从任何一个端点到其他所有的端点都有直接的路径；如果存在不能直接相连的端点，则可以在它们之间加上一个极大的距离，例如无穷大，表示它们之间不可能作为一个备选方案；（2）连通图上的所有距离为非负；（3）连通图是有方向性的（单向或双向）。

2. 两点之间最短路线算法——Dijkstra 算法

Dijkstra 在 1959 年提出了按路径长度的递增次序，逐步产生最短路径的 Dijkstra 算法。该算法可以用于求解任意指定两点之间的最短路径，也可以用于求解指定点到其余所有节点之间的最短路径。该算法的基本思路是：一个连通网络 $G = (V, E)$ 中，$V = (v_1, v_2, \cdots, v_n)$，$E = (e_1, e_2, \cdots, e_m)$，求解从节点 v_0 到 v_n 的最短路径时，首先求出从 v_0 出发的一条最短路径，再参照它求出一条次短的路径，依次类推，直到从顶点 v_0 到顶点 v_n 的最短路径求出为止，即顶点 v_n 被加入到路径中。

最初，开始时只有起点是已解的节点，所有的节点都没有经过求解，也就是说，没有通过各个节点明确的路线。需通过 n 次迭伐，找到最短路径。其具体步骤如下。

（1）将点划分为已决点（包含起始点）和未决点两个集合。

（2）每次从未决点中找出距离已决点集合最近的点，选距离初始点最近的点加入已决点集合，重新计算借助此点后，起始点到各点的距离。

（3）循环步骤（2），直至找到终止点。

3. 算法示例

广东某医药企业配送中心签订了一项药品配送运输合同，要从配送中心 A 配送一批药品到医院 B，两点之间可选择的行车路线的地图绘制了如图 3-3-2 所示的交通网络。图中，圆圈也称节点，代表起点、目的地和与行车路线交叉点；弧代表相邻两个节点之间的路线，每一条弧上的数字表示运输里程。求从配送中心 A 到医院 B 的最短路径。

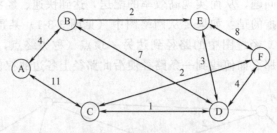

图 3-3-2　各点间的连通图

分析：可以看出，从配送中心 A 出发到达医院 B，可以有很多条路线选择。但是如何选择配送运输路线，才能使总路程的长度最短？这就是配送运输规划中的最短路径问题。

利用 Dijkstra 算法的求解步骤如下。

（1）找出第 n 个距起点最近的节点。对 $n=1$，2，$\cdots$，重复此过程，直到所找出的最近节点是终点。

（2）在前面的迭代过程中找出（$n-1$）个距起点最近的节点及其距起点最短的路径和距离，这些节点和起点统称为已解的节点，其余的称为未解节点。

（3）每个已解的节点和一个或多个未解的节点相连接，就可以得出一个候选节点——连接距离最短的未解节点。如果有多个距离相等的最短连接，则有多个候选节点。

（4）将每个已解节点与其候选节点之间的距离累加到该已解节点与起点之间最短路径的距离上，所得出的总距离最短的候选点就是第 n 个最近的节点，其最短路径就是得出该距离的路径（若多个候选点都得出相等的最短距离，则都是已解节点）。

解：首先根据已知条件列出表 3-3-1。

表 3-3-1　最短路径的计算表

步骤	直接连接到的已解节点	与其直接连接的未解节点	总相关成本	第 n 个最近节点	最小成本	最新连接
1	A	B	4	B	4	A—B
	A	C	11			
2	A	C	11	E	6	B—E
	B	D	4+7=11			
	B	E	4+2=6			
3	A	C	11	D	9	E—D
	B	D	4+7=11			
	E	D	6+3=9			
	E	F	6+8=14			
4	A	C	11	C	10	D—C
	D	C	9+1=10			
	D	F	9+4=13			
	E	F	6+8=14			
5	C	F	10+2=12	F	12	C—F
	D	F	9+4=13			
	E	F	6+8=14			

（1）第一个已解的节点就是起点 A，与其直接连接的未解节点有两个 B 和 C，从表中可以看出 B 点距 A 点最近，记为 A—B，最短距离为 4。由于 B 点是唯一选择，所以它成为已解的节点。

（2）列出与已解节点 A、B 直接连接的未解节点构成的线段 AC、BD、BE，计算其距起点的运输总成本，找出最小的为 E 点，即 A—B—E，最短距离为 6，E 为已解节点。

（3）列出与已解节点 A、B、E 直接连接的未解节点构成的线段 AC、BD、ED、EF，计算其距起点的运输总成本，找出最小的为 D 点，即 A—B—E—D，最短距离为 9，D 为已解节点。

（4）以此类推，找出起点 A 至 F 点的最短距离为 12，最短路径为 A—B—E—D—C—F。

对于节点较多，运输网络较复杂的情况，最短路径法适合利用计算机进行求解，把运输网络中距离和节点的资料都存入数据库中，选好起点和终点后，计算机可以很快就算出最短路径。

（二）分送式配送运输——节约里程法求解

分送式配送运输又称为一对多配送运输，是指由一个供应配送点对多个客户医药品接收点的共同配送。其基本条件是同一条线路上所有客户的需求量总和不大于一辆车的额定载重量。其基本思想是：送货时，由一辆车装着所有客户的医药品，沿着一条经过计算选择出的最佳线路依次将医药品送到各个客户的医药品接收点，这样既保证按时按量将用户需要的医药品及时送到，又节约了里程，节约了车辆，节省了费用，同时还缓解了交通紧张的压力，减少了交通运输对环境造成的污染。解决这种模式的优化设计问题可以采用"节约里程"法。

1. 节约里程法的基本规定

利用节约里程法确定药品配送线路的主要出发点是，根据药品配送方的运输能力及其到客户之间的距离和各客户之间的相对距离来制订使配送车辆总的周转量达到或接近最小的配送方案。为方便介绍，有如下假设。

（1）配送的是同一种或相类似的医药品，即医药品之间不存在忌装性。

（2）各用户的位置及需求量已知。

（3）配送方有足够的运输能力。

利用节约法制订出的配送方案除了使总的周转量最小外，还应满足以下条件。

（1）方案能满足所有用户的到货时间要求。

（2）不使车辆超载。

（3）每辆车每天的总运行时间及里程满足规定的要求。

（4）每个用户都只有一条运输路线通过。

2. 节约里程法的基本思想

如图 3-3-3（1）所示，假设 P 为配送中心，A 和 B 为客户接货点，各点相互的运输距离分别用 a、b、c 表示。比较两种运输路线方案如下。

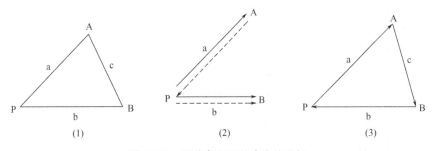

图 3-3-3　配送中心配送路线的选择

第一种是派两辆车分别为客户往 A、B 点送货，如图 3-3-3（2）所示，其总的运输里程为：2(a+b)。

第二种是将 A、B 两地的药品装在同一辆车上采用巡回配送方式进行配送，如图 3-3-3 (3) 所示，其总的运输里程为：a+b+c。

若不考虑道路特殊情况等因素的影响，第二种方案与第一种方案总运输里程之差为：2(a+b)−(a+b+c)=a+b−c。

按照三角原理，两边之和大于第三边，因此第二种方案比第一种方案节约（a+b−c）个里程数，这个节约量称为"节约里程"，节约里程法就是按照以上原理对医药品配送网络的运输路线进行优化计算的。

实际操作时，需要配送货物的客户数量较多，应首先计算包括配送中心在内的相互之间的最短距离，然后计算出各客户之间的可节约的运行距离，按照节约运行距离的大小顺序连接各配送地点，最后规划出配送运输路线。下面举例说明节约法的求解过程。

3. 节约里程法算例

某连锁药店，下设有一个配送中心 P 和 9 个连锁分药店 A~J，配送中心和各连锁分药店及各连锁分店之间的位置关系如图 3-3-4 所示，线路上的数字为两点间的最短距离（单位：km），括号里的数字为各连锁分药店的输送量（单位：t）。该药品由药店配送中心统一采购并进行配送运输，药店配送中心有最大装载量为 2t 和 5t 的货车，并限定车辆一次运行距离不超过 35km，设送到时间均符合用户要求，求配送中心的最优配送运输方案。

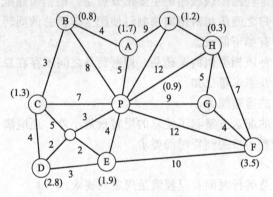

图 3-3-4　配送网络图

解：第一步：利用前面所述的最短路径法，计算出网络各节点间的最短距离。计算结果如表 3-2-2 所示。

表 3-3-2　网络节点的最短路径　　　　　　　　单位：km

节点	P								
A	5	A							
B	8	4	B						
C	7	7	3	C					
D	5	10	7	4	D				
E	4	9	10	7	3	E			
F	12	17	20	17	13	10	F		
G	9	14	17	16	14	13	4	G	
H	12	12	16	19	17	16	7	5	H
I	6	3	7	10	11	10	16	14	9	I

第二步：由最短距离表，利用"节约里程"法计算出各连锁分店之间的节约里程，做出节约里程表如表 3-3-3 所示，计算结果有正有负，节约里程为负数时，无实际意义，在表内写 0。

表 3-3-3　用户之间的节约里程　　　　　　　　　　　　　　　　单位：km

节点	A							
B	9	B						
C	5	8	C					
D	0	4	8	D				
E	0	2	4	6	E			
F	0	0	2	4	6	F		
G	0	0	0	0	0	17	G	
H	5	4	0	0	0	17	716	H
I	8	7	3	0	0	2	1	9

第三步：将节约里程由大到小顺序排列，列出节约里程排序如表 3-3-4 所示，以便尽量使节约里程最多的点组合装车配送。

表 3-3-4　配送线路节约里程排序表　　　　　　　　　　　　　　单位：km

序号	连接点	节约里程	序号	连接点	节约里程
1	F—G	17	12	E—F	6
2	F—H	17	13	A—C	5
3	G—H	16	14	A—H	5
4	B—C	12	15	B—H	4
5	A—B	9	16	C—E	4
6	H—I	9	17	D—F	4
7	A—I	8	18	C—I	3
8	C—D	8	19	B—E	2
9	B—I	7	20	C—F	2
10	B—D	6	21	F—I	2
11	D—E	6	22	G—I	1

初始解：从 P 向各个接货点配送，如图 3-3-5 所示，共有 9 条，总的运行距离为 136km，需要 2t 汽车 7 辆，5t 汽车 2 辆。

二次解：按照节约里程的大小顺序连接 F—G，F—H，如图 3-3-6 所示。

此时配送运输路线为 7 条，总运行距离为：$2×(5+8+7+5+4)+(9+4+7+12)=$ 90km，需要 2t 车 5 辆，5t 车 2 辆。配送路线 I（P—G—F—H—P）运行距离为 32km，装载量为 4.7t。配送路线 I 不能继续添加节点，否则会超过运行距离和最大装载量的限制条件。

三次解：连接 B—C，A—B、H—I 如图 3-3-7 所示。尝试将 H—I 加入路线 I，但因载重和运行距离均超过实际限制，不予连接。此时由 P—A—B—C—P 形成配送运输路线 II，其运行距离为 $5+4+3+7=19$km，载重量为 $1.7+1.3+0.8=3.8$t。

四次解：连接 A—I 到配送路线 II，如图 3-3-8 所示。此时配送线路 II 为 P—I—A—B—

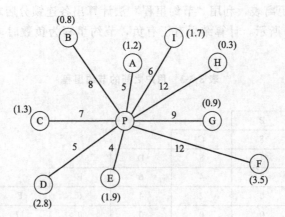

图 3-3-5　初始解结果

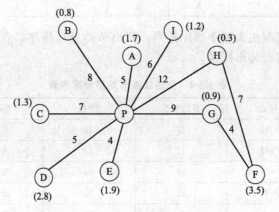

图 3-3-6　二次解结果

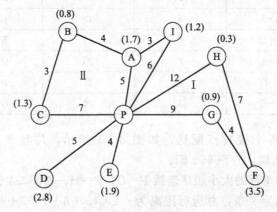

图 3-3-7　三次解结果

C—P，其运行距离为 6+3+4+3+7=23km，载重量为 1.2+1.7+0.8+1.3=5t，因载重的限制，配送路线 Ⅱ 不能继续添加。此时，总的配送路线为 4 条，需5t车 3 辆，2t车 1 辆，总运行里程为 32+23+2×(5+4)=73km。

最终解：连接 D—E，形成配送线路 Ⅲ，即为 P—D—E—P，该条线路的运行距离为5+3+4=12km，装载量为 2.8+1.9=4.7t。

这样就完成了全部的配送路线设计，总共有 3 条配送路线，运行距离为 67km，需要 2t

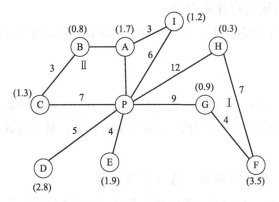

图 3-3-8　四次解结果

车 0 辆, 5t 车 3 辆。

　　其中, 配送路线 Ⅰ: 运行距离 32km, 装载量 4.7t; 配送路线 Ⅱ: 运行距离 23km, 装载量 5t; 配送路线 Ⅲ: 运行距离 12km, 装载量 4.7t, 如图 3-3-9 所示。

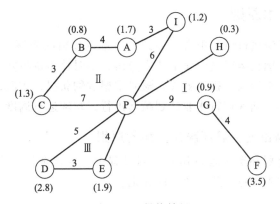

图 3-3-9　最终结果

4. 节约里程法需考虑的因素和注意事项

（1）适用于顾客需求稳定的配送中心。

（2）各配送线路的负荷要尽量均衡。

（3）要充分考虑道路运输状况。

（4）要预测需求的变化以及发展趋势。

（5）考虑交通的状况。

（6）利用计算机软件求解优化。

单元 2　医药企业药品配送运输车辆合理化安排

一、车辆调度工作的内容

　　车辆调度是配送运输管理的一项重要的职能, 是指挥监控配送车辆正常运行、协调配送生产过程以实现车辆运行作业计划的重要手段。

（一）编制配送车辆运行作业计划

包括编制配送方案、配送计划、车辆运行计划总表、分日配送计划表、单车运行作业计划等。

（二）现场调度

根据货物分日配送计划、车辆运行作业计划和车辆动态分派配送任务，即按计划调派车辆，签发行车路单；勘察配载作业现场，做好装卸车准备；督促驾驶员按时出车；督促车辆按计划送修进保。

（三）随时掌握车辆运行信息，进行有效监督

如发现问题，应采取积极措施，及时解决和消除，尽量减少配送生产中断时间，使车辆按计划正常运行。

（四）检查计划执行情况

检查配送计划和车辆运行作业计划的执行情况。

二、车辆调度的基本原则

车辆运行计划在组织执行过程中常会遇到一些难以预料的问题，如客户需求发生变化、装卸机械发生故障、车辆在运行途中发生技术障碍、临时性路桥阻塞等。针对以上情况，需要调度部门要有针对性地加以分析和解决，随时掌握货物状况、车况、路况、气候变化、驾驶员状况、行车安全等，确保运行作业计划顺利进行。车辆运行调度工作应贯彻以下原则。

（一）坚持从全局出发，局部服从全局的原则

在编制运行作业计划和实施运行作业计划过程中，要从全局出发，保证重点、统筹兼顾，运力安排应贯彻"先重点、后一般"的原则。

（二）安全第一、质量第一原则

在配送运输过程中，要始终把安全工作和质量管理放在首要位置。

（三）计划性原则

调度工作要根据客户订单要求认真编制车辆运行作业计划，并以运行计划为依据，监督和检查运行作业计划的执行情况，按计划配送货物，按计划送修送保车辆。

（四）合理性原则

要根据货物性能、体积、重量、车辆技术状况、道路桥梁通行条件、气候变化以及驾驶员技术水平等因素合理调派车辆。在编制运行作业计划时，应科学合理地安排车辆的运行路线，有效地降低运输成本。

三、车辆调度注意事项

具体进行车辆调度时，应注意以下几点。
（1）宁打乱少数计划，不打乱多数计划。
（2）宁打乱局部计划，不打乱整体计划。
（3）宁打乱次要环节，不打乱主要环节。

（4）宁打乱当日计划，不打乱以后计划。

（5）宁打乱可缓运物资的运输计划，不打乱急需物资的运输计划。

（6）宁打乱整批货物的运输计划，不打乱配装货物的运输计划。

（7）宁使企业内部工作受影响，不使客户受影响。

单元3 医药企业药品配送运输的冷链管理

一、药品冷链运输的定义与方式

药品冷链运输，是指在药品运输全过程中，无论是装卸搬运、变更运输方式、更换包装设备等环节，都使所运输货物始终保持一定温度的运输。

药品冷链运输有多种方式，包括公路运输、水路运输、铁路运输、航空运输，也可以是多种运输方式组成的综合运输方式。目前，药品配送的冷链运输以公路运输为最常见和最主要方式。

二、药品冷链配送运输的法规管理要求

早在 2005 年，国务院颁布《疫苗流通和预防接种管理条例》，规定了经营和接种点应具有符合疫苗储存、运输管理规范的冷藏设施、设备和冷藏保管制度，以保证疫苗的使用质量。

2007 年，国家食品药品监督管理局公布《药品流通监督管理办法》，规定药品生产经营企业应当按照有关规定，使用低温、冷藏设施设备运输和储存。

2008 年 11 月，省级标准《药品冷链物流技术与管理规范》经浙江省质量技术监督局批准正式发布实施，这标志着我国冷链药品物流管理即将有规可循。而制定相应的国家标准，将有利于我国药品冷链体系的建立，做到行业的整体规划协调，以打造我国冷藏药品冷链物流的服务平台。

2011 版《药品经营质量管理规范（征求意见稿）》（GSP）明确规定，药品批发企业应当根据药品的温度控制要求，在运输过程中采取必要的保温或冷藏措施，且在运输车辆、设备上安装或放置温度自动监测设备，以便实时监测。运输冷藏、冷冻药品的冷藏车及车载冷藏或保温设备应当符合药品温度控制的特性要求，保证在运输过程中能够符合规定的温度要求。冷藏车可自动调控温度和显示温度状况，并具有存储和读取温度监测数据的功能；冷藏箱及保温箱具有外部显示和采集箱体内温度数据的功能。

从上述目前涉及的药品冷链运输法规可以看出，医药行业管理上对冷链药品的运输管理提出了全面、科学、严谨、有效的管理规定和要求，在操作流程、硬件设施、监控手段等方面进行了全面、具体的要求，势必要求医药企业提高冷链药品管理的水平，彻底解决疫苗、生物制品等冷链药品质量问题频发的现象。

三、药品冷链运输设备

（一）冷链专用箱

目前，药品冷链专用箱（图3-3-10）比较成熟的保温技术的温度为 $0 \sim 10^{\circ}\text{C}$，主要用于生物制品的运输。

（二）冷链运输冰袋

保冷冰袋（图3-3-11）在发达国家，从20世纪70年代开始就在许多领域广泛应用这种以新技术生产的保冷、保鲜产品，由于它无污染的环保特性，到了20世纪90年代已被亚洲地区逐渐接受和推广应用，消费市场日渐成熟。

图3-3-10　冷链专用箱

图3-3-11　冷链运输冰袋

1. 保冷袋的用途

保冷袋是一种采用新技术生产的保冷、保鲜产品。它广泛运用于水产品、化学药品、疫苗类生物制品、电子产品的远途运输业。

2. 保冷袋的特点

保冷袋冷容量高，其冷源释放均匀且缓慢（释冷速度比冰块慢3～5倍），具有保冷时效佳的特点；保冷袋无水渍污染。由于冰块在释冷时会产生水渍，容易使货物受潮而影响质量，所以保冷袋在航空货运中得到广泛使用；保冷袋可重复使用，节省成本；保冷袋是内容物为无毒、无味（但不可食用）的环保产品。用高新技术生物材料配制而成，富有一定弹性。

（三）冷藏车

冷藏车（图3-3-12）是用来运输冷冻或保鲜的货物的封闭式厢式运输车，是装有制冷机组的制冷装置和聚氨酯隔热厢的冷藏专用运输汽车，常用于运输冷冻食品（冷冻车）、奶制品（奶品运输车）、蔬菜水果（鲜货运输车）、疫苗药品（疫苗运输车）等。

1. 冷藏车的构造

冷藏车由专用汽车底盘的行走部分与隔热保温厢体、制冷机组、车厢内温度记录仪等部件组成。

2. 冷藏车的分类

按底盘承载能力分类：微型冷藏车、小型冷藏车、中型冷藏车、大型冷藏车。

按车厢型式分类：面包式冷藏车、厢式冷藏车、半挂冷藏车。

按底盘生产厂家分类：东风冷藏车、长安之星冷藏车、庆铃冷藏车、江铃冷藏车、江淮冷藏车、北汽福田冷藏车。

3. 冷藏车的特点

密封性。冷藏车的货柜需要保证严格的密封来减少与外界的热量交换，以保证冷藏柜内保持较低温度。

制冷性。加装的制冷设备与货柜连通并提供源源不断的制冷，保证货柜的温度在货物允许的范围内。

轻便性。冷藏车运输的货物通常为不能长时间保存的物品，虽然有制冷设备，仍需较快送达目的地。

隔热性。冷藏车的货柜类似集装箱，但由隔热效果较好的材料制成，减少了热量交换。

（四）冷链运输温度记录仪

冷链运输温度记录仪（图3-3-13）是能够自动记录温度数据的电子仪器。类似于飞机的黑匣子，全程自动跟踪记录冷藏车、集装箱、冷库内温度变化情况。将运输过程中的温度数据记录存储在记录仪中。

图 3-3-12　冷藏车

图 3-3-13　冷链运输温度记录仪

当药品到达目的地后，司机或工作人员将冷链运输温度记录仪取出与笔记本或台式机相连，通过专用的数据记录仪软件将数据导出，在电脑上分析路途运输过程中的每时刻温度数据及整个过程中最大值、最小值、平均值、曲线趋势、报警信息等。

四、药品冷链配送运输的技术要求

（一）冷藏货物运输的温度监控

（1）冷藏货物运输过程中，应在厢体内回风通道中放置至少一台经校准的温度记录仪。

（2）温度记录仪应能记录全部运输过程各时间点温度值。记录的时间区间不得大于15min。

（3）温度记录仪应在车辆装运货前开启并进行记录。

（4）运输过程的温度数据应保留不少于180d。车辆运输途中应监控车内温度变化情况。发现温度异常，应采取措施，确保货物温度。

（二）冷藏货物的装载、卸货及交货要求

（1）货物装运前，应将车辆预冷或预热至预定产品载货所需的运输温度。货物在装车前，应检查并记录冷藏货物的温度。

（2）出库温度应不高于货物所需要的运输温度。

（3）车辆装运货物时，应保证厢体内的气流循环畅通，以消除厢体内各部位由于传热或货物本身发热而产生的热负荷。货物与厢体顶板、前板距离不小于150mm，与后板、侧板、底板间应保持足够距离，宜采用不小于50mm的导流槽。厢体门宜装门帘。在户外货场装卸货物时应关闭制冷机组。

（4）车辆装载、码放完毕，应及时关闭厢门，并检查门密闭情况。完成装载后检查制冷机组设定温度，确保符合货物要求的温度。

（5）车辆卸货时，应尽快操作。分卸时，应及时关闭货厢门，以维持车厢温度。必要时应控制分卸次数。

（6）在交货时，应出示收货时的记录并将运输过程中的温度数据交给收货方。

（三）冷藏车的保养及清洁要求

（1）冷藏车出车前应确认车厢的卫生条件能满足承运要求。

（2）运输业务结束后，冷藏车厢体内应进行清洗。定期或必需时，应进行消毒。清洁后厢体内应无杂物、无油污、无异味。

（3）冷藏车每次运输后，应检查车辆和与温控有关的各种机械设备、装置、设施及电子记录装置等，确认其处于良好技术状态。

（4）应根据运输制冷机组生产厂商的维修保养要求，定期对制冷机组进行保养。

（5）应定期检查厢体的密封性，检查密封车门的橡胶密封条、门栓、铰链处等，保证车门与门框密封性。

药品经营企业必须严格按照冷链药品的配送技术要求对设施设备及运输过程进行控制，实现药品冷链过程的全程监控，保证药品质量。

学习小结

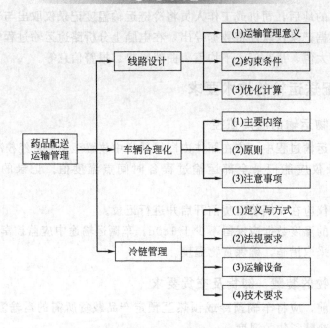

目标检测

一、单项选择题

1. 药品配送运输方式有（　　）、分送式配送运输、联合式配送运输三种。

    A. 直送式配送运输　　　　　　　　B. 竖直式配送运输

    C. 水平式配送运输　　　　　　　　D. 立体式配送运输

2.（　　）又称为一对多配送运输，是指由一个供应配送点对多个客户医药品接收点的共同配送。

    A. 分送式配送运输　　　　　　　　B. 直送式配送运输

    C. 联合式配送运输　　　　　　　　D. 竖直式配送运输

二、多项选择题

1. 药品配送路线方案目标的实现过程受到很多约束条件的限制，因而必须在满足约束条件的限制下取得（　　）等目标。

    A. 成本最低   B. 路线最短

    C. 消耗最小   D. 时间最快

2. 药品配送运输路线优化的意义（　　）。

    A. 节约配送成本   B. 效益最高

    C. 提高客户服务质量   D. 节省运力和能源

3. 车辆调度工作的内容是（　　）。

    A. 编制配送车辆运行作业计划

    B. 现场调度

    C. 随时掌握车辆运行信息，进行有效监督

    D. 检查计划执行情况

三、简答题

1. 药品配送路线方案目标的实现过程受到很多约束条件的限制，常见的约束有哪些？

2. 节约里程法需考虑的因素和注意事项有哪些？

附录 《药品经营质量管理规范》

（卫生部令第 90 号）

《药品经营质量管理规范》已于 2012 年 11 月 6 日经卫生部部务会审议通过，现予公布，自 2013 年 6 月 1 日起施行。

部长　陈竺
2013 年 1 月 22 日

第一章　总　则

第一条　为加强药品经营质量管理，规范药品经营行为，保障人体用药安全、有效，根据《中华人民共和国药品管理法》、《中华人民共和国药品管理法实施条例》，制定本规范。

第二条　本规范是药品经营管理和质量控制的基本准则，企业应当在药品采购、储存、销售、运输等环节采取有效的质量控制措施，确保药品质量。

第三条　药品经营企业应当严格执行本规范。

药品生产企业销售药品、药品流通过程中其他涉及储存与运输药品的，也应当符合本规范相关要求。

第四条　药品经营企业应当坚持诚实守信，依法经营。禁止任何虚假、欺骗行为。

第二章　药品批发的质量管理

第一节　质量管理体系

第五条　企业应当依据有关法律法规及本规范的要求建立质量管理体系，确定质量方针，制定质量管理体系文件，开展质量策划、质量控制、质量保证、质量改进和质量风险管理等活动。

第六条　企业制定的质量方针文件应当明确企业总的质量目标和要求，并贯彻到药品经营活动的全过程。

第七条　企业质量管理体系应当与其经营范围和规模相适应，包括组织机构、人员、设施设备、质量管理体系文件及相应的计算机系统等。

第八条　企业应当定期以及在质量管理体系关键要素发生重大变化时，组织开展内审。

第九条　企业应当对内审的情况进行分析，依据分析结论制定相应的质量管理体系改进措施，不断提高质量控制水平，保证质量管理体系持续有效运行。

第十条　企业应当采用前瞻或者回顾的方式，对药品流通过程中的质量风险进行评估、控制、沟通和审核。

第十一条　企业应当对药品供货单位、购货单位的质量管理体系进行评价，确认其质量保证能力和质量信誉，必要时进行实地考察。

第十二条　企业应当全员参与质量管理。各部门、岗位人员应当正确理解并履行职责，承担相应质量责任。

第二节　组织机构与质量管理职责

第十三条　企业应当设立与其经营活动和质量管理相适应的组织机构或者岗位，明确规定其职责、权限及相互关系。

第十四条　企业负责人是药品质量的主要责任人，全面负责企业日常管理，负责提供必要的条件，保证质量管理部门和质量管理人员有效履行职责，确保企业实现质量目标并按照本规范要求经营药品。

第十五条　企业质量负责人应当由高层管理人员担任，全面负责药品质量管理工作，独立履行职责，在企业内部对药品质量管理具有裁决权。

第十六条 企业应当设立质量管理部门,有效开展质量管理工作。质量管理部门的职责不得由其他部门及人员履行。

第十七条 质量管理部门应当履行以下职责:

(一)督促相关部门和岗位人员执行药品管理的法律法规及本规范;

(二)组织制订质量管理体系文件,并指导、监督文件的执行;

(三)负责对供货单位和购货单位的合法性、购进药品的合法性以及供货单位销售人员、购货单位采购人员的合法资格进行审核,并根据审核内容的变化进行动态管理;

(四)负责质量信息的收集和管理,并建立药品质量档案;

(五)负责药品的验收,指导并监督药品采购、储存、养护、销售、退货、运输等环节的质量管理工作;

(六)负责不合格药品的确认,对不合格药品的处理过程实施监督;

(七)负责药品质量投诉和质量事故的调查、处理及报告;

(八)负责假劣药品的报告;

(九)负责药品质量查询;

(十)负责指导设定计算机系统质量控制功能;

(十一)负责计算机系统操作权限的审核和质量管理基础数据的建立及更新;

(十二)组织验证、校准相关设施设备;

(十三)负责药品召回的管理;

(十四)负责药品不良反应的报告;

(十五)组织质量管理体系的内审和风险评估;

(十六)组织对药品供货单位及购货单位质量管理体系和服务质量的考察和评价;

(十七)组织对被委托运输的承运方运输条件和质量保障能力的审查;

(十八)协助开展质量管理教育和培训;

(十九)其他应当由质量管理部门履行的职责。

第三节 人员与培训

第十八条 企业从事药品经营和质量管理工作的人员,应当符合有关法律法规及本规范规定的资格要求,不得有相关法律法规禁止从业的情形。

第十九条 企业负责人应当具有大学专科以上学历或者中级以上专业技术职称,经过基本的药学专业知识培训,熟悉有关药品管理的法律法规及本规范。

第二十条 企业质量负责人应当具有大学本科以上学历、执业药师资格和 3 年以上药品经营质量管理工作经历,在质量管理工作中具备正确判断和保障实施的能力。

第二十一条 企业质量管理部门负责人应当具有执业药师资格和 3 年以上药品经营质量管理工作经历,能独立解决经营过程中的质量问题。

第二十二条 企业应当配备符合以下资格要求的质量管理、验收及养护等岗位人员:

(一)从事质量管理工作的,应当具有药学中专或者医学、生物、化学等相关专业大学专科以上学历或者具有药学初级以上专业技术职称;

(二)从事验收、养护工作的,应当具有药学或者医学、生物、化学等相关专业中专以上学历或者具有药学初级以上专业技术职称;

(三)从事中药材、中药饮片验收工作的,应当具有中药学专业中专以上学历或者具有中药学中级以上专业技术职称;从事中药材、中药饮片养护工作的,应当具有中药学专业中专以上学历或者具有中药学初级以上专业技术职称;直接收购地产中药材的,验收人员应当具有中药学中级以上专业技术职称。

经营疫苗的企业还应当配备 2 名以上专业技术人员专门负责疫苗质量管理和验收工作,专业技术人员应当具有预防医学、药学、微生物学或者医学等专业本科以上学历及中级以上专业技术职称,并有 3 年以上从事疫苗管理或者技术工作经历。

第二十三条　从事质量管理、验收工作的人员应当在职在岗，不得兼职其他业务工作。

第二十四条　从事采购工作的人员应当具有药学或者医学、生物、化学等相关专业中专以上学历，从事销售、储存等工作的人员应当具有高中以上文化程度。

第二十五条　企业应当对各岗位人员进行与其职责和工作内容相关的岗前培训和继续培训，以符合本规范要求。

第二十六条　培训内容应当包括相关法律法规、药品专业知识及技能、质量管理制度、职责及岗位操作规程等。

第二十七条　企业应当按照培训管理制度制定年度培训计划并开展培训，使相关人员能正确理解并履行职责。培训工作应当做好记录并建立档案。

第二十八条　从事特殊管理的药品和冷藏冷冻药品的储存、运输等工作的人员，应当接受相关法律法规和专业知识培训并经考核合格后方可上岗。

第二十九条　企业应当制定员工个人卫生管理制度，储存、运输等岗位人员的着装应当符合劳动保护和产品防护的要求。

第三十条　质量管理、验收、养护、储存等直接接触药品岗位的人员应当进行岗前及年度健康检查，并建立健康档案。患有传染病或者其他可能污染药品的疾病的，不得从事直接接触药品的工作。身体条件不符合相应岗位特定要求的，不得从事相关工作。

第四节　质量管理体系文件

第三十一条　企业制定质量管理体系文件应当符合企业实际。文件包括质量管理制度、部门及岗位职责、操作规程、档案、报告、记录和凭证等。

第三十二条　文件的起草、修订、审核、批准、分发、保管，以及修改、撤销、替换、销毁等应当按照文件管理操作规程进行，并保存相关记录。

第三十三条　文件应当标明题目、种类、目的以及文件编号和版本号。文字应当准确、清晰、易懂。文件应当分类存放，便于查阅。

第三十四条　企业应当定期审核、修订文件，使用的文件应当为现行有效的文本，已废止或者失效的文件除留档备查外，不得在工作现场出现。

第三十五条　企业应当保证各岗位获得与其工作内容相对应的必要文件，并严格按照规定开展工作。

第三十六条　质量管理制度应当包括以下内容：

（一）质量管理体系内审的规定；

（二）质量否决权的规定；

（三）质量管理文件的管理；

（四）质量信息的管理；

（五）供货单位、购货单位、供货单位销售人员及购货单位采购人员等资格审核的规定；

（六）药品采购、收货、验收、储存、养护、销售、出库、运输的管理；

（七）特殊管理的药品的规定；

（八）药品有效期的管理；

（九）不合格药品、药品销毁的管理；

（十）药品退货的管理；

（十一）药品召回的管理；

（十二）质量查询的管理；

（十三）质量事故、质量投诉的管理；

（十四）药品不良反应报告的规定；

（十五）环境卫生、人员健康的规定；

（十六）质量方面的教育、培训及考核的规定；

（十七）设施设备保管和维护的管理；

（十八）设施设备验证和校准的管理；

（十九）记录和凭证的管理；

（二十）计算机系统的管理；

（二十一）执行药品电子监管的规定；

（二十二）其他应当规定的内容。

第三十七条 部门及岗位职责应当包括：

（一）质量管理、采购、储存、销售、运输、财务和信息管理等部门职责；

（二）企业负责人、质量负责人及质量管理、采购、储存、销售、运输、财务和信息管理等部门负责人的岗位职责；

（三）质量管理、采购、收货、验收、储存、养护、销售、出库复核、运输、财务、信息管理等岗位职责；

（四）与药品经营相关的其他岗位职责。

第三十八条 企业应当制定药品采购、收货、验收、储存、养护、销售、出库复核、运输等环节及计算机系统的操作规程。

第三十九条 企业应当建立药品采购、验收、养护、销售、出库复核、销后退回和购进退出、运输、储运温湿度监测、不合格药品处理等相关记录，做到真实、完整、准确、有效和可追溯。

第四十条 通过计算机系统记录数据时，有关人员应当按照操作规程，通过授权及密码登录后方可进行数据的录入或者复核；数据的更改应当经质量管理部门审核并在其监督下进行，更改过程应当留有记录。

第四十一条 书面记录及凭证应当及时填写，并做到字迹清晰，不得随意涂改，不得撕毁。更改记录的，应当注明理由、日期并签名，保持原有信息清晰可辨。

第四十二条 记录及凭证应当至少保存 5 年。疫苗、特殊管理的药品的记录及凭证按相关规定保存。

第五节　设施与设备

第四十三条 企业应当具有与其药品经营范围、经营规模相适应的经营场所和库房。

第四十四条 库房的选址、设计、布局、建造、改造和维护应当符合药品储存的要求，防止药品的污染、交叉污染、混淆和差错。

第四十五条 药品储存作业区、辅助作业区应当与办公和生活区分开一定距离或者有隔离措施。

第四十六条 库房的规模及条件应当满足药品的合理、安全储存，并达到以下要求，便于开展储存作业：

（一）库房内外环境整洁，无污染源，库区地面硬化或者绿化；

（二）库房内墙、顶光洁，地面平整，门窗结构严密；

（三）库房有可靠的安全防护措施，能够对无关人员进入实行可控管理，防止药品被盗、替换或者混入假药；

（四）有防止室外装卸、搬运、接收、发运等作业受异常天气影响的措施。

第四十七条 库房应当配备以下设施设备：

（一）药品与地面之间有效隔离的设备；

（二）避光、通风、防潮、防虫、防鼠等设备；

（三）有效调控温湿度及室内外空气交换的设备；

（四）自动监测、记录库房温湿度的设备；

（五）符合储存作业要求的照明设备；

（六）用于零货拣选、拼箱发货操作及复核的作业区域和设备；

（七）包装物料的存放场所；

（八）验收、发货、退货的专用场所；

（九）不合格药品专用存放场所；

（十）经营特殊管理的药品有符合国家规定的储存设施。

第四十八条　经营中药材、中药饮片的，应当有专用的库房和养护工作场所，直接收购地产中药材的应当设置中药样品室（柜）。

第四十九条　经营冷藏、冷冻药品的，应当配备以下设施设备：

（一）与其经营规模和品种相适应的冷库，经营疫苗的应当配备两个以上独立冷库；

（二）用于冷库温度自动监测、显示、记录、调控、报警的设备；

（三）冷库制冷设备的备用发电机组或者双回路供电系统；

（四）对有特殊低温要求的药品，应当配备符合其储存要求的设施设备；

（五）冷藏车及车载冷藏箱或者保温箱等设备。

第五十条　运输药品应当使用封闭式货物运输工具。

第五十一条　运输冷藏、冷冻药品的冷藏车及车载冷藏箱、保温箱应当符合药品运输过程中对温度控制的要求。冷藏车具有自动调控温度、显示温度、存储和读取温度监测数据的功能；冷藏箱及保温箱具有外部显示和采集箱体内温度数据的功能。

第五十二条　储存、运输设施设备的定期检查、清洁和维护应当由专人负责，并建立记录和档案。

第六节　校准与验证

第五十三条　企业应当按照国家有关规定，对计量器具、温湿度监测设备等定期进行校准或者检定。

企业应当对冷库、储运温湿度监测系统以及冷藏运输等设施设备进行使用前验证、定期验证及停用时间超过规定时限的验证。

第五十四条　企业应当根据相关验证管理制度，形成验证控制文件，包括验证方案、报告、评价、偏差处理和预防措施等。

第五十五条　验证应当按照预先确定和批准的方案实施，验证报告应当经过审核和批准，验证文件应当存档。

第五十六条　企业应当根据验证确定的参数及条件，正确、合理使用相关设施设备。

第七节　计算机系统

第五十七条　企业应当建立能够符合经营全过程管理及质量控制要求的计算机系统，实现药品质量可追溯，并满足药品电子监管的实施条件。

第五十八条　企业计算机系统应当符合以下要求：

（一）有支持系统正常运行的服务器和终端机；

（二）有安全、稳定的网络环境，有固定接入互联网的方式和安全可靠的信息平台；

（三）有实现部门之间、岗位之间信息传输和数据共享的局域网；

（四）有药品经营业务票据生成、打印和管理功能；

（五）有符合本规范要求及企业管理实际需要的应用软件和相关数据库。

第五十九条　各类数据的录入、修改、保存等操作应当符合授权范围、操作规程和管理制度的要求，保证数据原始、真实、准确、安全和可追溯。

第六十条　计算机系统运行中涉及企业经营和管理的数据应当采用安全、可靠的方式储存并按日备份，备份数据应当存放在安全场所，记录类数据的保存时限应当符合本规范第四十二条的要求。

第八节　采　　购

第六十一条　企业的采购活动应当符合以下要求：

（一）确定供货单位的合法资格；

（二）确定所购入药品的合法性；

（三）核实供货单位销售人员的合法资格；

（四）与供货单位签订质量保证协议。

采购中涉及的首营企业、首营品种，采购部门应当填写相关申请表格，经过质量管理部门和企业质量负责人的审核批准。必要时应当组织实地考察，对供货单位质量管理体系进行评价。

第六十二条 对首营企业的审核，应当查验加盖其公章原印章的以下资料，确认真实、有效：

（一）《药品生产许可证》或者《药品经营许可证》复印件；

（二）营业执照及其年检证明复印件；

（三）《药品生产质量管理规范》认证证书或者《药品经营质量管理规范》认证证书复印件；

（四）相关印章、随货同行单（票）样式；

（五）开户户名、开户银行及账号；

（六）《税务登记证》和《组织机构代码证》复印件。

第六十三条 采购首营品种应当审核药品的合法性，索取加盖供货单位公章原印章的药品生产或者进口批准证明文件复印件并予以审核，审核无误的方可采购。

以上资料应当归入药品质量档案。

第六十四条 企业应当核实、留存供货单位销售人员以下资料：

（一）加盖供货单位公章原印章的销售人员身份证复印件；

（二）加盖供货单位公章原印章和法定代表人印章或者签名的授权书，授权书应当载明被授权人姓名、身份证号码，以及授权销售的品种、地域、期限；

（三）供货单位及供货品种相关资料。

第六十五条 企业与供货单位签订的质量保证协议至少包括以下内容：

（一）明确双方质量责任；

（二）供货单位应当提供符合规定的资料且对其真实性、有效性负责；

（三）供货单位应当按照国家规定开具发票；

（四）药品质量符合药品标准等有关要求；

（五）药品包装、标签、说明书符合有关规定；

（六）药品运输的质量保证及责任；

（七）质量保证协议的有效期限。

第六十六条 采购药品时，企业应当向供货单位索取发票。发票应当列明药品的通用名称、规格、单位、数量、单价、金额等；不能全部列明的，应当附《销售货物或者提供应税劳务清单》，并加盖供货单位发票专用章原印章、注明税票号码。

第六十七条 发票上的购、销单位名称及金额、品名应当与付款流向及金额、品名一致，并与财务账目内容相对应。发票按有关规定保存。

第六十八条 采购药品应当建立采购记录。采购记录应当有药品的通用名称、剂型、规格、生产厂商、供货单位、数量、价格、购货日期等内容，采购中药材、中药饮片的还应当标明产地。

第六十九条 发生灾情、疫情、突发事件或者临床紧急救治等特殊情况，以及其他符合国家有关规定的情形，企业可采用直调方式购销药品，将已采购的药品不入本企业仓库，直接从供货单位发送到购货单位，并建立专门的采购记录，保证有效的质量跟踪和追溯。

第七十条 采购特殊管理的药品，应当严格按照国家有关规定进行。

第七十一条 企业应当定期对药品采购的整体情况进行综合质量评审，建立药品质量评审和供货单位质量档案，并进行动态跟踪管理。

第九节 收货与验收

第七十二条 企业应当按照规定的程序和要求对到货药品逐批进行收货、验收，防止不合格药品入库。

第七十三条 药品到货时，收货人员应当核实运输方式是否符合要求，并对照随货同行单（票）和采购记录核对药品，做到票、账、货相符。

随货同行单（票）应当包括供货单位、生产厂商、药品的通用名称、剂型、规格、批号、数量、收货单位、收货地址、发货日期等内容，并加盖供货单位药品出库专用章原印章。

第七十四条　冷藏、冷冻药品到货时，应当对其运输方式及运输过程的温度记录、运输时间等质量控制状况进行重点检查并记录。不符合温度要求的应当拒收。

第七十五条　收货人员对符合收货要求的药品，应当按品种特性要求放于相应待验区域，或者设置状态标志，通知验收。冷藏、冷冻药品应当在冷库内待验。

第七十六条　验收药品应当按照药品批号查验同批号的检验报告书。供货单位为批发企业的，检验报告书应当加盖其质量管理专用章原印章。检验报告书的传递和保存可以采用电子数据形式，但应当保证其合法性和有效性。

第七十七条　企业应当按照验收规定，对每次到货药品进行逐批抽样验收，抽取的样品应当具有代表性。

（一）同一批号的药品应当至少检查一个最小包装，但生产企业有特殊质量控制要求或者打开最小包装可能影响药品质量的，可不打开最小包装；

（二）破损、污染、渗液、封条损坏等包装异常以及零货、拼箱的，应当开箱检查至最小包装；

（三）外包装及封签完整的原料药、实施批签发管理的生物制品，可不开箱检查。

第七十八条　验收人员应当对抽样药品的外观、包装、标签、说明书以及相关的证明文件等逐一进行检查、核对；验收结束后，应当将抽取的完好样品放回原包装箱，加封并标示。

第七十九条　特殊管理的药品应当按照相关规定在专库或者专区内验收。

第八十条　验收药品应当做好验收记录，包括药品的通用名称、剂型、规格、批准文号、批号、生产日期、有效期、生产厂商、供货单位、到货数量、到货日期、验收合格数量、验收结果等内容。验收人员应当在验收记录上签署姓名和验收日期。

中药材验收记录应当包括品名、产地、供货单位、到货数量、验收合格数量等内容。中药饮片验收记录应当包括品名、规格、批号、产地、生产日期、生产厂商、供货单位、到货数量、验收合格数量等内容，实施批准文号管理的中药饮片还应当记录批准文号。

验收不合格的还应当注明不合格事项及处置措施。

第八十一条　对实施电子监管的药品，企业应当按规定进行药品电子监管码扫码，并及时将数据上传至中国药品电子监管网系统平台。

第八十二条　企业对未按规定加印或者加贴中国药品电子监管码，或者监管码的印刷不符合规定要求的，应当拒收。监管码信息与药品包装信息不符的，应当及时向供货单位查询，未得到确认之前不得入库，必要时向当地药品监督管理部门报告。

第八十三条　企业应当建立库存记录，验收合格的药品应当及时入库登记；验收不合格的，不得入库，并由质量管理部门处理。

第八十四条　企业按本规范第六十九条规定进行药品直调的，可委托购货单位进行药品验收。购货单位应当严格按照本规范的要求验收药品和进行药品电子监管码的扫码与数据上传，并建立专门的直调药品验收记录。验收当日应当将验收记录相关信息传递给直调企业。

第十节　储存与养护

第八十五条　企业应当根据药品的质量特性对药品进行合理储存，并符合以下要求：

（一）按包装标示的温度要求储存药品，包装上没有标示具体温度的，按照《中华人民共和国药典》规定的贮藏要求进行储存；

（二）储存药品相对湿度为35%～75%；

（三）在人工作业的库房储存药品，按质量状态实行色标管理：合格药品为绿色，不合格药品为红色，待确定药品为黄色；

（四）储存药品应当按照要求采取避光、遮光、通风、防潮、防虫、防鼠等措施；

（五）搬运和堆码药品应当严格按照外包装标示要求规范操作，堆码高度符合包装图示要求，避免损坏药品包装；

（六）药品按批号堆码，不同批号的药品不得混垛，垛间距不小于5厘米，与库房内墙、顶、温度调控设备及管道等设施间距不小于 30 厘米，与地面间距不小于 10 厘米；

（七）药品与非药品、外用药与其他药品分开存放，中药材和中药饮片分库存放；

（八）特殊管理的药品应当按照国家有关规定储存；

（九）拆除外包装的零货药品应当集中存放；

（十）储存药品的货架、托盘等设施设备应当保持清洁，无破损和杂物堆放；

（十一）未经批准的人员不得进入储存作业区，储存作业区内的人员不得有影响药品质量和安全的行为；

（十二）药品储存作业区内不得存放与储存管理无关的物品。

第八十六条 养护人员应当根据库房条件、外部环境、药品质量特性等对药品进行养护，主要内容是：

（一）指导和督促储存人员对药品进行合理储存与作业；

（二）检查并改善储存条件、防护措施、卫生环境；

（三）对库房温湿度进行有效监测、调控；

（四）按照养护计划对储存药品的外观、包装等质量状况进行检查，并建立养护记录；对储存条件有特殊要求的或者有效期较短的品种应当进行重点养护；

（五）发现有问题的药品应当及时在计算机系统中锁定和记录，并通知质量管理部门处理；

（六）对中药材和中药饮片应当按其特性采取有效方法进行养护并记录，所采取的养护方法不得对药品造成污染；

（七）定期汇总、分析养护信息。

第八十七条 企业应当采用计算机系统对库存药品的有效期进行自动跟踪和控制，采取近效期预警及超过有效期自动锁定等措施，防止过期药品销售。

第八十八条 药品因破损而导致液体、气体、粉末泄漏时，应当迅速采取安全处理措施，防止对储存环境和其他药品造成污染。

第八十九条 对质量可疑的药品应当立即采取停售措施，并在计算机系统中锁定，同时报告质量管理部门确认。对存在质量问题的药品应当采取以下措施：

（一）存放于标志明显的专用场所，并有效隔离，不得销售；

（二）怀疑为假药的，及时报告药品监督管理部门；

（三）属于特殊管理的药品，按照国家有关规定处理；

（四）不合格药品的处理过程应当有完整的手续和记录；

（五）对不合格药品应当查明并分析原因，及时采取预防措施。

第九十条 企业应当对库存药品定期盘点，做到账、货相符。

第十一节 销 售

第九十一条 企业应当将药品销售给合法的购货单位，并对购货单位的证明文件、采购人员及提货人员的身份证明进行核实，保证药品销售流向真实、合法。

第九十二条 企业应当严格审核购货单位的生产范围、经营范围或者诊疗范围，并按照相应的范围销售药品。

第九十三条 企业销售药品，应当如实开具发票，做到票、账、货、款一致。

第九十四条 企业应当做好药品销售记录。销售记录应当包括药品的通用名称、规格、剂型、批号、有效期、生产厂商、购货单位、销售数量、单价、金额、销售日期等内容。按照本规范第六十九条规定进行药品直调的，应当建立专门的销售记录。

中药材销售记录应当包括品名、规格、产地、购货单位、销售数量、单价、金额、销售日期等内容；中药饮片销售记录应当包括品名、规格、批号、产地、生产厂商、购货单位、销售数量、单价、金额、销售日期等内容。

第九十五条 销售特殊管理的药品以及国家有专门管理要求的药品，应当严格按照国家有关规定执行。

第十二节 出 库

第九十六条 出库时应当对照销售记录进行复核。发现以下情况不得出库，并报告质量管理部门处理：

（一）药品包装出现破损、污染、封口不牢、衬垫不实、封条损坏等问题；

（二）包装内有异常响动或者液体渗漏；

（三）标签脱落、字迹模糊不清或者标识内容与实物不符；

（四）药品已超过有效期；

（五）其他异常情况的药品。

第九十七条 药品出库复核应当建立记录，包括购货单位、药品的通用名称、剂型、规格、数量、批号、有效期、生产厂商、出库日期、质量状况和复核人员等内容。

第九十八条 特殊管理的药品出库应当按照有关规定进行复核。

第九十九条 药品拼箱发货的代用包装箱应当有醒目的拼箱标志。

第一百条 药品出库时，应当附加盖企业药品出库专用章原印章的随货同行单（票）。

企业按照本规范第六十九条规定直调药品的，直调药品出库时，由供货单位开具两份随货同行单（票），分别发往直调企业和购货单位。随货同行单（票）的内容应当符合本规范第七十三条第二款的要求，还应当标明直调企业名称。

第一百零一条 冷藏、冷冻药品的装箱、装车等项作业，应当由专人负责并符合以下要求：

（一）车载冷藏箱或者保温箱在使用前应当达到相应的温度要求；

（二）应当在冷藏环境下完成冷藏、冷冻药品的装箱、封箱工作；

（三）装车前应当检查冷藏车辆的启动、运行状态，达到规定温度后方可装车；

（四）启运时应当做好运输记录，内容包括运输工具和启运时间等。

第一百零二条 对实施电子监管的药品，应当在出库时进行扫码和数据上传。

第十三节 运输与配送

第一百零三条 企业应当按照质量管理制度的要求，严格执行运输操作规程，并采取有效措施保证运输过程中的药品质量与安全。

第一百零四条 运输药品，应当根据药品的包装、质量特性并针对车况、道路、天气等因素，选用适宜的运输工具，采取相应措施防止出现破损、污染等问题。

第一百零五条 发运药品时，应当检查运输工具，发现运输条件不符合规定的，不得发运。运输药品过程中，运载工具应当保持密闭。

第一百零六条 企业应当严格按照外包装标示的要求搬运、装卸药品。

第一百零七条 企业应当根据药品的温度控制要求，在运输过程中采取必要的保温或者冷藏、冷冻措施。

运输过程中，药品不得直接接触冰袋、冰排等蓄冷剂，防止对药品质量造成影响。

第一百零八条 在冷藏、冷冻药品运输途中，应当实时监测并记录冷藏车、冷藏箱或者保温箱内的温度数据。

第一百零九条 企业应当制定冷藏、冷冻药品运输应急预案，对运输途中可能发生的设备故障、异常天气影响、交通拥堵等突发事件，能够采取相应的应对措施。

第一百一十条 企业委托其他单位运输药品的，应当对承运方运输药品的质量保障能力进行审计，索取运输车辆的相关资料，符合本规范运输设施设备条件和要求的方可委托。

第一百一十一条 企业委托运输药品应当与承运方签订运输协议，明确药品质量责任、遵守运输操作规程和在途时限等内容。

第一百一十二条 企业委托运输药品应当有记录，实现运输过程的质量追溯。记录至少包括发货时间、发货地址、收货单位、收货地址、货单号、药品件数、运输方式、委托经办人、承运单位，采用车辆运输的还应当载明车牌号，并留存驾驶人员的驾驶证复印件。记录应当至少保存 5 年。

第一百一十三条 已装车的药品应当及时发运并尽快送达。委托运输的，企业应当要求并监督承运方严格履行委托运输协议，防止因在途时间过长影响药品质量。

第一百一十四条 企业应当采取运输安全管理措施，防止在运输过程中发生药品盗抢、遗失、调换等事故。

第一百一十五条 特殊管理的药品的运输应当符合国家有关规定。

第十四节 售 后 管 理

第一百一十六条 企业应当加强对退货的管理，保证退货环节药品的质量和安全，防止混入假冒药品。

第一百一十七条 企业应当按照质量管理制度的要求，制定投诉管理操作规程，内容包括投诉渠道及方式、档案记录、调查与评估、处理措施、反馈和事后跟踪等。

第一百一十八条 企业应当配备专职或者兼职人员负责售后投诉管理，对投诉的质量问题查明原因，采取有效措施及时处理和反馈，并做好记录，必要时应当通知供货单位及药品生产企业。

第一百一十九条 企业应当及时将投诉及处理结果等信息记入档案，以便查询和跟踪。

第一百二十条 企业发现已售出药品有严重质量问题，应当立即通知购货单位停售、追回并做好记录，同时向药品监督管理部门报告。

第一百二十一条 企业应当协助药品生产企业履行召回义务，按照召回计划的要求及时传达、反馈药品召回信息，控制和收回存在安全隐患的药品，并建立药品召回记录。

第一百二十二条 企业质量管理部门应当配备专职或者兼职人员，按照国家有关规定承担药品不良反应监测和报告工作。

第三章 药品零售的质量管理

第一节 质量管理与职责

第一百二十三条 企业应当按照有关法律法规及本规范的要求制定质量管理文件，开展质量管理活动，确保药品质量。

第一百二十四条 企业应当具有与其经营范围和规模相适应的经营条件，包括组织机构、人员、设施设备、质量管理文件，并按照规定设置计算机系统。

第一百二十五条 企业负责人是药品质量的主要责任人，负责企业日常管理，负责提供必要的条件，保证质量管理部门和质量管理人员有效履行职责，确保企业按照本规范要求经营药品。

第一百二十六条 企业应当设置质量管理部门或者配备质量管理人员，履行以下职责：

（一）督促相关部门和岗位人员执行药品管理的法律法规及本规范；

（二）组织制订质量管理文件，并指导、监督文件的执行；

（三）负责对供货单位及其销售人员资格证明的审核；

（四）负责对所采购药品合法性的审核；

（五）负责药品的验收，指导并监督药品采购、储存、陈列、销售等环节的质量管理工作；

（六）负责药品质量查询及质量信息管理；

（七）负责药品质量投诉和质量事故的调查、处理及报告；

（八）负责对不合格药品的确认及处理；

（九）负责假劣药品的报告；

（十）负责药品不良反应的报告；

（十一）开展药品质量管理教育和培训；

（十二）负责计算机系统操作权限的审核、控制及质量管理基础数据的维护；

（十三）负责组织计量器具的校准及检定工作；

（十四）指导并监督药学服务工作；

（十五）其他应当由质量管理部门或者质量管理人员履行的职责。

第二节 人员管理

第一百二十七条 企业从事药品经营和质量管理工作的人员，应当符合有关法律法规及本规范规定的资格要求，不得有相关法律法规禁止从业的情形。

第一百二十八条 企业法定代表人或者企业负责人应当具备执业药师资格。

企业应当按照国家有关规定配备执业药师，负责处方审核，指导合理用药。

第一百二十九条 质量管理、验收、采购人员应当具有药学或者医学、生物、化学等相关专业学历或者具有药学专业技术职称。从事中药饮片质量管理、验收、采购人员应当具有中药学中专以上学历或者具有中药学专业初级以上专业技术职称。

营业员应当具有高中以上文化程度或者符合省级药品监督管理部门规定的条件。中药饮片调剂人员应当具有中药学中专以上学历或者具备中药调剂员资格。

第一百三十条 企业各岗位人员应当接受相关法律法规及药品专业知识与技能的岗前培训和继续培训，以符合本规范要求。

第一百三十一条 企业应当按照培训管理制度制定年度培训计划并开展培训，使相关人员能正确理解并履行职责。培训工作应当做好记录并建立档案。

第一百三十二条 企业应当为销售特殊管理的药品、国家有专门管理要求的药品、冷藏药品的人员接受相应培训提供条件，使其掌握相关法律法规和专业知识。

第一百三十三条 在营业场所内，企业工作人员应当穿着整洁、卫生的工作服。

第一百三十四条 企业应当对直接接触药品岗位的人员进行岗前及年度健康检查，并建立健康档案。患有传染病或者其他可能污染药品的疾病的，不得从事直接接触药品的工作。

第一百三十五条 在药品储存、陈列等区域不得存放与经营活动无关的物品及私人用品，在工作区域内不得有影响药品质量和安全的行为。

第三节 文 件

第一百三十六条 企业应当按照有关法律法规及本规范规定，制定符合企业实际的质量管理文件。文件包括质量管理制度、岗位职责、操作规程、档案、记录和凭证等，并对质量管理文件定期审核、及时修订。

第一百三十七条 企业应当采取措施确保各岗位人员正确理解质量管理文件的内容，保证质量管理文件有效执行。

第一百三十八条 药品零售质量管理制度应当包括以下内容：

（一）药品采购、验收、陈列、销售等环节的管理，设置库房的还应当包括储存、养护的管理；

（二）供货单位和采购品种的审核；

（三）处方药销售的管理；

（四）药品拆零的管理；

（五）特殊管理的药品和国家有专门管理要求的药品的管理；

（六）记录和凭证的管理；

（七）收集和查询质量信息的管理；

（八）质量事故、质量投诉的管理；

（九）中药饮片处方审核、调配、核对的管理；

（十）药品有效期的管理；

（十一）不合格药品、药品销毁的管理；

（十二）环境卫生、人员健康的规定；

（十三）提供用药咨询、指导合理用药等药学服务的管理；

（十四）人员培训及考核的规定；

（十五）药品不良反应报告的规定；

（十六）计算机系统的管理；

（十七）执行药品电子监管的规定；

（十八）其他应当规定的内容。

第一百三十九条 企业应当明确企业负责人、质量管理、采购、验收、营业员以及处方审核、调配等岗位的职责，设置库房的还应当包括储存、养护等岗位职责。

第一百四十条 质量管理岗位、处方审核岗位的职责不得由其他岗位人员代为履行。

第一百四十一条 药品零售操作规程应当包括：

（一）药品采购、验收、销售；

（二）处方审核、调配、核对；

（三）中药饮片处方审核、调配、核对；

（四）药品拆零销售；

（五）特殊管理的药品和国家有专门管理要求的药品的销售；

（六）营业场所药品陈列及检查；

（七）营业场所冷藏药品的存放；

（八）计算机系统的操作和管理；

（九）设置库房的还应当包括储存和养护的操作规程。

第一百四十二条 企业应当建立药品采购、验收、销售、陈列检查、温湿度监测、不合格药品处理等相关记录，做到真实、完整、准确、有效和可追溯。

第一百四十三条 记录及相关凭证应当至少保存 5 年。特殊管理的药品的记录及凭证按相关规定保存。

第一百四十四条 通过计算机系统记录数据时，相关岗位人员应当按照操作规程，通过授权及密码登录计算机系统，进行数据的录入，保证数据原始、真实、准确、安全和可追溯。

第一百四十五条 电子记录数据应当以安全、可靠方式定期备份。

第四节　设施与设备

第一百四十六条 企业的营业场所应当与其药品经营范围、经营规模相适应，并与药品储存、办公、生活辅助及其他区域分开。

第一百四十七条 营业场所应当具有相应设施或者采取其他有效措施，避免药品受室外环境的影响，并做到宽敞、明亮、整洁、卫生。

第一百四十八条 营业场所应当有以下营业设备：

（一）货架和柜台；

（二）监测、调控温度的设备；

（三）经营中药饮片的，有存放饮片和处方调配的设备；

（四）经营冷藏药品的，有专用冷藏设备；

（五）经营第二类精神药品、毒性中药品种和罂粟壳的，有符合安全规定的专用存放设备；

（六）药品拆零销售所需的调配工具、包装用品。

第一百四十九条 企业应当建立能够符合经营和质量管理要求的计算机系统，并满足药品电子监管的实施条件。

第一百五十条 企业设置库房的，应当做到库房内墙、顶光洁，地面平整，门窗结构严密；有可靠的安全防护、防盗等措施。

第一百五十一条 仓库应当有以下设施设备：

（一）药品与地面之间有效隔离的设备；

（二）避光、通风、防潮、防虫、防鼠等设备；

（三）有效监测和调控温湿度的设备；

（四）符合储存作业要求的照明设备；

（五）验收专用场所；

（六）不合格药品专用存放场所；

（七）经营冷藏药品的，有与其经营品种及经营规模相适应的专用设备。

第一百五十二条 经营特殊管理的药品应当有符合国家规定的储存设施。

第一百五十三条 储存中药饮片应当设立专用库房。

第一百五十四条 企业应当按照国家有关规定，对计量器具、温湿度监测设备等定期进行校准或者检定。

第五节 采购与验收

第一百五十五条 企业采购药品，应当符合本规范第二章第八节的相关规定。

第一百五十六条 药品到货时，收货人员应当按采购记录，对照供货单位的随货同行单（票）核实药品实物，做到票、账、货相符。

第一百五十七条 企业应当按规定的程序和要求对到货药品逐批进行验收，并按照本规范第八十条规定做好验收记录。

验收抽取的样品应当具有代表性。

第一百五十八条 冷藏药品到货时，应当按照本规范第七十四条规定进行检查。

第一百五十九条 验收药品应当按照本规范第七十六条规定查验药品检验报告书。

第一百六十条 特殊管理的药品应当按照相关规定进行验收。

第一百六十一条 验收合格的药品应当及时入库或者上架，实施电子监管的药品，还应当按照本规范第八十一条、第八十二条的规定进行扫码和数据上传，验收不合格的，不得入库或者上架，并报告质量管理人员处理。

第六节 陈列与储存

第一百六十二条 企业应当对营业场所温度进行监测和调控，以使营业场所的温度符合常温要求。

第一百六十三条 企业应当定期进行卫生检查，保持环境整洁。存放、陈列药品的设备应当保持清洁卫生，不得放置与销售活动无关的物品，并采取防虫、防鼠等措施，防止污染药品。

第一百六十四条 药品的陈列应当符合以下要求：

（一）按剂型、用途以及储存要求分类陈列，并设置醒目标志，类别标签字迹清晰、放置准确；

（二）药品放置于货架（柜），摆放整齐有序，避免阳光直射；

（三）处方药、非处方药分区陈列，并有处方药、非处方药专用标识；

（四）处方药不得采用开架自选的方式陈列和销售；

（五）外用药与其他药品分开摆放；

（六）拆零销售的药品集中存放于拆零专柜或者专区；

（七）第二类精神药品、毒性中药品种和罂粟壳不得陈列；

（八）冷藏药品放置在冷藏设备中，按规定对温度进行监测和记录，并保证存放温度符合要求；

（九）中药饮片柜斗谱的书写应当正名正字；装斗前应当复核，防止错斗、串斗；应当定期清斗，防止饮片生虫、发霉、变质；不同批号的饮片装斗前应当清斗并记录；

（十）经营非药品应当设置专区，与药品区域明显隔离，并有醒目标志。

第一百六十五条 企业应当定期对陈列、存放的药品进行检查，重点检查拆零药品和易变质、近效期、摆放时间较长的药品以及中药饮片。发现有质量疑问的药品应当及时撤柜，停止销售，由质量管理人员确认和处理，并保留相关记录。

第一百六十六条 企业应当对药品的有效期进行跟踪管理，防止近效期药品售出后可能发生的过期使用。

第一百六十七条 企业设置库房的，库房的药品储存与养护管理应当符合本规范第二章第十节的相关规定。

第七节 销售管理

第一百六十八条 企业应当在营业场所的显著位置悬挂《药品经营许可证》、营业执照、执业药师注册证等。

第一百六十九条 营业人员应当佩戴有照片、姓名、岗位等内容的工作牌,是执业药师和药学技术人员的,工作牌还应当标明执业资格或者药学专业技术职称。在岗执业的执业药师应当挂牌明示。

第一百七十条 销售药品应当符合以下要求:

(一)处方经执业药师审核后方可调配;对处方所列药品不得擅自更改或者代用,对有配伍禁忌或者超剂量的处方,应当拒绝调配,但经处方医师更正或者重新签字确认的,可以调配;调配处方后经过核对方可销售;

(二)处方审核、调配、核对人员应当在处方上签字或者盖章,并按照有关规定保存处方或者其复印件;

(三)销售近效期药品应当向顾客告知有效期;

(四)销售中药饮片做到计量准确,并告知煎服方法及注意事项;提供中药饮片代煎服务,应当符合国家有关规定。

第一百七十一条 企业销售药品应当开具销售凭证,内容包括药品名称、生产厂商、数量、价格、批号、规格等,并做好销售记录。

第一百七十二条 药品拆零销售应当符合以下要求:

(一)负责拆零销售的人员经过专门培训;

(二)拆零的工作台及工具保持清洁、卫生,防止交叉污染;

(三)做好拆零销售记录,内容包括拆零起始日期、药品的通用名称、规格、批号、生产厂商、有效期、销售数量、销售日期、分拆及复核人员等;

(四)拆零销售应当使用洁净、卫生的包装,包装上注明药品名称、规格、数量、用法、用量、批号、有效期以及药店名称等内容;

(五)提供药品说明书原件或者复印件;

(六)拆零销售期间,保留原包装和说明书。

第一百七十三条 销售特殊管理的药品和国家有专门管理要求的药品,应当严格执行国家有关规定。

第一百七十四条 药品广告宣传应当严格执行国家有关广告管理的规定。

第一百七十五条 非本企业在职人员不得在营业场所内从事药品销售相关活动。

第一百七十六条 对实施电子监管的药品,在售出时,应当进行扫码和数据上传。

第八节 售后管理

第一百七十七条 除药品质量原因外,药品一经售出,不得退换。

第一百七十八条 企业应当在营业场所公布药品监督管理部门的监督电话,设置顾客意见簿,及时处理顾客对药品质量的投诉。

第一百七十九条 企业应当按照国家有关药品不良反应报告制度的规定,收集、报告药品不良反应信息。

第一百八十条 企业发现已售出药品有严重质量问题,应当及时采取措施追回药品并做好记录,同时向药品监督管理部门报告。

第一百八十一条 企业应当协助药品生产企业履行召回义务,控制和收回存在安全隐患的药品,并建立药品召回记录。

第四章 附 则

第一百八十二条 药品零售连锁企业总部的管理应当符合本规范药品批发企业相关规定,门店的管理应当符合本规范药品零售企业相关规定。

第一百八十三条 本规范为药品经营质量管理的基本要求。对企业信息化管理、药品储运温湿度自动监测、药品验收管理、药品冷链物流管理、零售连锁管理等具体要求，由国家食品药品监督管理局以附录方式另行制定。

第一百八十四条 本规范下列术语的含义是：

（一）在职：与企业确定劳动关系的在册人员；

（二）在岗：相关岗位人员在工作时间内在规定的岗位履行职责；

（三）首营企业：采购药品时，与本企业首次发生供需关系的药品生产或者经营企业；

（四）首营品种：本企业首次采购的药品；

（五）原印章：企业在购销活动中，为证明企业身份在相关文件或者凭证上加盖的企业公章、发票专用章、质量管理专用章、药品出库专用章的原始印记，不能是印刷、影印、复印等复制后的印记；

（六）待验：对到货、销后退回的药品采用有效的方式进行隔离或者区分，在入库前等待质量验收的状态；

（七）零货：指拆除了用于运输、储藏包装的药品；

（八）拼箱发货：将零货药品集中拼装至同一包装箱内发货的方式；

（九）拆零销售：将最小包装拆分销售的方式；

（十）国家有专门管理要求的药品：国家对蛋白同化制剂、肽类激素、含特殊药品复方制剂等品种实施特殊监管措施的药品。

第一百八十五条 医疗机构药房和计划生育技术服务机构的药品采购、储存、养护等质量管理规范由国家食品药品监督管理局商相关主管部门另行制定。

互联网销售药品的质量管理规定由国家食品药品监督管理局另行制定。

第一百八十六条 药品经营企业违反本规范的，由药品监督管理部门按照《中华人民共和国药品管理法》第七十九条的规定给予处罚。

第一百八十七条 本规范自 2013 年 6 月 1 日起施行。依照《中华人民共和国药品管理法》第十六条规定，具体实施办法和实施步骤由国家食品药品监督管理局规定。

目标检测参考答案

模块1　GSP概述

项目1　认识GSP

一、单项选择题

1. B　　2. D　　3. C　　4. A　　5. C

二、多项选择题

1. ABCD　　2. ABD　　3. ABCD　　4. ABC　　5. ABCD

项目2　GSP对医药企业的各方面要求

一、单项选择题

1. A　　2. C　　3. D　　4. B　　5. D

二、多项选择题

1. ABCDE　　2. ABC　　3. ADE　　4. BCDE　　5. ACD

项目3　医药企业GSP认证管理

一、单项选择题

1. D　　2. D　　3. C

二、多项选择题

ABCDE

模块2　医药企业药品仓储与养护管理

项目1　认识医药企业药品仓储管理

一、单项选择题

1. C　　2. A　　3. A　　4. C　　5. C

二、多项选择题

1. AD　　2. ABCD　　3. BCD　　4. ACD　　5. ABCD

项目2　医药企业药品验收与入库管理

一、单项选择题

1. A　　2. D　　3. B　　4. E　　5. A

二、多项选择题

1. ABCDE　　2. AC　　3. AB　　4. ABCDE　　5. ABCD

项目3　医药企业药品储存和养护管理

一、单项选择题

1. C　　2. B　　3. A　　4. B　　5. D　　6. A　　7. B　　8. C　　9. A

10. B　　11. D　　12. C　　13. B　　14. B　　15. C　　16. D　　17. B　　18. C

19. B　　20. D　　21. C　　22. A　　23. B　　24. C　　25. D　　26. D　　27. C

28. D　　29. B　　30. B　　31. C　　32. A　　33. B　　34. D　　35. A

项目4　医药企业药品出库验发管理

一、填空题

1. 正式凭证；白条；无凭证发货；抽样；推销的样品

2. 及时；准确；安全；经济

3. 发货库（区）

二、名词解释

指对销售、调拨的药品出库前进行检查，以保证数量准确、质量正常。

三、简答题

1. 答：依据出库凭证"三查"：货号、单位、开票日期；

"六对"：品名、规格、厂牌、批号、数量、发货日期。

2. "四先出"

先产先出：指库存同一药品，对先生产的批号尽先出库。

先进先出：指同一药品的进货，按进货的先后顺序出库。

易变先出：指库区的同一药品，对不宜久贮、易于变质的尽先出库。

近期先出：指库区有"近效期"的同一药品，对接近失效期的先行出库。

3. 质量可疑、过期失效、报废、霉变、虫蛀、鼠咬、包装破损、国家药品监督管理局公布淘汰的及抽验不合格的药品一律不准出库，禁止作为正常药品验发出售，确保药品质量。

模块3　医药企业药品配送管理

项目1　认识医药企业药品配送管理

一、单项选择题

1. B　　2. C　　3. B　　4. C

二、多项选择题

1. BCD　　2. ABCD　　3. BC　　4. ABCD　　5. ABC

项目2　医药企业药品配送拣货管理

一、单项选择题

1. C　　2. A

二、多项选择题

1. ABD 2. ABCD 3. ABC

项目3 医药企业药品配送运输管理

一、单项选择题

1. A 2. A

二、多项选择题

1. ABC 2. ABCD 3. ABCD

参 考 文 献

[1]　严振.药事法规实用教程.北京：化学工业出版社，2009.
[2]　杨万波.药品经营质量管理.北京：人民卫生出版社，2009.
[3]　王晓杰，徐娟.药品质量管理.北京：中国轻工业出版社，2011.
[4]　夏鸿林.药品储存与养护技术.北京：化学工业出版社，2006.
[5]　高本河，缪立新，郑力.仓储与配送管理.深圳：海天出版社，2003.
[6]　王爱霞.货物配送技术.北京：中国物资出版社，2011.
[7]　唐连声，刘晓佳，刁瑜.武汉：武汉大学出版社，2010.
[8]　林福贤，刘小玲，胡从旭.仓储与配送管理.北京：北京理工大学出版社，2009.